통일문화교육론

통일문화교육론

허도학 지음

 한국학술정보㈜

이 책은 한국언론재단의 언론인저술지원으로 출판되었습니다.

이 책은 이 땅의 좌우합작과
통일을 위해……

책을 내면서……

먼저 이 책을 쓰게 된 동기에는 KBS 사회교육방송에 북한관련 시사평론을 매주 기고하는 것과 동국대학교 교육대학원에서 현대교육철학, 포스트모더니즘사회교육 등을 강의하는 기회가 십분 활용되었음을 밝혀둔다. 특히 방송칼럼을 쓰면서 학술적으로 정리해 책을 펴내고 싶었다. 아울러 현대교육철학이든, 포스트모던사회교육이든, 그것이 일단 한국인의 손에 오면 그 내용도 한국적으로 달라져야 한다고 믿었다. 어차피 포스트모더니즘이란 보편적인 것보다 특수적인 것에 더 관심이 많은 것이다.

가령, 현대교육철학을 논할 때 한국적 이해가 빠진다면 공허하지 않을까 한다. 한국적 현대교육철학이라면 남한은 지식기반사회 하의 신자유주의, 북한은 사회주의 하의 주체사상을 빠뜨릴 수 없을 텐데, 다들 북한의 주체사상에 대해서는 피해가려는 의도가 강하다. 요즘은 소위 학제(學際) 간의 연구를 장려하는 경향이다. 논술고사도 '통합논술'이라 하여 여러 교과를 망라하는 것이다. 통일 분야가 굳이 인문학, 사회학의 금을 치며 그 안에서 안존해야 할 이유가 없다고 본다.

이 책은 통일과 관련한 인문과학적 성과와 사회과학적 성과를 자유롭게 아우르게 될 것이다. 이때의 자유란. 좌우 어디에도 치우치지 않음을 부연해둔다. 기존 연구에 의존하여 이를 재음미하되, 다음과 같은 테마설정에 유의했다. 즉, 통일문화론, 개건현대화론, 평화번영론,

사회문화교육론, 주체사상론, 통일교육철학론 등이다. 이들 주제는 현재 많은 사람들이 관심해하며, 통일 논의에 빠지지 않는 이슈들이다.

제목의 통일문화교육론이란 아직 통용되는 학술용어는 아니다. 그럼에도 불구하고 이를 쓰게 된 것은 남북 간의 정치, 경제, 사회 등의 제 현상을 통일문화라 묶고, 그 의의를 교육학적으로 다뤄보고자 한 것이다. 통일은 원래 여러 방면에 걸친 통합의 원리가 축적된 결과이고, 그 과정에 교육은 가장 큰 영향을 미친다고 보기 때문이다.

얼마 전 "철마는 달리고 싶다"던, '전설'의 철마는 다른 곳으로 이동했다. 더 이상 비바람에 노출되는 것을 피하기 위해서다. 거기서 그리 멀지 않은 곳의 '노동당 당사'는 아직 그대로이다. 바로 그 당사와 철마를 마주보며 보낸 군 3년의 생활은 늘 가슴 속에 응어리로 남아 있다. 철원, 그 황량한 벌판에서 무너져 내리던 젊음의 아픔을 여태 삭이지 못해서다. 만약 "껍데기는 가라"고 소리칠 수 있다면 응어리가 가라앉을까. 결국 이 글도 열정을 달래는 데서 머무르고 말 것 같다.

책이 되기까지에는 박부권 동국대 교육학과 교수님, 조원석 KBS 라디오제작본부장님의 도움이 컸다. "실존은 본질에 선행한다."고 하듯, 도움은 우정보다 더 값지다고 함을 새삼 깨닫는다. 사회교육방송이 가닿는 북한과 그 너머 조선족 동포들의 얼굴을 그려보는 것도 어느덧 하루의 일과가 되었다. KBS 사회교육팀의 최영 팀장님과 안중원, 안민자, 이재현 부장님께 감사를 드리지 않을 수 없는 이유다.

이 출판의 소식을 나의 아버지 찬(讚) 자, 종(宗) 자 어른처럼 통일을 염원하는 모든 분께 가장 먼저 전하고 싶다. 통일은 체제논의와 같은 거대한 담론에 있지 않고, 남북 간에 서로 인식을 전환하는 그 자체만으로도 의의가 크다고 믿는다. 그런 인식전환을 위해 이 책이 약간이나마 기여했으면 한다.

저자, 2006. 12. 4.

머리말

북한의 미사일 발사와 핵실험으로 야기된 2006년의 한반도 위기는 무사히 넘어가고 있다. 미국의 '11·7중간선거'에서 그러한 밑그림이 그려진다. 미국인들은 이제야 '9·11'충격에서 벗어나는 것 같다. 조지 부시 미 대통령은 '테러와의 전쟁'이 필요했을 때, 필요했던 사람으로 기록되지 않을까 한다. 미국은 곧 새로운 '전후'질서를 모색하는 것이다.

부시 대통령은 2006년에 '11·7'선거참패 말고도 또 하나 어깨가 꺾인 일이 있다. 일본 고이즈미 준이치로 총리의 퇴장이 그것이다. 각각 동과 서에서 막강 '신보수주의'를 이끌었던 두 수장들이다. 고이즈미의 후임, 아베 신조 총리가 야스쿠니 신사참배를 강행할지 등은 두고 봐야하겠지만 전임총리처럼 이웃나라에 각을 세울 것 같지는 않다.

2007년의 세계는 갈등과 대결보다는 화해와 협상이 더 많을 것 같다. 한반도의 기운도 그럴 가능성이 많다. 2000년 6·15의 남북 화해·협력 정신을 자주 들먹일 것도 같다. 지난 6년 여, 남북은 6·15의 의의를 제대로 실천하지 않았다. 특히 남한의 일부 보수진영에서는 6·15를 '매국'이라며 폄하했다. 그러나 '6·15남북공동선언문'은 1972년 '7·4남북공동성명서', 1992년 '남북기본합의서'에 이은 대북포용정책의 한 맥락이 분명한 만큼, 시비의 대상이 아니다.

문화란 과거의 업적과 오늘의 성취를 모두 집약한 것이다. 통일문화라 할 때, 그 영역은 한없이 넓다. 정치에서 예술에 이르기까지가 모두 문화라 할 수 있다. 그런 만큼 우리의 삶, 어디에도 문화가 다 있다. 통일은 바로 그런 문화의 통합을 의미한다. 남북의 각기 다른 정치체제가 하나로 합쳐진다고 해서 통일의 의의가 결정되는 것은 아니다. 물론 통일의 최종형태는 그런 정치적 통일을 일컫는다. 그러나 그것만으로 통일이 완수되는 것은 아니다.

가장 어렵다는 정치적 통일이 이뤄졌다고 해도 통일 후의 삶이 고달파진다면 통일은 후회하게 된다. 하기 때문에 형태적인 통일보다도 실질적인 통일이 보다 절실하고 중요하다. 엄격히 말해서 현재 한반도는 1차적이나마 형태적 통일단계에 와 있다. 5개 항으로 된 '6·15남북공동선언'중, 두 번째 항이 그런 셈이다. 즉, "남과 북은 남측의 연합제안과 북측의 낮은 단계의 연방제안이 서로 공통성이 있다고 인정한다."고 돼 있다. 이 때문인지 '연방제 통일선언'의 가능성이 열려있는 셈이고 실제 일부 보수진영에서는 이를 경계하여 그 부당성을 설파하기도 한다(미래한국, 2005. 10. 21 11 : 29).

물론 '통일선언'의 여파는 대단히 클 것이다. 그러나 실질적인 통일이어야 한다. 이를 위해서는 통일지향적인 문화, 즉 통일문화에 대한 관심이 많아야 한다. 아울러 그것에 대한 규범적 사고, 다시 말해 교육적 사고를 할 수 있어야 한다. 뒤집어 말하면 교육적 사고나 그런 가치 있는 활동을 할 수 있는 문화가 아니라면 그것은 통일문화로서 자격이 없다. 남북은 상대방의 문화를 존중할 줄 알아야하며 자신의 문화만을 고집해서는 안 된다. 공히 냉전시대의 유산을 배척해야 한다. 새로운 가치부여가 가능한 문화를 통일문화라 할 때, 이것은 기존 문화에 대한 바른 이해와 바람직한 방향 모색에서 수립된다. 이를 위해 다음과 같은 6개의 장을 준비했다.

제1장은 통일문화에 관한 일반적 이해이다. '한민족공동체통일방안'의

공동체 이해로부터 단군, '주체'와 같은 역사인식까지를 포괄한다. 또한 실제적 통일문화의 교류로써 윤이상 음악, 이산가족 등을 다룬다. 대체로 역사, 민족, 문화에 관한 것으로서 남북의 동질성 회복을 위한 중요한 정신적 매개들이다.

제2장에서는 북한의 2002년 '7·1경제관리개선조치'이후 시도되고 있는 '개건현대화'를 주목한다. 북한이 아직은 여리고 더디지만 중요한 것은 그 나름 시장경제를 향해 날갯짓을 펼쳤다는 사실이다. 이것은 북한이 외형상 '선군정치'를 앞세우지만 내심 21세기의 정보산업화 시대를 대비하고 있다는 뜻도 된다. 남한은 북한의 그런 시도가 미숙하고 불안정할지라도 일정단계까지 지원을 아끼지 말아야 하며, 결국 북한은 개혁과 개방으로 나올 것이다.

제3장의 '평화번영론'에서는 김대중정부의 '햇볕정책'에 이은 노무현정부의 '평화번영정책'을 새롭게 조명하고자 한다. 전자가 민족내부의 교류에 만족했다면 후자는 '동북아균형자론'까지 내세워 그 지평을 동북아로까지 넓혀갔다. 다만 그 성과가 흐지부지되고 있다. 그렇더라도 동북아의 평화공존과 공동번영을 위해 내건 캐치프레이즈가 타당한 만큼 그것에 따른 평가 또한 합당해야 할 것이다.

제4장의 사회문화교육론은 교육사회학의 이론을 빌려 남북이 처한 사회문화와 교육의 실정을 진단한다. 북한은 당이 지배하는 사회로 특권의식이 강한 사회다. 남한의 자본주의사회 이상으로 권력의 대물림 현상이 심하다. '11년제 의무교육'을 자랑하는 북한 사회의 평등관이 실은 무색한 것이다. 이에 따라 교육의 기회평등관을 중시하는 '갈등이론'은 평등사회를 구가한다는 북한보다는 오히려 남한에서 그 힘을 발하고 있다.

제5장에서는 '주체사상'에 대해 기존의 시각과는 다른 논술을 시도한다. 첫째, '주체'의 사상적 변천을 주목하기로 한다. 즉, 마르크스·레

닌주의를 신봉하는 사회주의 모범국가인 북한이 전체주의적 유일체제로 전락하고만 사상적 배경을 짚어보기로 한다. 둘째는 무엇보다도 사상, 그 자체가 안고 있는 문제점을 지적해보기로 한다. 현재로선 주체사상에 기독교적 유일신앙체계가 다분히 흡수돼 있으며, 또한 20세기 초 한말의 지식인사회에 유행했던 '국가유기체설'이 상당부분 용해돼 있음을 볼 수 있다.

제6장의 통일교육철학론은 통일교육이 제대로 실현되기 위해서는 일련의 사상체계가 잘 구비되어야 함을 강조한 것이다. 이런 관점에서 남한의 지식기반사회가 안고 있는 통일의 장애요소가 있다면 무엇일까 하는 데에 관심을 두기로 한다. 사실, 통일의 다양한 논의는 존중돼야 하지만 그렇다고 하여 그 목적과 방향이 시시때때 흔들려서는 바람직하지 않다. 통일교육에 있어서 철학의 중요성은 그런 시행착오를 줄이는 데 많은 기여를 한다.

차 례

Ⅰ. 통일문화론

어떤 문화든 그 나름의 가치와 성질이 있다. 이 중 통일에 유용하거나 영향이 큰 것을 통일문화라 칭한다. 여기에는 민족을 하나로 하는 정서상의 우호적 감정으로부터 현재 남북의 이질적인 관념, 규범, 법규, 습관까지가 모두 포함된다. 이 장에서는 어떤 통일문화가 남·북이라는 장에 어떻게 구현돼왔는지를 집중규명하고 바람직한 방향을 모색키로 한다.

일반적으로 문화가 광범위한 의의를 함축하고 전달하는 것은 문화의 본래 성질상 때론 무의식적인 작용까지도 포함하기 때문이다. 문화는 교육과는 달리 반드시 의식적인 작용만을 그 성질로 하는 않는다. 따라서 어떤 문화가 사회에 꼭 순기능적이지는 않더라도 사회는 오랜 관습상 그것을 용인하는 것이다. 다만 남북이 공유할 수 있는 역사의식이 있다면 그것은 가장 모범적인 통일문화가 될 것이다. 단군사상이 그런 사례로 꼽힘은 고무적인 현상이다.

1. 문화공동체론

공동체에 대한 사전적 정의는 "생활이나 행동 또는 목적 따위를 같이하는 집단"이다. '운명공동체', '가족공동체', '촌락공동체' 등이 있고, 근래에는 '아파트공동체'도 등장했다. 일찍이 공동체 이론으로 유명한 것은 독일의 사회학자 퇴니에스가 제창한 가족, 촌락 등의 '공동사회'로서의 '게마인샤프트'다. 이것은 인간의 본질적·자발적 의사에 의해 결합된 유기적 집단이다. 이에 대해 이해타산에 의하여 결합된 또 다른 사회유형으로서 '이익사회'가 있다. 퇴니에스는 이를 '게젤샤프트'라고 불렀다. 근대의 주식회사나 노동조합 같은 것이다.

사실, '공동체'(community)는 근대시민사회의 등장과 밀접한 연관이 있다. 당초 사회신진의 중소시민, 중소지주, 중소상인들은 클럽, 학회, 회사 같은 것을 결성해서 사회중진인 대관료, 대상인, 대지주 등에 대항했다. 마침내 시민혁명을 통해 자신들의 입지를 굳힌 이들은 어느새 자신도 기득계층이 되었다. 다시 말해 이들은 근대시민사회가 출범할 때는 개혁을 외쳐 진보적 성향을 띠었으나, 시민사회가 성숙하면서 개혁보다는 안정을 찾아 보수화한, 부르주아였다. 근대 부르주아와 함께한 공동체의 의미는 이렇듯 폐쇄적이었다. 그러나 현대 정보통신의 발달은 이웃간의 간격을 급속히 허물었고, 이에 따라 공동체의 규모와 성격도 작고 다양해지는 등, 갈수록 분화하고 있다. 심지어 공동체 안에 새로이 작은 공동체가 생겨나는 것이다.

남북 간에 이런 공동체 관념을 투입하면 어떨까. 종전과 같은 북한의 사회주의적 공동체와 남한의 자본주의적 공동체만 덩그렇게 남는 구도가 아니라 공동체 안을 세분화하는 것이다. 즉, 공동관심사를 함께하는 사람끼리 그 영역을 넓혀나가는 것이다. 처음 공동체문화가 공식 제기된 것이 1989년 '한민족공동체통일방안'이다. 그러나 이것은 엄연한 정치공동체의 지향이고, 따라서 통일이 전제되지 않는 한 실효성을 내기 어렵다. 반면에 문화공동체는 그런 제한을 뛰어넘어 통일의 여부와는 크게 상관없이 통일 이전이나 이후, 모두 필요한 것이다. 문화공동체의 성립은 곧 통일의 지름길이 아니나, 남북이 정치적·군사적 이유로 교류가 중단된다면 이를 풀 수 있는 유일한 열린 공간이다.

거듭되지만 남·북한의 통일문화가 이뤄내는 실체란 결국 공동체 이름의 문화공동체이다. 정치공동체와는 달리 법과 질서 등의 사회적 규범을 받지 않는다. 문학·예술·체육 등의 교류만으로도 문화공동체의 형성은 얼마든지 가능하다. 구체적인 지역개념을 필요로 하지 않는 것도 문화공동체의 생성을 쉽게 하는 요인이다. 그러나 한계도 있다. 이 문화공동체의 공간을 채우는 문화의 성격은 현실적이기보다는 추상적인 성격이 강한 것이다. 이러기에 이를 일컬어 일정한 특성을 갖춘 사람들의 '추상적인 집합체'(김귀옥, 2001)라고 한다. 전화나 인터넷을 통한 통신망도 그런 공동체의 범주에 든다. 어떤 사람들이 어떤 생각으로 서로 연대의식을 갖고 일정한 교류를 지속적으로 해나가느냐가 중요한 잣대가 된다.

'한류'스타 배용준과 그의 일본인 팬은 서로 '가족'으로 통하는데, 이 점에서 그들 나름의 문화공동체를 형성하고 있다고 볼 수 있다. 또 이때의 '가족'은 추상적인 데서 문화공동체의 한 속성인 추상성을 이해할 수 있다. 다만 이런 추상성을 극복하기 위한 방법이 무엇일까 하는 점인데, 이것은 공동체 성원 간에 부단히 교류를 넓혀나가는 것뿐이다. 그리하여 추상적인 공동체의 헐렁한 공간을 현실감 있게 지배하는 것이다. 배용준의 일본인 팬이 그를 보려 동해를 넘어오는 것과 같은 이치이다. 문화공동체의 중요성은 형성보다 유지에 있는 까닭이다.

사회학자 하버머스(J. Habermas)는 마르크스의 '생산패러다임'이론을 비판하고 '의사소통패러다임'을 제시해서 유명한데, 그에 의하면 사회는 "같은 체제인 동시에 같은 생활세계를 하는" 것이다. 이 말은 같은 '체제'라 해도 '생활세계'가 다를 수 있다는 것이다. 일단 이를 남북사회의 통일이론으로 갖다 쓰면 통일 역시 '체제'의 통일과 '생활세계'의 통일을 모두 포함하는 것이다(선우현, 1998). 바로 이 '생활세계'의 통일을 위해서는 통일문화의 교류와 이로 하는 문화공동체의 형성이 첫걸음일 것이다.

문제는 체제의 통일과 생활세계의 통일은 서로 보완적이면서 대립적이란 점이다. 일례를 들면 소위 '남남갈등'이 그것이다. 남한은 분명 자본주의와 민주주의라는 한 체제에 있지만 그렇다고 국민들의 '생활세계'가 일치하는 것은 아니다. 생활세계를 가치관과 이해관계의 공유라는 의미로 받아들일 때 더욱 그 점이 분명해진다. 즉, 생활세계가 체제의 지배를 받기 마련이지만, 그렇다고 해서 항상 체제 안에 포섭되는 것은 아니다. 물론 북한은 그 예외이다. '남남갈등'처럼 북한에도 북북갈등이 있어야 하나 실상은 전혀 그렇지가 않다. 유일체제인 탓에 '생활세계'또한 유일한 것이다.

북한은 '생활세계'가 유일하다고 할 것이므로 통일문화나 통일교육에 대한 별다른 이견이 있을 수 없다. 문화의 다양성이 인정되지 못하기 때문이다. 다양한 통일논의란 남한에만 해당된다. 자유민주주의의 체제상 그런 것이다. 그런데 이 점에서도 남북은 각기 일장일단이 있을 수 있다. 남한은 논의의 다양성으로 해서 목적도 다양해지거나 적어도 성취의지는 약할 수밖에 없다. 이에 반해 북한은 통일논의가 빈약한 것은 목표가 확연한 탓이다. 고로 성취의지가 대단히 강한 것이다.

실제 남한은 통일논의의 다양성으로 해서 국민통합을 이뤄내기가 쉽지 않다. '남남갈등'의 요인은 진보·좌파니, 보수·우파니 하는 이데올로기상의 분열만이 아니다. 실은 남한사회가 본래 안고 있는 문화의 다원화 때문이다. 건전한 문화는 남남갈등의 다양성도 인정하고, 남북갈등의 차별성도 모두 인정하는 것이다. 해방 후의 좌우 대결같이 어느 한쪽이 없어져야만 남은 한쪽의 존재가치가 확인되는 것은 아니다. 국가보안법의 존·폐문제만 해도 '존치'를 주장하는 쪽은 '폐지'를 주장하는 쪽에 견줘 '반공'의식에 보다 철저하고 대화조차 거부하는 경향마저 있다.

통일을 떠올릴 때, 언필칭 북한의 개혁과 개방이 선행돼야함을 강조한다. 북한이 당장 변하지 않더라도 언젠가 변하리라고 믿어주는 인내 또한 통일문화일 것이다. 남한에게 북한은 어떻게든 안고가야 할 존재이나, 미국에는 그 같은 의무가 없다. 이 점에서 한국의 통일시각이 반드시 미국과 합치돼야할 이유는 약하다. 극단적으로 말해 '북한 퍼주기'가 평화유지의 유일한 대책이라면 이 또한 마다할 수 없다.

분단 이후 남·북은 전 분야에서 이질화가 진행되었다. 이를 극복하지 않고는 설령 통일이 된다 해도 남북의 갈등은 내연할 것이다. 남·북한은 말과 글, 그리고 피와 문화유산에서 동질성을 두텁게 유지돼왔다. 동질화 회복과 이질화 극복의 동시적 해결을 위해서는 종래의 통일이론을 한 단계 뛰어넘는 '통합'이론이 제기된다. '통합'의 개념은 통일보다는 복합·다각적이며 따라서 종래의 통일이론을 한 단계 뛰어넘는 것으로 이해된다(김영명, 2003: 239). 사실 통일하면, 정치적 통일부터 연상하기 쉽다. 그러나 정치적 통일은 최종단계의 통일이다. 따라서 이를 앞세움은 오히려 민족의 이질성만 돋보이는 결과가 되고, 통일을 더욱 어렵게 할 수도 있다. 이 대안으로 '통합'의 논리로 강조된 것이 '경제공동체'나, '사회문화공동체'의 지향이다.

유럽통합에서 보듯, 경제적 통합이 정치적 통합에서 분리되어 단계적으로 추진되기도 한다. 물론 남북의 '경제공동체'는 북한이 현재 남한의 지원을 받고 있는 관계상, 평등하다고는 볼 수 없다. 그러나 '사회문화공동체' 영역은 어느 정도 평등이 개입할 소지가 있는 관계로 수립이 가능하다. 이것의 개념이라 할 것도 "하나의 민족이 공통의 사회문화를 구현하는 장"(김귀옥, 2001: 72)으로 평범하게 통한다. '사회문화공동체'에는 남북의 관습·종교·통념·지식·언어 등의 민족 고유정서가 배어있다. 민족의 동질성은 발전시키되, 이질성은 억제시키기에 좋은 기제이다. 실현 가능한 것부터 하나하나 실천해 나가는 것이다. 당장의 통일보다는 교류·협력·화해의 장을 좀더 넓혀나가고자 한다. 무엇보다도 남북 간의 정치적 현안에 휘말리지 않고, 별도의 사회문화교류를 넓혀나갈 수 있다. 정치적 제도나 이념들을 떠나 공동체 구성원의 심리적 문제와 직결되는 것이다. 이 점에서 종전의 '정치제도 통일지향'을 반성하고 '사회문화적 동질화지향'으로 바꿔 나가야한다는 주장이 제기된다(김도태·이경화, 1997).

'사회문화공동체'는 이처럼 통합이론의 백미를 이룬다. 그러나 동질성은 언제나 선하고 이질성은 언제나 악한 것만은 아니다. 일례를 들어 한·미·일 3국은 자본주의 대중문화의 영향으로 분명 동질적이고 따라서 한국으로서는 미·일보다는 북한이 오히려 더 이질적인 게 사실이다(김귀옥, 2001). 이 문제는 남북이 각각 처한 문화의 현황에서 민족의 바람직한 방향과 일치하는 것은 살리되, 그렇지 않은 것은 고쳐나가야 할 것이다. 통일문화에 동질적인 것은 회복시키되, 이질적인 것은 과감히 치유해가는 것이다. 또한 남한은 주체성이 약한 문제를 안고 있다. 글로벌시대를 지나치게 의식하는 탓이다. 북한은 시대에 동떨어진 '주체'를 고양하는 것이다. 둘 다 민족공동체를 지향하는 통일문화의 형성에는 적잖이 해가 된다.

남북이 처한 현실을 감안하면 사회문화공동체의 구현보다는 경제공동체의 구현이 더 실제적일 수 있다. 북한은 개성공단사업의 규모를 보다 확대할 것을 남한에 요구해온지 오래다. 남북경협의 강화를 바라는 것이다. 그런데 6·15에서 합의한 '낮은 수준의 연방제'통일 방안은 남북이 지니고 있는 정치·외교·국방 등에 관한 자치정부운영권을 인정한다. 그런 만큼 남북이 각자의 '자치운영권'을 다치지 않는 범위 내에서 경제적 교류를 강화하는 것은 무리가 아니다. 그런 공감대의 형성까지도 '경제공동체'를 구현하는 셈이다. 이런 만큼 남북의 '사회문화공동체'도 '공동체'가 딱히 어떤 실체를 갖기보다는 남북이 서로 공존하고 통일의 꿈을 가꿔가는 정서의 장을 넓혀나감이라고 할 것이다. 남북 간의 문학, 음악, 체육 등의 교류가 바로 사회문화공동체의 속성이며, 이것만으로도 공동체의 구현은 가능한 것이다.

물론 정서의 공유만으로 사회문화공동체가 완성되는 것은 아니다. "목적의식적 정책과 자연발생적 힘의 결합"(김귀옥, 2001)이 필요함은 이 때문이다. 통일은 곧 정책의 성취만으로는 어렵고 민족이라는 폭발적 에너지를 활용할 수 있어야 한다. 통일문화의 동질성 확보는 민족의 단일한 말과 글을 통한 과거의 회귀에서 찾을 게 아니라, 이를 포함하여 민족의 새로운 공동체문화를 개발하는 것으로 모아져야한다. 통일이 한민족만의 잔치로만 끝나선 안 되고, 동북아평화시대를 구가하는 그 연장이어야 하는 것이다.

특히 새로운 공동체 이념을 적극 실천해나가는 교육의 역할이 중요
하다. 교육의 영역과 관련, 남한은 기존 학교의 울타리를 넘어 북한처
럼 사회교육으로 나가야한다. 남한의 일반적 교육이 무한경쟁의 세계
를 무대로 하지만, 통일교육은 여전히 반도의 북쪽만을 대상으로 하고
있음은 반성할 부분이다. 통일교육을 전 사회로 확대시키고, 나아가
세계를 대상으로 하는 이른바 '평화교육'의 단계로까지 나아가는 것도
나쁘지 않다. 다만 평화교육을 지나치게 내세운 나머지, 민족을 소홀
히 해서는 안 될 것이다. 현재 교육은 좀더 대북포용정책에 낙관적이
고 적극적일 필요가 있다.

요컨대 통일교육은 남·북한 사회문화의 통합을 담아내는 데까지 확
산돼야 한다. 남한의 평생교육개념에 통일교육도 포함시킬 필요가 있
다. 통일교육을 사회교육으로 발전시켜 일상에서 분단의 그림자를 거
둬들이는 것도 필요하다. 향후 남북의 정치 지도자는 남북이 처한 상
황을 잘 절충·조화하여 새로운 정반합적인 결론 도출이 가능한 '통합
형 리더'여야 한다(정혜정, 2004)는 주장도 이래서 힘을 받는다. 그런
지도자들이 이끌어내는 민족공동체의 복원, 문화공동체의 구현이 곧
통일문화의 형성이며 그 전개이다.

2. '한민족공동체통일방안'

1) 민족공동체의 복원

통일문화가 이뤄내는 공동체 중 '한민족공동체통일방안'은 가장 실

체에 근접한다. 한민족이 민족공동체를 이루려는 노력과 의지는 현재 진행되고 있는 세계사를 볼 때, 더욱 그 의의가 높다. 세계는 바야흐로 자본주의의 단일문화권 아래에 들어와 있다. 사회주의권과 냉전체제의 붕괴로 말미암은 결과이다. 국경선이 허물어지거나 낮아지면서, 거의 모든 나라가 세계의 시장질서에 편입되고 있다. 그리하여 보다 잘 살기 위한 경쟁과 협력이 정치, 경제 등 전 부문에 걸쳐 일어나고 있다. 곧 세계화이니, 21세기의 벽두는 20세기의 벽두가 그러했던 것처럼 또 한번 개방의 물결이 휩쓸고 있다. 100년 전의 한민족은 그런 물결을 타는데 능동적이지를 못했다. 그러나 지금은 다르다. 세계의 물결을 선도하는 위치로까지 부상한 게 금일의 한국이다. 이런 국력을 갖춘 만큼, 분단을 종식시키고 민족공동체를 새로이 이루려는 노력과 의지는 실로 당연하고 정당하다.

지금의 개방 같은 용어가 19세기 말과 20세기 초에는 개화였다. 북한이 현재 개방을 해야 할지, 하면 어디까지 해야 할지에 대해 고민하는데, 20세기 그때의 조선도 개화를 해야 할지, 하면 어디까지 해야 할지를 놓고 몸살을 앓았다. 당시의 대표적 개화론자인 유길준은 『서유견문』에서 "개화하는 일은 남의 장점을 취하는 것에만 있는 것이 아니라, 자신의 훌륭하고 아름다운 것을 보전하는 데에도 있다."고 했다. 자기존재를 부정하면서까지 남의 것을 무조건 수용한다면 개화가 아니라고 했다. 그러했건만 당시의 유림 등, 보수진영에서는 개화란 곧 자기정체성의 파괴라며 있을 수 없는 일로 매도했다.

지금 남한의 북한에 대한 지원도 일종의 개방이다. 남한은 북한더러 체제의 우중충한 벽을 허물고 세계로 나오라며, 개방만이 북한의 살길이라고 강조한다. 또 북한과 대화를 하기위해서는 그 체제를 인정하지 않을 수도 없다. 그러자 "대한민국의 정체성은 무엇이냐"며 반문하는 게 금일 남한의 보수진영이다. 그런 정체성의 논란은 19세기말이나,

오늘이나 똑 같이 반복된다는 점에서 역사의 아이러니를 실감하게 된다. 북한의 개방이 중요하다면 그렇게 주장하는 남한부터 개방이 선행돼야할 것이다. 남한이 '대한민국'의 정체성을 거론할 때 북한 역시 '조선민주주의인민공화국'의 정체성을 거론하지 않겠는가. 그러면 남북대화는 무용하다.

민족공동체의 범위는 한반도와 6백만 재외 동포까지를 포함한다. 이로써 '공동체'가 어떤 실재적인 지역개념을 꼭 필요로 하지 않음을 알게 된다. 하지만 민족공동체는 정치·경제·사회·문화 등, 각 부문별로 구현된다. 이 중에는 어떤 실체를 필요로 하는 것과 그렇지 않은 것이 있다. 정치공동체의 경우, 이것은 구성원들의 다양한 이해관계를 합리적으로 조정하고 통합하는 장점이 있다. 또 정치공동체는 민족공동체 지향의 최종 목표로 통하고, 그런 만큼 그에 합당한 실체를 필요로 한다. 그러나 민족의 성원을 하나의 경제생활권으로 묶는 경제공동체나, 민족의 문화유산을 담보로 하기 마련인 문화공동체는 굳이 어떤 실체를 필요로 하지 않는다. 경제교류, 문화교류가 곧 경제공동체, 문화공동체를 실현한다.

한민족은 분단민족이기에 '대한민국'의 정체성은 민주주의다, 사회주의다 하는 이데올로기에서 찾을 게 아니라 민족공동체의 지향에서 찾을 필요가 있다. 민족의 고유유산을 지키고 이를 현대적으로 발양하는 것이 민족의 정체성을 확립하는 길이다. 일찍이 고구려는 "태왕의 업적은 황천에 달하며, 위력은 사해에 떨쳤다."는 기록을 광개토대왕 비문을 통해 남겨놓고 있다. 고구려시대에 한민족은 이미 천하의 중심 국가임을 선언한 것이다. 고구려에 앞서 고조선의 단군시대는 더욱더 휘황한 역사가 있었다. 이렇게 자랑스러운 민족의 역사문화를 두고도 발전시키지 못할 이유가 없다.

한반도의 주변강국들이 모두 동북아의 패권을 노리고 있는 것이다.

중국이 소위 '동북공정'으로 그런 패권주의를 노골화하고 있다. 일본도 질세라 독도분쟁화와 야스쿠니신사 참배, 역사교과서 왜곡 등으로 국수주의로 나아가려는 조짐을 드러내고 있다. 미국과 러시아는 이 지역에 대한 영토적 야심이 상대적으로 덜하지만, 한반도에 대한 자신들의 전통적인 세력우위권을 계속 확보하려든다. 한민족도 민족의 웅비 전략을 펴야할 때가 아닌가.

역사를 '도전과 응전'의 개념으로 설명한 토인비는 문명을 하나의 유기체로 보았다. 유기체란 본래 생명체의 각 기관이나 조직들이 서로 유기적인 관계를 이뤄 생명을 유지해가는 것이다. 그러므로 어느 것 하나 중요하지 않음이 없다. 유기체의 죽음은 생명의 종말을 의미하듯, 문명의 종말은 민족의 종말을 고하는 것이다. 토인비는 문명의 생멸에 일정한 규칙이 있다고 보는데, 곧 발생, 성장, 해체의 과정을 주기적으로 반복한다는 것이다. 또한 문명의 생성·소멸에는 그런 법칙의 반복만이 아니라, 주변 환경과의 끊임없는 '도전'과 '응전'의 상호작용이라는 것이다. 이 시대 한민족의 '도전'은 통일 민족국가의 수립을 뜻할 것이다. '응전'이라면 주변강국들이 펼치는 동북아패권놀음에 휘말려 민족의 주체를 상실하는 일이 없도록 해야 할 것이다.

물론 통일로써 모든 문제가 일시에 해결되는 것은 아니다. 통일 후 독일의 모습이 그렇듯 사회문화적 갈등이 예사롭지 않을 수 있다. 따라서 통일 후에 예상되는 갈등을 미리 치유하는 것이 필요하다. 사회문화적 갈등은 정치적 통일과 상관없이 일어날 수 있다는 점에서 더욱 철저한 준비가 필요하다. 이 과제는 단시일 내에 해결되지 않으며 특히 절차상에 민주적, 평화적이란 단서를 필요로 한다. 좌우간 민족통합에는 각계각층의 합의도출이 긴요하므로 그 방향은 자유·민주·인권·복지 등의 보편적 가치가 존중돼야 한다.

민족공동체의 번영과 평화를 담아낼 수 있도록 민족주의와 민주주의는 항상 열려 있어야 한다. 안으로는 민족의 분단을 치유하고 밖으로는 동북아의 공영공존에 이바지하는 것이 민족주의다. 민족주의가 배타성을 거부하듯 민주주의 또한 그러하다. 민주주의 사회는 국가나 사회의 안녕을 해치지 않는 한 개인의 행복권 추구와 같은 자유를 보장한다. 개인의 권리와 의사도 당연히 존중된다. 따라서 전폭적인 국민지지란 아주 드물다. 아울러 통일문제에 대해 국민대다수의 동의를 바라는 것은 무리다. 국민의 다양한 견해의 표출이야말로 민주주의다. 국론분열로 매도할 대상만은 아니다.

국민통합문제와 관련하여 잘못된 인식 중 하나가 6·15에 대한 평가이다. 사실, 6·15남북공동선언의 주체가 누구인가 하는 것보다도 무엇이 합의됐냐하는 선언의 내용이 더 중요하다. 그 내용이란 다름 아닌 남북 정상이 상호 인정한 '낮은 수준의 연방제'통일방안인데, 이것은 김대중정부만의 독특한 통일방식이 아니었다. 기실, 노태우정부 때 나온 '한민족공동체통일방안'과 질적인 변화가 거의 없이 대북포용정책의 일환인 것이다. 그럼에도 '매국'이라며 6·15를 비난하는 일부 보수진영의 역사의식은 분명 문제다. 김대중정부의 6·15를 비난하려면 노태우정부의 '한민족공동체통일방안'부터 비난해야 하는 것이다.

'한민족공동체통일방안'에 의한 한 결실이 남북기본합의서다. 남북은 1992년 남북기본합의서[1]에 따라 자주·평화·민족대단결의 3대원칙을 합의했다. 우선 '민족대단결'에는 남북이 각각 '반공'과 '주체'를 초월하면서 '정반합'적인 제3의 가치를 창출하는 데 있지 않을까 한다. 남북이 '반공'과 '주체'를 동시에 허문다는 것은 통일직전에 가능할 것이다. 그러나 어느 쪽의 솔선수범이 필요하다. 그것은 남한이 먼저 '반

---

1) 남북기본합의서는 1991년 12월 3일 서울에서 열린 제5차 고위급회담에서 남북한이 화해 및 불가침, 교류협력 등 3개 부문에 관해 공동 합의한 기본문서이다. 1992년 2월 평양에서 제6차 고위급회담에서 합의서 문건을 정식교환하고 그해 9월 제8차 고위급회담에서 최종적으로 3개 부속합의서를 채택함으로써 효력이 발생하기 시작했다.

공'을 허무는 것이다. 남한은 '반공'이 없어도 자유민주주의 체제가 버텨내지만 북한은 '주체'가 없다면 금세 사회는 와해된다. 그러므로 북한에게 그런 양보를 받아내기란 무리다.

물론 북한의 노동당 규약은 헌법보다도 상위의 개념이고, 거기에는 아직도 남반부의 전역을 적화하려는 '통일혁명'론이 상존한다. 그렇다고 하여 북한에 노동당 규약이 있는 한, 남한의 보안법을 폐지 못한다고 하는 것은, 미국이 없으면 한국의 안보도 없다는 논리와 같은, 비자주적 논리다. 실제 '반공'이 그렇다. '반공'은 곧 '주체'가 없다면 '반공'도 없다는 뜻에 다름 아닐 것이다. 그런 '반공'을 이어받은 현재의 '안보'역시 실체가 미약하기는 마찬가지다. 둘 다 일정한 사상적 체계를 갖추지 못한 것이다. '주체'는 분명 역사적 배경과 사상적 체계를 갖추고 사상적 활동도 계속하고 있다. 그러나 '반공'과 '안보'가 사상적 활동이 가능한가에 대해서는 의문의 여지가 있다. 새로운 통일문화의 정착이 절실히 요구됨도 이런 까닭에서다.

민족의 동질성 회복과 관련해서는 민족공동체의 복원보다 더 강한 의미는 없을 것이다. 그러나 근래 민족의 개념이 흔들려왔다. 심지어 민족본위의 통일논의가 오히려 통일을 지연시킬 수 있다고도 지적된다. 뿐만 아니라 민족지상주의로 흐르거나 폐쇄적 민족주의로 흐를 가능성이 없지 않다는 것이다. 더구나 지금과 같은 글로벌시대에 케케묵은 민족의 근원을 찾다니 하고, 혀를 차기도 한다.

통일운동은 '평화운동'에 밀리는 조짐마저 있다. 민족을 하나로 하는 통일교육보다는 인류의 자유, 복지, 인권 등을 위한 '평화교육'이 보다 절실하다는 것이다. 그러나 '평화운동'이 어떠하든지 간에, 이 때문에 통일운동이 수정돼야 할 이유는 없다고 본다. 통일은 요원하거나 거대한 담론이 아니다. 우리의 주변에 가까이 와있는 것이다. 일상적으로 생활화해도 자연스러운 것들이 많다. 곧 통일문화이다.

2) '한민족공동체통일방안'의 의의

남북한은 각기 다른 체제 속에서 살아온 만큼 생활방식과 가치관에서 많은 차이를 보이고 있다. 그런 차이를 배척하고 비판하기에 앞서 이해하려는 자세가 필요하다. 체제의 우열을 논하거나 획일화한 사고방식을 강요해서는 안 되기 때문이다. 분단 후 많은 이질화가 진행되었다고 하더라도 그 이면에는 동질성이 여러 겹으로 놓여있는 것도 사실이다. 동질성을 최대화하며 동시에 이질성을 최소화하기 위한 가장 좋은 방법으로 대두된 것이 1989년 '한민족공동체통일방안'이다.

2000년 '6·15'이후 남북은 '낮은 단계의 연방제'통일방안에 합의한 단계이다. 이것은 남·북한의 기존 정치·외교·국방 등에 관해 자치정부의 운영권을 각각 인정하고, 그 바탕 위에서 민족통일기구를 두는 것이다. 6·15남북공동선언은 제1항에서 남북은 민족자주와 민족대단결원칙을 다시금 천명했고, 제2항에서 남북은 각각 남측의 연합제안과 북측의 낮은 단계의 연방제안이 서로 공통성이 있음을 인정했다.

민족의 자주 및 대단결원칙의 역사적 맥락은 1972년 '7·4공동선언'에까지 거슬러 올라간다. '7·4'정신은 곧 '자주·평화·민족대단결'의 조국통일 3대원칙을 표명했던 것이다. 그러나 이것은 국민적인 합의를 끌어냄이 없이 당국자 간에 이뤄진 비밀회담이었다. 다만 남북이 각각 외세의 힘을 빌려 대결해왔던 자세를 지양한다는 의의는 사뭇 컸었다. 하지만 남북은 각각의 독재적 체제를 굳힘으로써 '7·4'정신을 왜곡했던 것도 사실이다. 남북은 곧 외세로부터의 민족의 단결권을 강화한다고 했으나 자체의 권력을 강화하는 수단으로 쓰고만 것이다. 1972년 10월 17일, 남한의 박정희정부는 '시월유신'을 단행하여 영구집권화의 길을 텄으며, 북한 역시 이에 화답하듯 1972년 12월 북한사회주의헌법을 새로 채택했다. 여기서 북한의 사회주의가 세계의 보편적 사회주의와는 다르다고 하는 것을 부각시키면서, 김일성유일체제로 가는 길을 확정지었다.

'7·4'에서 합의한 '자주·평화·민족대단결'의 '평화통일'원칙은 20년 뒤 1992년 '남북기본합의서'로 귀결된다. 이 합의서의 기본골자는 첫째, 분쟁의 평화적 해결, 둘째 민족공동발전과 점진적·단계적 통일, 민족공동체의 회복·발전 등을 위한 것이었다. 그러나 이듬해 1993년, 북한의 핵확산금지조약(NPT) 탈퇴 후, 남북관계가 급속히 얼어붙으면서 무용화되고 말았다. 2000년 '6·15'선언은 그렇게 퇴색해가는 1972년 '7·4'와 1992년의 '남북기본합의서'정신을 재차 발굴한 것이다.

근래 북한은 '우리 민족끼리'를 적극 내세워 남북경협의 의의로 삼는 등, 마치 이 말의 전매특허라도 받은 양으로 굴지만 실제 이 말이 갖는 정신적 원조는 남한이다. 무엇보다도 그것이 통일방안의 하나로 제시되었다는 점에서 의의가 더욱 크다. 노태우 정부는 1989년 9월 11일, 국회 특별연설을 통해 '한민족공동체통일방안'을 발표했다. 이후 지금까지, 이 이상의 구체적이고, 실현가능한 통일방안은 나와 있지 않다고 보아 지나치지 않다. 한마디로 6·15에서 남북정상이 합의한 '낮은 수준의 연방제'라는 인식공유는 '한민족공동체통일방안'이 통일의 중간단계로서 제시한 '남북연합'과 같은 것이다.

이날 노태우는 "자주·평화·민주의 3원칙을 바탕으로 남북연합의 중간과정을 거쳐 통일민주공화국을 실현"하자며, 그 중간단계에 '남북연합'이란 '과도기'를 설정하고 있다. 반세기 가까운 분단 상황을 단번에 종식시키기보다는 통일의 여건을 조성해가자는 것이다. 즉, "민족공동체를 올바로 회복·발전시키는 일이야말로 통일을 앞당기는 길"이라면서 "통일로 가는 중간단계로서 먼저 남과 북은 서로 다른 두 체제가 존재하고 있다는 현실을 바탕으로 서로가 서로를 인정하고 공존공영하면서 민족사회의 동질화와 통합을 촉진해 나가야함"을 강조했던 것이다.

바로 그 기간, 남북은 개방과 교류의 협력을 넓히고 신뢰를 쌓아 민족국가로서의 바탕을 형성해감이 긴요하다며, 이를 곧 '사회문화경제적공동체'로 표현했다. 그런 '공동체'로 해서 "남북간에 존재하는 각종 문제를 해결해 간다면 정치적 통합의 여건은 성숙될 것"이라며, 이를 위한 기구설치로서 남북 '연합체제'를 거듭 제안하는 것이다. 또 이 '연합체제'에 대한 설명에서 그는 "완전한 통일국가로 가는 중간과정의 과도적 통일체제"라고 부연하고 이를 보다 구체적으로 "남북연합은 최고 결정기구로 '남북정상회의'를 두고, 쌍방 정부대표로 구성되는 '남북각료회의'와 남북 국회의원으로 구성되는 '남북평의회'를 설치하는 것이 바람직하다"고 제의했다.

또한 "남북은 각료회의와 평의회의 업무를 지원하고 합의사항 이행 등 실무를 위해 공동사무처를 두고 서울과 평양에 상주연락대표를 파견할 수 있을 것"이라며 "공동사무처를 비롯한 남북연합의 기구와 시설을 비무장지대 안에 평화구역을 만들어 설치할 수 있을 것"도 제안했다. 이 "평화구역은 점차 '통일평화시'로 발전시켜 나가는 것이 바람직하다"면서 "남북각료회의는 남북의 총리를 공동의장으로 하여 각각 10명 내외의 각료급 위원으로 구성하고, 그 안에 인도, 정치 외교, 경제, 군사, 사회 문화 분야 등의 상임위원회를 둘 수 있을 것"도 제시했다.

예컨대 "경제 및 사회 문화 분야에서는 우선 남북사회의 개방과 다각적인 교류 교역 협력을 추진"할 것이라며 그렇게 "공동번영의 경제권을 형성하면 남북 모두의 발전을 이루고 민족성원 모두의 삶의 질을 향상시킬 수 있을 것"이라고 전망하고 있다. 또 "현재의 휴전협정체제를 평화체제로 바꿔 나가는 것도 가능"하다면서 특히 "100명 내외로 쌍방을 대표하는 동수의 남북 국회의원"으로 '남북평의회'를 구성하여 이 평의회에서 "통일헌법의 기초와 통일을 실현할 방법과 그

구체적 절차를 마련하고, 남북각료회의의 자문에 응할 수 있을 것"이라고 설명했다.

'남북평의회'는 통일헌법의 기초과정에서 통일국가의 정치이념, 국호, 국가형태 등을 논의하고, 대내외 정책의 기본방향이나 정태는 물론 국회구성을 위한 총선거의 방법·시기·절차 등을 토의하며, 합의하는 형태의 기구이다. 여기서 마련된 '통일헌법'에 의해 '통일국회'와 '통일정부'가 만들어지며 다만 "국회는 지역대표성에 입각한 상원과 국민대표성에 입각한 하원으로 구성되는 양원제"로 하였다. 통일정부의 목표는 물론 '통일민주공화국'의 수립이다.

노태우는 "남북간에 화해와 통일의 전기를 마련하는데 가장 실효성 있는 방법이 남북의 정상이 서로 만나는 것"이라며 "남북정상회담이 가능한 한 빨리 열려 본격적인 남북협력과 통일의 시대를 열 헌장에 합의하는 노력이 이루어지기를 희망"한다면서 "이 헌장에서는 평화와 통일을 위한 기본방안, 상호불가침에 관한 사항, 통일의 중간단계로서 남북이 연합하는 기구의 설치와 운영에 관한 포괄적인 합의가 담겨질 수 있을 것"이라며 '민족공동체 헌장'의 채택을 요구했다.

노태우는 이보다 1년 전인 1988년 7월, "남북한은 더 이상 적대 대결하는 상대가 아니라 공동의 번영을 향해 협력해가는 동반자의 관계"라고 선언한 바 있다. 또 3개월 뒤인 10월의 유엔총회 연설에서는 "북한을 폐쇄와 고립으로부터 개방으로 이끌어 한반도에 화해와 평화를 이룩하고 통일의 여건을 조성"할 것도 강조한 것이다. 이런 준비과정을 거쳐 '한민족공동체통일방안'이 발표됐으며, 이는 곧 노태우정부의 '북방정책', '북방외교'의 구현이다.

'한민족공동체통일방안'은 1992년 남북기본합의서의 제정정신이 되며, 이 방안에서 피력된 '남북정상회담'은 '6·15'로 실현되었다. 2000년 김대중, 김정일의 정상회담이 잘못됐다면 1989년 노태우의 정상회담제의도 잘못된 것이다. 뿐만 아니라, 김영삼도 1994년 김일성과 만나기로 했었다가 김일성의 갑작스런 사망으로 정상회담이 취소되었음은 잘 알려진 바다.

3. 통일문화교류와 윤이상

통일문화의 생명력은 교류에 있다. 교류의 최종목적은 북한의 개방에 있다. 잦은 남북내왕, 이것이 곧 교류의 시작이자 끝이다. 민족공동체를 복원하는 지름길은 민족의 문화유산을 남북이 공동으로 가꾸는 것이다. 가꾼다고 하는 것은 보존과 활용을 뜻한다. 남북은 한글을 비롯하여, 이 땅의 수많은 문화유산을 보존하고 활용해야 할 책무가 있다.

북한도 고구려 유적의 '세계문화유산'등재를 계기로 전통문화의 중요성을 강조한다. 그러나 정신적 훼손이 적잖이 일어난다. 일례로 북한은 김일성, 김정일 생일날을 '최대명절'로 쇠고 있다. 2005년 2월 16일, 이날도 북한은 김정일의 63회 생일을 축하하는 대대적인 행사를 가졌다. 전국적인 '충성이어달리기'가 펼쳐졌다. 그의 출생지로 알려진 소위 '백두산 밀영'에서는 각처에서 몰려든 참배객들로 붐볐다. 북한은 김일성사망의 그 이듬해인 1995년 2월부터 이처럼 김정일의 생일을 '민족 최대의 명절'로 지정해, 이틀간의 휴무를 실시하고 있다. 북한도 음력설을 '민족의 명절'로 꼽으나 '최대의 명절'은 아닌 것이다. 김정일 생일날에 더 많이 고기와 떡이 배급되니, 조상제례보다도 '2월 16일'이 더 중시되는 것이다. 결국 '민족의 최대 명절'이란 배급이 '최대'인 셈이다. 북한은 이처럼 자의적인 '명절날'지정으로 한민족의 전통적 명절 쇠기를 왜곡하는 것이다.

통일문화의 교류는 남북관계가 정치·군사적인 이유로 경색될수록 더욱 그 진가를 발휘한다. 통일의 최종단계인 정치공동체 형성 이전이라도 남북은 문화적 교류를 넓혀 비록 제한적이나마 사회문화공동체를 형성하는 것이 바람직하다. 이때의 공동체가 어떤 실체를 갖기보다는 서로의 공존과 화해·협력을 바탕으로 한, 그저 심성적인 교류라 해도 무방하다. 남북 간의 반목과 갈등을 줄이는 데는 이런 통일문화의 교류가 필요하며 또 이래야 통일 이후에 오는 남북 간의 갈등을 원천적으로 줄일 수 있다. 이러자면 남북 간에 이러한 인식을 공유하는 사람들로 강한 네트워크를 이뤄야한다.

2005년 8월, 남북의 문인은 분단 60년 만에 처음 만나 '남북작가대회'를 가졌다. 2006년 10월, 다시 만난 이들은 '6·15 민족문학인협회'를 결성했다(중앙일보, 2006. 10. 31 5 : 14). 이것은 분단 이후 남북 문인이 함께 하는 최초의 조직이며, 남북의 민간이 최초로 만든 공동단체이다. 기관지 '통일문학'을 발행키로 하고, '통일문학상'도 제정했다. 남북 작가의 합동취재와 공동창작, 상호 파견 같은 인적교류도 추진한다. 남쪽의 작가가 북한을, 북쪽의 작가가 남한을 무대로 하고 주인공으로 삼아 작품을 쓰며 이런 공동의 잡지를 통해 남북의 민족이 함께 소통한다는 취지를 담고 있다. 당초 남측의 민족문학작가회의와 북측의 조선작가동맹중앙위원회가 서로 주체가 되어 2005년 8월 평양에서 첫 '남북작가대회'를 가졌었다.

남북의 문인들이 마지막으로 만난 것은 1945년 12월이다. 그러나 이때 이미 남북은 체제를 달리하였으므로 만남 역시 체제를 대표하는 모임이 되고 말았다. 1950년 전쟁은 더욱 갈등의 골을 깊게 팼다. 시인 박봉우는 1956년 '휴전선'을 통해 분단의 모순을 고발하고 통일에 대한 갈망을 표현했다. 이후 문인들의 통일로 향한 열정은 신동엽, 고은, 김지하 등의 시로 이어졌다. 1987년 남한의 '6월 항쟁'승리는 남북 문학교류에 새로운 전기를 마련했다. 홍명희, 이기영, 박태원 등의 월북 문인들의 작품이 해금된 것이다. 또 남북작가회담도 남측의 제의로 이뤄질 뻔했다. 그러나 1989년 3월 27일, 판문점으로 향하던, 고은, 백낙청, 신경림 등의 남측 대표단 5인은 당국에 전원 연행돼 아직은 때가 아님이 드러났다. 이후 시인 문익환 목사와 소설가 황석영의 방북 등은 큰 파문을 낳았다. 이러한 남북 문인 간의 비정상적 교류는 마침내 2000년 6·15공동선언을 계기로 종지부를 찍게 된다. 그러나 정작 문인의 만남은 5년 뒤로 미뤄졌다. 남북문인의 만남은 남북정상의 만남만큼이나 힘들었던 셈이다. 6·15가 곧 남북 간의 문인교류를 활성화한 것이다.

이밖에 2004년 9월, 남북의 역사학자들은 고구려 고분군의 세계문화유산 등재를 기념해 금강산에서 학술토론회를 가진 바 있다. 또 우리말 사전편찬을 위해 남북학자들이 만나왔다. 2008년 북경올림픽을 앞두고 남북단일팀을 이루고자 체육관계자들이 힘쓰고 있다. 그동안 남북 단일팀의 역사는 탁구와 축구에서 단 두 차례 있었다.

특히 KBS·MBC·SBS 3사의 남북 방송교류는 활발하다. KBS는 방송사상 최초로 북한의 조선중앙텔레비전에 외주제작형태로 드라마 '사육신'을 제작의뢰한 상태다. 2005년 8월부터 제작에 돌입해 2006년 9월 제작을 완료한 상태라 한다. KBS는 이 앞서 2002년에도 역사드라마 '제국의 아침'타이틀 제작을 위해 백두산에서 촬영을 한 바도 있다.2)

---

2) "KBS는 '사육신'제작을 위해 북측에 현금 5억원과 현물 5억5000만원 상당, 2004년 '고구려는 살아 있다'를 위해 현금 3억원과 현물 2억원 상당, 2003년 8·15 특집 '평양 노래자랑' 때는 현금 10억원을 지급했다고 밝혔다. MBC는 2002년 이미자, 윤도현 평양공연 2차례를 위해 현금 3억2000만원과 TV 5000대(7억3400만원 상당)를, SBS는 2005년 조용필 평양공연 때 현금 7억원과 페인트 등 현물 2억원 상당을 각각 지급했다고 밝혔다."(조선일보 2006.10.25 03:07)고 국회국감자료를 인용해 보도하고 있다

MBC는 '남북청소년알아맞히기경연'대회를 평양에서 갖고자 평양을 방문한 바도 있다. SBS는 광복 60주년 기념행사로 2005년 8월 23일, 가수 조용필의 평양 '유경정주영체육관'의 공연을 방영했다. 그러나 당초 예정이던 SBS와 북한의 조선중앙TV의 동시생방송은 이뤄지지 않았고, 북한에서는 아예 방송조차 되지 않았다. 북한이 방송을 거부한 이유는 문화적 충격이 너무 컸기 때문이다. 강렬한 그룹사운드 선율, 화려한 무대장치, 무대를 압도하는 영상과 조명 등은 북한으로서는 너무 낯설었다. 관객은 7천명이 됐고, 이 중 2천여 명이 문화예술계 종사자라고 하는 만큼 조용필의 공연소식은 빠르게 번졌을 것이다. 암표까지 나돌았다고 하는 등, 그의 인기를 반영해준다. 북한에서는 조용필의 히트송인 '친구여', '허공', '돌아와요 부산항에', '모나리자', '그 겨울의 찻집' 등이 그런대로 알려져 있다.

북한은 현란하고 화려한 음악보다도 장중하고 침울한 선율의 음악을 좋아한다. 윤이상음악이 그 대표적이다. 하지만 그의 음악은 클래식인 만큼 음악대중화에는 한계가 있을 것으로 안다. 그렇긴 해도 윤이상음악이 남북의 통일문화에 끼친 영향과 공로는 단연 톱이다. 이 점에서 그의 음악세계를 짚어보기로 한다.

윤이상은 1917년, 통영에서 태어나 1995년, 독일의 베를린에서 78세로 세상을 떠났다. 도쿄에서 서양음악을 처음 배웠고, 제1회 서울시문화상을 수상했다. 그 상금으로 독일 유학을 떠난 것이다. 베를린은 그의 자택과 무덤이 있는 '제2의 고향'이다.

작곡가로서 그의 음악인생은 한마디로 민족과 함께하는 것이다. 민족의 정서가 배어있어야 음악은 살아있고, 그래야 세계인이 찾는다고 그는 믿었다. 남의 식민지가 됐던 뼈아픈 역사를 가질수록 민족의 정서는 고귀하다고 믿은 것도 그 때문이다. 이런 믿음은 그의 작곡정신으로 반영돼 그는 한 음이라도 소홀히 함이 없었다. 그에 의하면 "유럽의 음악에서는 음이 연속해서 어떤 의미를 갖지만, 우리 음악에서는 음, 그 자체에 이미 고유한 의미가 있다"면서 "마치 붓글씨의 필체처럼 우리의 음은 시작부터 끝나는 여운까지가 모든 변화 속에서 존재한다."는 것이다.

1959년 독일 다름슈타트음악제에서 그는 쇤베르크의 12음기법을 사용하는 대신에 12개의 모든 음이 동등한 중요성을 갖도록 했다. 쇤베르크의 12음기법은 한 두 개의 음을 전 악곡의 중심음으로 사용하는 것이다. 그러나 윤이상의 음 체계에는 중심이 되는 음이 없으며, 달리 중요성을 띠는 어떤 개별음도 있지 않았다. 즉, 중심음은 하나가 아니라 여러 개이며, 서로 생성과 소멸을 이어가며 마치 동양의 태극도설에서 음과 양이 교차하는 것과 같다는 것이다. 이러한 음양적 성격을 그는 도교와 관련지어 풀이하기도 했다.

그의 음악적 천재성은 민족의 고유정서와 고뇌를 서양음악이라는 그릇에 잘 녹여서 담아낸 데 있다. 이러기에 세계는 그를 '동양적 현대음악의 개척자'라 극찬한 것이다. 처음 그에게 동양의 영감을 불어넣어준 것은 강서고분의 벽화인 '사신도'였다. 그가 북한을 첫 방문한 것은 1963년 4월이었다. 이때 사신도의 감명은 1968년 실내악곡 '이미지'로 작곡됐다. 이 곡에 등장하는 플루트, 오보에, 바이올린, 첼로는 각각 현무, 청룡, 주작, 백호를 상징한 것이다.

그러나 이 방북으로 해서 그는 실정법 위반이란 명예와 함께, 일생 '친북인사'라는 딱지가 따라붙는 굴레가 씌었다. 그의 순수한 예술적 방문은 이처럼 정치적 방문으로 낙인이 찍혔던 것이다. 1967년 동백림사건3)이 그것으로 그는 베를린에서 중앙정부부원에 의해 서울로 압송

---

3) 동백림사건이란 동베를린간첩단사건으로 1967년 7월 8일부터 7월 17일까지 7차례에 걸쳐 중앙정보부(부장 김형욱)는 대학교수와 유학생, 예술인, 의사, 공무원 등 1백 94명이 동백림을 거점으로 대남적화 공작을 벌이다 적발됐다고 발표했다. 여기에는 윤이상을 비롯하여 이응로 화백, 황성모 교수, 천상병 시인, 그리고 한일회담 반대에 앞장

돼 구금되었다. 무기징역을 선고 받지만 전 세계의 예술인들이 그의 석방을 탄원했다. 이에 힘입어 그는 2년의 영어생활을 마치고 독일로 돌아갈 수 있었다. 그러나 조국은 그를 버린 것이다. 1971년 그는 독일에 귀화했고, 1972년 뮌헨 올림픽 개막 축전에서 오페라 '심청'을 무대에 올려 다시금 그 이름을 세계에 알렸다. '심청'은 동양과 서양의 서정이 하나로 만났다는 격찬을 들었다.

동백림사건 후 그의 방북은 잦아졌다. 남한당국에 대한 실망감을 그렇게 토로했는지 모른다. 김일성은 1990년 그를 위해 평양 근교에 개인별장을 마련해줬다. 그가 평양에서 요양할 때는 주치의와 간호사를 배치했고 산삼도 보낼 정도였다. 북한에서 53부까지 제작된 영화 '민족과 운명'의 4회분 주인공이 바로 윤이상이라고 한다. 그에 대한 북한 당국의 특별한 배려를 짐작할 수 있다.

윤이상은 자신이 살고 있는 시대의 문제를 음악을 통해 표현하려했다. 1981년에 작곡한 '광주여 영원히'가 그 일례이다. 이 곡에서 그는 폭력의 비참함을 경고했다. 3부로 구성되었는데, 1부는 봉기와 학살, 2부는 경악과 비탄의 통곡, 그리고 3부는 한국의 민주주의와 정의를 위한 계속적인 투쟁을 호소하고 있다. 이 '광주여 영원히'는 독일 쾰른에서 처음 연주되고, 이듬해인 1982년 8월, 북한교향악단에 의해 북한에서 다시 연주되었다. 이후 북한은 해마다 정기적으로 '윤이상음악회'를 가져왔다. 또한 '윤이상음악연구소'와 '윤이상음악홀'을 세우는 등 그를 영웅시 하는 것이다.

1990년에도 그는 북한을 방문해 범민족통일음악회를 주도했다. 이 음악회는 남북문화교류의 첫 장으로 평가된다. 이 해 남북의 음악인은 평양과 서울을 교차 방문했다. 그러나 그의 발길은 끝내 서울로 향하

섰던 '6.3세대'의 김중태, 현승일씨 등 200여 명이 연루되었다. "박정희 정권이 6·8부정선거를 치른 뒤 이를 규탄하는 시국을 북한의 대남공작사건을 발표함으로써 돌파하고자 한 것이다"고 국정원과거사위원회는 2006.1.26 밝혔다(연합뉴스, 2006.01.26 15 : 45).

지 못했다. 1994년 그는 마침내 복권이 되고, 그렇게 그리던 고향방문을 추진하지만, 성사되지 못했다. 당시 김영삼정부는 그에게 사상전환 같은 것을 요구한 것 같다. 그러나 그는 예술가로서의 입장을 내세워 정치적 판단을 받고 싶지 않다는 뜻을 고수했었다.

1995년 제2의 '광주여 영원히'로 일컬어지는 '화염 속에 천사'를 작곡했다. 당시 빈번하던 학생들의 분신을 소재로 한 것이다. 작품설명에서 그는 "분신으로 죽어 간 젊은이들을 영웅으로 치켜세울 생각도, 성인으로 만들 생각도 없다"면서 "다만 그들의 순수한 영혼의 열정을 표현하려했던 것"이라고 밝혔다. 말하자면 그는 '분신'을 음표로써 이미지한 것이다. '화염 속의 천사'에 곧이어 마치 자신의 임종을 예고라도 하듯, '에필로그'를 발표했다. 1995년 11월, 베를린에서 그는 눈을 감았다. 그로부터 10년이 더 흐른 2006년 4월, 금강산에서는 남북 음악인들이 모여 윤이상을 기리는 음악회를 공동으로 가졌다(중앙일보, 2006. 5. 1).

베를린에 있는 그의 묘비에는 '처염상정(處染常淨)', 즉 어느 곳에 있어도 물들지 않고 늘 깨끗하다는 뜻의 네 글자가 새겨져있다. 1989년 부인 이수자 씨는 『나의 남편 윤이상』이란 책에서 그를 가리켜 "누가 시켜서도 빌어서도 아닌데 오직 자신이 정한 길을 걸어가는 사람"이라며 다음과 같이 서문에서 쓰고 있다.

"일제에 투옥되고, 초등학교 교사로 어린 학생들에게 민족정신을 고취시키며, 그리고 전쟁고아들을 양육하면서 20년 세월을 민족의 수난과 더불어 보낸 사람. 나이 사십이 되어 유학길에 올라 평생을 염원하던 세계적인 작곡가가 되었으면서도, 민족을 구원할 수 있는 길이라면 당장이라도 작곡을 내던지고 그 길을 서슴없이 달려갈 것이라던 사람. 민족 분단의 멍에를 짊어지고 평생을 몸바쳐 실천해 온 사람. 그는 그렇게 사랑하던 고향을 끝내 가보지 못한 채, 모든 병고도 민족의 고뇌도 다 털어버리고 갔다"

2006년 1월 국정원의 과거사진실규명위원회는 "동백림사건 관계자의 간첩 혐의는 조작됐다"고 발표했다. 그러나 유족들은 여전히 만족할 수 없다는 입장이다. 국정원이 "간첩은 아니지만 실정법 위반은 사실"이란 점을 밝혔기 때문이다. 부인 이씨는 독일 베를린 자택과 북한 정부가 제공한 평양 근교 자택을 오가며 살고 있다.

그를 낳은 통영과 그를 기린 통영국제음악제는 2003년부터 명실공이 세계적 수준의 음악제로 거듭나있다. 1999년부터 '통영현대음악제'라는 이름으로 시작된 이 음악제는 2001년까지 3년 동안 작곡가 윤이상의 음악을 집중 조명하고 한국을 비롯한 아시아 작곡가들의 작품 및 서구 현대음악의 최근 경향들을 소개해 왔으며 세미나 및 작곡가 초청 강연 등의 프로그램을 통해 현대음악에 대한 폭 넓은 이해의 기회를 제공해 왔다. 그러는 사이 그 규모나 질적인 수준이 비약적으로 발전해 단 3년 안에 아시아를 대표하는 국제음악제로서의 발전한 것이다. 2006년 통영국제음악제는 봄, 가을 두 번에 걸쳐 열렸는데 큰 호황을 이뤘다. 세계 주요 콩쿠르 입상자들이 대거 참가한 것이다. 특히 가을 시즌의 테마는 윤이상을 기린다. 윤이상만큼 남북에서 모두 존경을 받는 이도 드물다. 이 점에서 그는 이 땅의 통일문화공동체를 열어주는 빛이 되고 있다.

4. 이산가족

'6·15'는 남북관계의 변화를 전반적으로 예고한 것이다. 그러나 정상회담의 '답방'이 이뤄지지 않는 등, 남북관계는 계속 답보적인 상황이 연출되고 있다. 이렇게 되면 가장 딱한 경우가 바로 이산가족의 문제다. 이산가족의 상봉은 언제 어디서나 이뤄져야하지만 남북관계의 영향을 받아 그렇지 못한 것이다. '6·15'후 최대의 성과라면 2005년 '6·15 민족통일대축전' 참석차 평양을 방문한 정동영 통일부장관이 김정일을 만나 이산가족의 '화상상봉'에 합의한 것이다. 이에 따라 2005년 8·15행사 때 처음 화상상봉이 실현되었다.

즉 분단 후 처음으로 서울과 평양, 그리고 평양과 인천·수원·대전·대구·광주·부산 등 남쪽 도시를 서로 연결한 화상상봉이 이루어졌다. 남쪽에서 상봉자 20명과 그 동반가족 57명이 북쪽 가족 50명을, 북쪽에서는 상봉자 20명이 남쪽 가족 79명을 각각 화상으로 상봉해, 모두 226명이 참여했던 것이다.

화상상봉은 거동이 불편한 이산가족에게는 다시 없이 좋은 기회이다. 그동안 10여 차례 '이산'상봉이 있었으나 그 숫자는 6천 여 명에 불과하다. 전체 12만 명에 추산되는 이산가족에는 턱없이 모자란다. 게다가 고령이 많아 하루 10명꼴로 타계하고 있다. 이 같은 현실을 감안해 2005년 3월, 이산가족의 영상을 제작하기로 했다. 이리하여 4월부터는 상봉을 신청한 10만여 명의 이산가족들에게 안내문을 보내고, 5월부터는 이들을 직접 방문, 화상촬영에 들어갔던 것이다.

통일부와 대한적십자사는 2005년 5월 '이산가족 영상편지'시연회도 가졌다. 영상편지 4천편을 제작해 데이트베이스(DB)를 구축키로 했다. 또한 인터넷을 통한 이른바 '이산가족 종합영상 정보시스템'발전 방안도 마련했다. 이렇게 제작된 동영상은 인터넷 등을 통해 제공하는 한편 금강산 이산가족 면회소에도 비치키로 한 바 있다. 즉, '이산'상봉의 기술적 문제는 모두 극복한 것이다.

그러나 인터넷과 같은 과학기술의 보급이 부재하거나 부족한 북한을 상대로 화상상봉을 추진함은 아무래도 무리다. 지금이 정보화시대라고 깨닫는 데는 아직 많은 시간을 요한다. 화상상봉 중 가장 간편한 방식이 e−메일이다. 그러자면 특정 인터넷사이트를 개설해야 한다. 그러나 북한에 그런 인터넷 환경이 잘 구축되기란 만무하다. 화상상봉문제 역시 북한이 얼마나 큰 폭으로 개혁·개방에 나서느냐에 달려 있다.

그나마 북한은 '이산'의 상봉을 남북관계의 풍향에 따르게 하고 있다. 이산가족의 상봉 또한 남북관계의 영향을 타는 것이다. 특히 2006년 7월 5일 북한의 미사일 발사 이후 더욱 그랬다. 이때 유엔 안전보장이사회는 1695호 결의안을 채택하여 북한을 경고하고, 남한 역시 북한에 대한 쌀·비료의 지원을 연기했다. 이러자 북한은 7월 19일, 8·15이산가족의 대면상봉뿐만 아니라 화상상봉까지도 돌연 중단시켰다. 아울러 금강산에 세우고 있던 이산가족면회소의 건립마저 보류시켰다 (매일경제, 2006. 7. 19. 17 : 17).

잘 알려진 대로 이산가족상봉은 '6·15'제3항의 합의사항이다. 남북정상 간의 이산가족문제해결의 합의정신에 따라 남북적십자는 제1차 회담을 갖고 남북이산가족 방문단 교환 및 비전향장기수 송환에 관한 합의서를 타결한 바 있다. 이리하여 역사적인 제1차 이산가족방문단 교환이 '6·15' 두 달 만인 8월 15일에서 18일까지 진행되었다. 이 방문단의 교환은 남북정상회담의 첫 성과이며 남북 간에 가장 시급한 과제인 이산가족문제해결의 물꼬를 턴 것이다. 왜냐하면 분단 후 첫 상봉인 1985년 9월 단 한차례 이산가족 고향방문단 교환이 있은 후, 상봉의 발길은 뚝 끊겼다. 남북정상회담은 15년 만에 이산의 상봉을 잇게 한 것이다.

이산가족상봉의 회수도 문제이지만 그나마 한 차례 겨우 100가족의 만남만 허락되는 것이 더 큰 문제이다. 10만 이산가족이 한번에 100가족씩 만난다면 500회 상봉행사가 이뤄져야 하는 것이다. 더욱이 상봉행사라야 1년에 한두 차례가 고작인 것이다. 따라서 연간 상봉가족을 최대 300가족으로 잡고 매년 만난다 해도 300년 이상의 세월이 필요하다. 개선하려면 만남의 횟수를 획기적으로 늘려야 한다. 즉, 상봉의 상시화, 정례화해야 한다. 이산가족면회소의 건립은 그래서 추진됐으나 이마저 남북관계의 영향을 면치 못하는 것이다.

북한이 이산가족문제를 남북관계의 지렛대로 삼고 있어 나쁘지만 보다 근원적으로는 남한과의 잦은 내왕을 원치 않는다는 점이다. 오고 가는 발길이 잦아지면 결국 체제의 와해를 가져온다고 믿는 것이다. 개방사회 남한과 폐쇄사회 북한의 근본적인 차이점이기도 하다. 이 때문에 북한은 남한의 오랜 제의인 면회소건립을 미뤄왔었다. 그런 북한을 달래기 위한 방법으로 남한은 전력을 제공하는 조건으로 면회소건립을 따왔다고 한다.

북한은 2003년 11월, 제5차 남북적십자회담에서야 면회소건립제안을 받아들였다. 그러나 2004년 김일성의 10주기 조문단의 방북불허와 탈북자의 대규모 입국여파로 남북적십자회담 자체가 중단되고 면회소건립도 무산되는 등 위기를 맞았다(연합뉴스, 2004. 11. 19). 면회소건립은 갖은 우여곡절 끝에 '6·15'후 무려 5년 만인 2005년 8월 31일에서야 금강산에서 착공식을 가질 수 있었다. 1만5천 평의 부지에 지하 1층, 지상 12층 규모로 짓고 있으며 2007년 4월이 예상완공시점이다. 2006년 7월 현재 23%의 공사 진척을 보이고 있다(연합뉴스, 2006. 8. 31). 그러나 짓기까지도 어렵지만 짓고 나서도 늘 문제다. 북한이 변심을 하면 얼마든지 상봉자체가 어려워지는 것이다. 이 때문에 북한의 영역인 금강산에 세울 게 아니라 중립지대인 판문점에 짓자는 안이 당초 제기됐었다.

남북이산가족의 최종만남은 2006년 6월 19일에서 30일까지 금강산에서 있었던 제14차 행사다. 2006년은 2월에 이미 제13차의 100가족 상봉행사가 있었고, 다시 6월에는 '6·15'를 기념해 제14차 특별상봉을 마련해 200가족을 상봉하게 했던 것이다. 그러므로 2006년은 미사일 파동으로 상봉행사가 중단되는 곡절이 있긴 했어도 상봉사상 처음으로 한해 최대 규모인 300가족이 만남의 감격을 누린 것이다.

이산가족상봉의 또 하나 문제가 고령에 의해 사망자가 날로 는다는 것이다. 대한적십자사에 따르면 2006년 5월말 현재 이산가족 상봉 신청자 12만5천627명 가운데 2만8천994명이 사망했다고 한다. 즉, 이산가족 100명 중 23명이 상봉의 순서를 기다리다 이산의 한을 안은 채 눈을 감는 것이다. 신청자의 연령도 90세 이상이 2.7%, 80대가 24.7%, 70대가 43.1%로 70대 이상이 전체 70.5%로 차지하고 있다.

이산가족의 상봉지원과 함께 북한에 대한 인도적 지원 또한 남한으로서는 손을 놓을 수 없는 사업이다. 2006년 8월 20일 대한적십자사는 북한이 입은 큰물피해복구를 위해 쌀 10만 톤과 260억원 상당의 장비 및 구호품을 지원키로 했다. 정부의 쌀·비료 지원은 북한이 6자회담에 복귀하면 지원키로 연계 방침을 정했으나 이를 일부 수정한 것이다. 북한은 2006년 7월 14일에서 16일간, 평안남도와 황해북도, 강원도 일대에 쏟아진 엄청난 폭우로 많은 피해를 입었었다. 대한적십자사는 8월 30일 첫 구호물자를 출항한 이후 10월 중순까지 40여 차례에 걸쳐 쌀과 시멘트 각 10만 톤, 철근 5천 톤, 트럭 100대, 굴삭기 50대, 모포 8만장, 긴급구호세트 1만개, 의약품 등을 전달했다.

5. 역사인식

1) 단군과 홍익인간

민족 고유의 정서는 역사문화에 그 뿌리를 두기 마련이다. 문화유산의 보존과 활용도 중요하지만 기본적으로 남북이 어떠한 역사인식을 공유하느냐가 그만 못지않게 중요하다. 민족의 역사문화는 민족공동체를 구현하는 바탕이며 동시에 통일문화수립의 기본이 된다. 그런 역사문화에는 문화유산 외에 단군이 거의 유일한 실정이다.

북한은 1948년 정권 수립 이후 단군을 신화적인 인물로 보았다. 1970년대까지만 해도 순수 학문 차원에서 고조선과 단군을 연구했었다. 예컨대 1983년의 북한 과학백과사전출판사가 발행한 '백과전서'에는 단군신화에 대해 '고조선의 건국신화'라고 설명하고 있다. 또 개천절에 대한 설명도 찾아볼 수 없었다. 그러했으나 1993년 10월 2일, 북한의 사회과학원이 발표한 '단군릉발굴보고서'이후 기존입장이 달라졌다. 단군이 5011년 전에 평양에서 태어나 평양에서 죽은 실제 인물이라는 것이다. 이듬해인 1994년 10월, 이를 복원했는데 총 부지면적이 13만 5천 평에 달하며, 9단의 피라미드 형식으로 쌓아올렸다. 밑변의 길이는 50m이고, 높이는 22m에 이른다.

단군릉은 평양 근교의 대박산[4] 동남쪽에 있는 것으로 이전부터서 '단군릉'으로 추정되는 곳이었다. 일제의 민족문화말살정책과 관리소홀로 많은 부장품이 도굴됐으나 몇 점 인골과 금동장식·관못 같은 유물을 발굴할 수 있었다. 인골은 남녀 한 쌍의 유골이었고, 이를 '전자상사성공명법'으로 연대를 측정해보니, 5천 년 전으로 거슬러 올라가 '단군 부부'라는 것이다. 유골이 그처럼 5천년이나 보존될 수 있었던 것은 토양이 '석회암 지대'여서 뼈를 삭이지 않는 특성을 가졌기 때문이라고 '발굴보고서'는 덧붙였다. 다만 무덤의 형식과 유물이 고구려 때인데, 그 속의 인골이 어떻게 단군이 될 수 있느냐는 것과 관련해서는 고구려가 단군릉을 고쳐지음으로써 그렇게 된 것으로 이 같은 현상은 고구려 동명왕릉이나 고려 태조 왕건의 묘에서도 볼 수 있다고

---

4) 대박산 ← 대밝산 ← 태백산에서 유래하는 것 같다.

했다(전영선, 2005).

'보고서'에 의하면 단군은 기원 전 3천년 경에 평양을 중심으로 고조 선을 건국했으며, 이후 한민족은 단일의 핏줄, 언어로 하는 민족문화를 형성해왔다는 것이다. 단군을 '원시조'로 하는 단일민족이라고 한다. 그 러나 고조선이 북으로 요하유역, 만리장성까지 영향권을 했으면서도, 고 조선의 수도가 평양지역에 계속 머무른 것은 의문의 여지가 있다.

'보고서'의 다른 핵심의 하나는 평양이 세계 인류문명 발상지라는 것이다. 발굴과정에서 드러난 고인들의 화석이 평양일대가 인류발상지 의 하나임을 확인할 수 있다는 것이다. 실제 북한고고학연구소에 의하 면 고인류화석으로 가장 오래된 것은 1978년 평안도 덕천 승리산 동 굴에서 발견된 '덕천인'으로 약 10만 년 전의 인류라고 한다. 1980년 에는 평양의 용곡동 동굴에서는 4만 여 년 전의 인골이 발굴되었고 평양 승호구 만달리 동굴에서는 '만달인'의 턱뼈 등이 발굴됐다고 한 다. 또 1997년에는 평양 대현동 동굴에서 '력포인'이 발견되었다고 한 다. 이 같은 정황을 미뤄볼 때, 평양이 고대문명 발상지의 하나임을 뒷받침하기에 알맞다는 것이다(서진영·이내영, 2001).

북한은 2004년 단군릉복원준공 10주년 기념식을 갖고 단군릉의 내 부공개 및 학술토론대회를 성대히 개최했다. 이 대회에서 북한학자들 은 "단군조선이 평양을 중심으로 한 대동강 유역에서 기원전 30세기 초에 세워진 고대국가"이며, 이 "'대동강 문명'은 형성시기와 발전수준 으로 볼 때 세계 4대 문명과 대등하거나 앞선 문화사적 의의를 지닌 다."고 거듭 강조했다. 그러나 이러한 '대동강 문명론'은 첫째, 북한의 사회주의가 세계 통념상의 사회주의와는 다르며 둘째, 남북의 통일을 평양중심으로 이끌겠다는 계산이 숨어 있다. '단군릉'이 평양에 있음 으로 해서 장차 통일의 주도권을 잡거나 통일 후의 수도를 평양으로 유치하는데 유리하다고 보았을 것이다.[5]

그러나 단군의 '평양중심'설은 결국 고조선의 강역을 압록강과 두만 강 이남으로 한정하는 데 유리한 기반을 제공한다. 이러면 한민족의 옛 강역이 만주와 요하를 아울렀다는 것을 강조하기가 쉽지 않다. 평 양이 지나치게 남쪽에 위치하기 때문이다. 또 하나 이것은 북한이 중 국의 다음과 같은 기도에 말려드는 셈이 된다. 즉, 중국이 역사적으로 한민족에게 "더 커지도, 더 작지도 말라"며 내심 압록강·두만강 이남 에 머물 것을 주문해온 것이다. 여기서 "커지도 말라"는 것은 고구려 처럼 커서 중국을 위협 말라는 것이며, "작지도 말라"는 것은 조선조 중엽처럼 국력쇠퇴로 일본의 침입을 받아 중국이 개입하는 일이 없었 으면 하고 바라는 것이다.

전반적으로 북한이 민족의 정체성을 확립하기 위해서라기보다는 달 리 정치적인 목적을 '단군릉 발굴' 배후에 깔고 있다. 가령, 북한은 단 군을 우리 민족의 '원시조'라고 호칭하는데 이것은 고조선을 세운 단군 과 '조선민주주의인민공화국'을 세운 김일성을 동급으로 떠받들려는 의 도로도 비친다. 또 평양이 고조선의 수도임을 들어, 민족의 정통성이 고조선-고구려-발해-고려-조선-북한으로 이어짐을 나타내고자 하 는 의도 또한 강한 것이다. 북한 지도부는 결국 민족의 역사까지도 체 제 유지를 위한 선전도구로 쓰고자한다.

'6·15'후 남북 화해·협력의 분위기 속에서 남북은 2002년과 2003년 에 공동으로 10월 3일 개천절행사를 치렀다. 이러니 10월 3일은 8·15 만큼이나 중요한 남북교류의 행사가 되었다. 2004년에는 북·미 관계 의 악화로 개천절공동행사도 잠시 보류됐으나 2005년에는 재개되었다. 이 행사를 공동주관하는 것은 남한과 북한에 공히 있는 천도교이다. 천도교가 개천절이라는 국경일[6] 행사를 주관하는 관계로 그 위상은

---

5) 2004년 10월 21일 헌법재판소가 "서울은 수도"라는 이른바 관습상의 헌법정신을 들 어 노무현정부의 신행정수도건립계획을 위헌 판정했음은 향후 통일수도 논의에 영 향을 미칠 부분이다.

기독교·불교 등을 뛰어넘는다. 실제 북한의 종교 중에서 천도교가 가장 활발한 것도 이와 무관치 않다.

북한은 사회주의의 유물론적 인식만을 존중하는 듯, 단군의 '유골' 부분만 강조하여 단군을 역사화 한다. 즉, 고고학 자료만을 근거로 삼을 뿐이다. 북한이 이처럼 단군 실재의 근거로서 단군의 유골에 집착함은 새삼스러운 것이다. 왜냐하면 북한의 '우리식 사회주의'는 이미 유물론으로 하는 세계 보편적 사회주의를 떠난 것이다. 물론 북한이 '단군 유골'을 내세워 단군을 역사화 함은 단군이 당초 신화와 전설 속에 묻힌 것을 역사 안으로 끌어들인 의의를 높이 사게 된다. 즉, '신화'로부터 독립이다.

그러나 단군의 건국이념인 '홍익인간'은 여전히 신화 속에 묻혀 있다. 북한이 단군을 역사로 복원하면서 단군에 대한 신화부분이 걷혔지만 그런 시도를 '홍익인간'에 대해서도 했어야 옳았다. 하지만 '홍익인간'에 대하여는 계속 침묵해왔다. 이래서 단군과 홍익인간에 관해 북한은 고고학적 자료에만 의존하고 남한은 문헌학적 자료에만 의존해온 셈이다. 북한은 곧 물적 토대에 근거해야 만이 역사적 사실이 될 수 있다는 입장을 취하고 있다.

그렇다면 북한의 단군릉 발굴과 유골의 연대측정방법은 과연 과학적인가. 여기서 북한이 사용했다는 '전자상사성공명법'의 진위 문제는 거론 않더라도 북한이 '홍익인간'을 배제한 채 단군 복원에 만족해하는 것은 결국 단군의 건국이념을 다른 데서 찾으려는 의도가 아닐까 한다. 이를테면 북한은 북한의 시조인 김일성과 그 통치이념인 주체사상을 각각 단군과 그 건국이념인 홍익인간으로 대체하려는 것 같다.

이런 의미에서 문헌상의 단군기록을 다시 보자. 단군이 신단수 아래

---

6) 국경일은 삼일절·제헌절·광복절·개천절로 넷이다. 북한은 개천절이 공휴일이 아니지만, 정부 차원에서 기념한다.

에 신시를 열고 인간세계를 교화했다는 문헌상의 최초 기록은 고려 말 일연의 『삼국유사』(1281)에 보이는데, '홍익인간'은 이때의 건국이념 이다. 또 신화인 것도 맞다. 그러기에 해방 직후 '홍익인간'이 남한의 '교육이념'으로 채택될 때 공산주의자인 백남운은 "신화가 어떻게 이 념이 될 수 있느냐."며 반대한 적이 있었다.

신화로 말하면 단군과 '홍익인간'이 모두 신화이나, 단군은 '유골'로 써 신화에서 빠지고 홍익인간은 계속 신화가 되고 있다. 즉, 천제의 아들인 환웅이 인간세상을 탐하여 지상에 내려와 식량·질병·형벌·선 악 등 360여 가지를 '재세이화(在世理化)', 즉 "세상에 머물며 교화했 다"는 '홍익인간'이 여전히 신화로 갇히는 것이다. 그 반면, "단군이 평양에 도읍을 정하고 나라를 조선이라 불렀다"고 하는 부분만을 달 랑 역사적 사실로 받아들이는 것이다. 『삼국유사』는 곧,

　　"「고기」에 이르기를 옛날 환인이 있었는데 서자 환웅이 자주 천하 다스릴 뜻으로 인간세상을 탐하여 구하므로 아버지가 그 뜻을 알고서 삼위태백을 내려 다보니 홍익인간 할만한지라 이내 천부인 3개를 주어, 가서 다스리도록 했다. 환웅이 무리 3천을 이끌고 태백산정 신단수 아래에 내려와 이를 신시라 일컬으 니 곧 환웅천왕이다. 환웅은 풍백·우사·운사를 거느려 식·명·병·형·선악 같 은 인간세상 3백60여 가지를 주재하는 등, 재세하며 교화했……나중 자식을 낳으니 단군왕검이다……단군은 평양성에 도읍을 정해 조선이라 칭하고……1천5 백년간을 다스렸다.[7]

고 한다.

'고기'란 중국의 정사인 '위서(魏書)' 등을 말하는 것으로 즉, 『삼국

---

7) <三國遺事> 卷第一 紀異 古朝鮮, "古記云 昔有桓因(謂帝釋也) 庶子桓雄 數意天下 貪求人世 父知子意 下視三危太伯 可以弘益人間 乃授天符印三箇 遣往理之 雄率徒 三千 降於太伯山頂神壇樹下 謂之神市 是謂桓雄天王也 將風伯雨師雲師 而主穀主 命主病主刑主善惡 凡主人間三百六十餘事 在世理化……孕生子 號曰壇君王儉……都 平壤城 始稱朝鮮……御國一千五百年"

유사』의 저자는 옛 사서에 있는 단군에 관한 기록을 인용한 것이다. 그런데 인용문을 잘 보면, 단군이 평양성에 도읍을 정하고 조선을 건국한 주체이나 '홍익인간'과 '재세이화'의 주체는 단군의 아버지인 '환웅'이다. 따라서 엄격한 의미로 '홍익인간'은 '환웅'의 건국이념이지, 단군의 건국이념이 아니다. 물론 "홍익인간의 정신은 단군도 아니요 환웅도 아닌 환인의 뜻, 즉 하늘의 뜻"으로 다시 말해 천제환인으로부터 "홍익인간 하라"는 유지를 받든 단군의 건국이념이라고 보아 문제될 것은 아니다(박성수, 2002: 25).

다만 단군은 이름이 '군(君)'이고 또 그와 관계되는 내용 중에는 '평양성', '조선', '어국(御國)' 등의 구체적 용어가 많다는 점에서 환인, 환웅과는 다른 정황을 짚어보게 되는 것은 무리가 아니다.[8] 이런 것이 북한으로 하여금 단군과 '홍익'을 따로 떼서 보게 하는 원인으로도 작용할 수 있을 것 같다.

게다가 고려 이후 조선조 민족사서가 단군의 건국으로부터 민족의 기원을 잡으면서도 단군 이전의 고사는 빠뜨렸고, 이 바람에 '홍익인간'의 '재세이화'가 잘 전해지지 못한 것도 한 원인이 됐을 것이다. 더욱이 조선조 성리학자들은 『논어』의 이른바 "자불어, 괴력난신(子不語, 怪力亂神)", 즉 "공자는 괴·력·난·신 같은 불가사의한 것을 믿지 않아 말하지 않았다"고 한 교훈에 따라 환인·환웅·단군을 모두 황당한 것으로 받아들임으로써 단군과 '홍익'의 기록누락을 도운 점도 무시할 수 없다.

그런데 단군과 '홍익'이 분리되는 현상은 국권이 침탈된 한말의 상황에서도 예외가 아니었다. 신채호는 근대사서의 효시라는 그의 『독사신론』(1908)에서, '국사'의 개념을 '민족의 소장성쇠의 상태'를 기록함

---

8) '단군왕검'과 관련한 해석에서 '단군'을 제사장, '왕검'을 정치적 군장(君長)으로 보기도 하는데 이렇게 되면 '단군'의 재세 의미는 얼마든지 늘어날 수 있다. 즉, 위의 인용문에 "1천5백년간을 다스렸다"고 한다.

이라 보아 유명하다. 그런데 '조선사'의 주인을 '단군후예'라 하면서도 홍익인간에 대해서는 언급하지 않은 것이다(정영훈, 2003). 다만 대종교 창시자로 유명한 홍암 나철의 경우, "대종교를 중광한 해인 1909년 12월에 오대종지의 발표를 통하여 대종교의 교의인 홍익인간을 실천하기 위한 기본강령을 제시하였다"(김동환, 2002)고 한 점에서 단군과 '홍익인간'과의 일부 관련성을 유추해볼 수 있다.

　'홍익인간'이 지식인의 주의를 끌기 시작한 것은 1919년 3·1운동 후 조소앙, 안재홍 등의 이른바 '신민족주의자'에 의해서다. 해방 후 남한은 국가백년대계라는 교육의 지표로서 '홍익인간'을 과감히 받아들여 지금껏 이어오고 있다. 북한이 남한의 교육이념인 '홍익인간'을 트집 잡아 단군의 건국이념으로 삼기에는 적절하지 못하다고 여긴다면 이것은 억지에 불과하다. 3·1운동 당시에 이미 '홍익인간'은 좌우합작의 정신적 덕목으로써 거론됐던 것이다. 그러므로 북한이 단군을 숭상하면서도 유독 '홍익'은 받아들이지 못하겠다면 그것은 '홍익'이 남한의 교육이념으로 쓰였던 탓이 아니라, 보다 근원적으로 북한이 3·1운동까지를 내심 마뜩찮아 하는 것과도 연결된다.

　남한 학계도 그동안 주로 남한의 체제를 바탕으로 하여 북한을 거기에 맞도록 끌어내려 했음을 돌아봐야 한다(황병덕, 1994). 이 때문에 북한에게 남한이 북한을 '흡수통일'하려한다는 빌미를 제공한 것도 사실이다. 2000년 6·15는 그런 재발방지를 약속한 일면도 있다. 남한은 현대라는 개인적·다원적·불확실성의 시대를 살아가는 특성상 가치 척도가 다양할 수밖에 없다. 북한의 '주체'에 필적할 만한 사상적 체계가 미흡함도 그런 다양성 때문일 것이다. 이 때문에 '주체'를 뛰어넘을 만한, 어떤 정신적 실체를 찾고자 몰입해왔는지 모른다. 이런 성과와 관련해선 '단군민족주의'(정영훈, 1993)와 '홍익민주주의'(이근창, 1991; 권성아, 1998)가 있음을 들어둔다.[9]

북한은 단군을 민족의 뿌리로 보는 것과 그것이 바로 민족주의와 연계된다는 것과는 별개로 인식한다. 정서상의 민족주의와, 이념상의 민족주의가 각각 다른 셈이다. 정서상의 민족주의가 '단군'이라면 이념상의 민족주의는 '주체'인 것이다. 같은 맥락에서 '민주주의' 또한 남한의 '자유민주주의'와 북한의 '인민민주주의'가 각각 다르다. 장차 남북의 통합민주주의는 남과 북이 각각 체제의 보루라고 여기는 '자유민주주의'와 '인민민주주의'를 어떻게 조금씩 수정해나가느냐에 달려 있을 것이다.

2) 주체와 민족주의

북한에게 노동당규약은 헌법보다도 상위의 개념이듯이, '주체'도 민족에 비해 상위의 개념이다. 북한이 단군을 민족사의 근원으로 받아들인다고 해서 북한 민족주의가 단군으로 표방되는 것은 아니다. 민족 역시 '주체'의 산물인 것이다. 이 점은 북한이 사회주의 국가로서 '민족'보다는 '계급'을 앞세워 공산혁명을 수행한 대목에서도 알 수 있다.

'민족'은 곧 이데올로기의 하위개념인 것이다. 그렇다고 이런 도식적인 관계만으로는 북한의 민족주의를 정확하게 이해한다고는 말할 수 없다. 근년 들어서 북한은 어느 때보다도 '우리 민족끼리'를 강조한다. 그런 만큼 이때의 '민족'이 역사적으로 어떤 배경을 가지는지에 대한 고찰이 필요하다.

일각에서는 주체사상에 민족주의가 고무적으로 들어있다고 본다. 이를 들어 '주체'가 '민족주의 사상', 또는 '저항민족주의 사상'이라고 한

---

9) '단군민족주의'에 의하면 한민족은 '전 근대민족'으로부터 '근대민족'으로 발전하게 된 결정적 계기였다고 한다. 즉, 3·1운동은 "대한제국 말엽 대중화한 '단군민족주의'가 그간 축적된 자주독립의식을 폭발시켰던 일대사건"이라는 것이다(정영훈, 1993).

다(김연각, 1997: 181-253). 그러나 김정일이 처음 「우리민족제일주의」에 대해 언급한 1986년 7월 15일의 담화를 보면 그와는 좀 다르다. 즉, 김정일은 "자기 나라 혁명에 충실하자면 무엇보다도 자기 민족을 사랑하고 귀중히 여길 줄 알아야 합니다. 나는 이런 의미에서 우리 민족제일주의를 주장합니다." 그러나 "우리 공산주의자들이 민족주의자로 될 수는 없습니다. 공산주의자들은 참다운 애국주의자인 동시에 참다운 국제주의자입니다."고 단정하는 것이다. 그러면서 '민족의 위대성'이란 "당의 영도에 따라 혁명과 건설을 우리 인민의 요구와 우리나라 실정에 맞게 우리 식대로 해나"갈 때라고 한다(정성장, 2003: 140).

즉, 김정일은

> "민족의 위대성은 결코 영토의 크기나 인구수에 의하여 규정되는 것이 아닙니다. 사람 몸의 가치가 사상에 의하여 실현되는 것처럼 민족의 위대성도 무엇보다 그 민족의 지도사상이 얼마나 위대한가에 따라 규정됩니다. 위대한 수령 김일성 동지께서는 주체사상을 창시하시고 주체형의 혁명적인 당을 건설함으로써 융성 번영하는 우리 인민의 새 역사를 창조하셨으며 인류가 자주의 길로 나아가는 올바른 길을 가르쳐 주셨습니다. 바로 그렇기 때문에 세계 진보적 인민들이 우리 수령님을 인류의 위대한 수령으로 끊임없이 존경하며 우리나라를 주체사상의 조국으로 높이 찬양하고 있습니다. 우리는 이에 대하여 응당한 민족적 자부심을 가져야 하며 김일성 동지를 높이 모시고 당의 영도에 따라 혁명과 건설을 우리 인민의 요구와 우리나라 실정에 맞게 우리식대로 해나가야 하겠다는 확고한 각오를 가져야 합니다."(김정일, 1986. 7. 15 담화)

고 말했다.

즉, "민족의 위대성도 무엇보다 그 민족의 지도사상이 얼마나 위대한가에 따라 규정"된다고 한다. '민족의 지도사상'이란 주체사상을 뜻함은 물론이다. 아울러 민족은 '당의 영도' 아래에서만 그 의의를 지닐 뿐이라고 한다. 이러므로 북한에서 아무리 민족주의를 내세운다고 하더라도 그 의미는 제한될 수밖에 없는 것이다. 그러기에 1957년에 나온 『대중정치용어사전』에서 민족주의란 "전 민족의 리익이라는 미명하에 각 민족의 근로자들 간에 민족적 반목과 타민족에 대한 압박을 선동하며 부르주아지의 지배와 착취를 옹호하는 반동적 부르주아사상 및 그 정책"(대중정치용어사전, 1957: 116-117)이라며 혹평을 가하는 것이다. 이처럼 북한의 민족주의는 일찍부터 마르크스·레닌주의에 종속된 하부개념이었다.

이에 비해 김일성의 다음 담화는 그런대로 민족주의에 대한 순화된 뜻이 내포돼 있다. 1991년 그는 「우리 민족의 대단결을 이룩하자」는 제목의 담화(노동신문, 1991. 8. 5)에서 민족주의는 본래 민족의 이익을 옹호했으나 자본주의의 발달로 자본가계급의 이익을 옹호하는 사상적 도구로 전락했다는 것이다. 이렇게 보아 민족주의를 '부르주아민족주의'와 '참다운 민족주의'를 구분하면서 "나는 공산주의자인 동시에 민족주의자이고 국제주의자라고 말할 수 있다"고 말했다. 이것은 공산주의가 처음부터 민족주의와 배치되는 것이 아니라고 함을 강조한 동시에 남한의 민족주의는 '부르주아 민족주의'이나, 북한의 민족주의는 '참다운 민족주의'라는 뜻이 들어있다.

김일성의 이러한 민족주의적 관념은 1990년을 전후로 해서 일고 있는 새로운 정세를 반영한 것이다. 독일의 통일과 소련의 해체 등을 가져온 동구권의 몰락을 지켜보면서, 북한은 북한의 사회주의가 세계의 보편적 사회주의와는 다르며, 결코 붕괴하는 일은 없을 것이라며 선을 그었다.

북한은 또 1990년대 후반 들어 경제난에다 핵문제까지 겹쳐 미국과의 관계가 날카로워졌다. 미국이 북한을 '평화파괴자'로 규정하자 북한은 남한을 '민족'의 편으로 끌어들이는 묘수를 발견했다. 이전처럼 '남조선 괴뢰도당'이니, '미제의 앞잡이'니 하면서 한·미를 싸잡아

비난하던 데서 한발을 빼기 시작했다. '우리 민족끼리'의 구호는 그렇게 해서 제창되었다.

민족주의적 요소는 스탈린주의와 함께 초기 주체사상의 중요한 구성요소였지만, 주체사상의 발전과정에서 '인간중심철학'이 추가되고 수령 독재를 정당화하는 '혁명적 수령관' 또는 '수령론'이 핵심적 요소로 부각되면서 현재의 주체사상에서처럼 부차적·보조적 지위만을 지니게 되었다.

민족주의가 주체사상의 벽을 뛰어넘지 못하는 데는 다음과 같은 어의적 한계도 있다. 북한에서는 일반적으로 '사상'이 '주의'보다 상위의 범주에 드는 것이다. 이는 곧 중국과 정반대이니, 중국 공산당은 '마르크스·레닌주의, 모택동 사상, 등소평이론, 3개 대표론'을 차례로 예시해 당원·동지들의 정신적 규범을 삼고 있다. 즉, 중국은 '주의'가 '사상'보다도 우위인 것이다. 그러나 북한은 주체사상이 앞서고, 민족주의나 민주주의 등은 그 하위범주에 속하는 것이다.

북한이 동구권 변화로 '우리 식'사회주의를 외치게 됐다면 단군의 강조는 '우리 민족끼리'를 외치게 된 계기였다. 마침내 2005년 6월 제15차 남북장관급회담에서 처음으로 '우리 민족끼리'가 공동발표문에 쓰였다. '우리 민족끼리'가 처음 남북합의문의 문맥 속에 등장한 것은 2000년 6·15선언문에서다. 발표문은 합의문을 대표하는 것이므로 발표문에 이 말이 쓰였다는 것은 큰 변화가 아닐 수 없다.

북한은 기왕에 '우리 민족끼리'를 부르짖는 만큼 민족주의의 본연에 충실해야 한다. 사회주의체제에 종속된 민족주의여서는 안 된다. 더더욱 지금과 같은 폐쇄적이어서는 안 된다. 북한은 북미관계 등 극단적 상황에 내몰릴 때에나 '우리 민족끼리'를 찾는 데서 벗어나야 한다. 한반도 문제는 남북이 스스로 해결한다는 '남북한 당사자주의'의 또 다른 이름으로서의 민족주의가 거듭나야할 것이다. 남한의 민족주의 역시 21세기를 향한 진취적이며, 세계민족과 공동번영을 모색하는 개방적 민족주의여야 한다.

3) 남북협상

북한을 어떻게 볼 것인가 하는 문제의식은 남북한의 통일이 어떤 방향으로 나아가야할지에 많은 시사점을 준다. 이 함께 남북한의 역사인식이 어떻게 다른가에 대해서도 깊은 성찰이 있어야 한다. 남북의 민족정서를 크게 가르는 것 중의 하나가 역사인식에 관한 차이이다. 단군과 홍익인간에서부터 '3·1독립운동'과 '4·19민주혁명'에 이르기까지 남북의 시각은 아주 다르다. 이 같은 시각 차이를 조정해야 하지만, 그에 앞서서 어떤 차별화된 역사인식을 노정하느냐에 대한 분석이 선행돼야할 것이다.

북한은 '3·1인민봉기'라 부른다. '인민봉기'라면 '3·1절'이 비폭력만세운동에만 그치지 않았다고 함을 강변하는 것이다. 실제 남한의 일부 학자들도 3·1운동이 다분히 폭력적이었음을 주장한다. 사실, 일본 헌병대를 습격한다든지 하는 것은 단순한 만세운동을 벗어나는 것이다. 게다가 폭력성을 수반하지 않은 역사운동이란 드문 것도 사실이다. 그렇다고 3·1운동 전체를 그렇게 폭력화하는 것은 어느 한 면만을 중시하는 것이다. 이를테면 북한의 혁명사관이다. 북한은 곧 3·1운동의 주체가 '민족대표 33인'이 아니고, 뜻밖에도 김일성의 부친, 김형직이라고 한다. 이러면 혁명사관을 넘어 역사를 마음대로 주무르는 자의성이 강하다. 특히 불순한 배경까지 끼었다. 그것은 곧 단군의 '평양중심'설에서 보았듯, 3·1운동 또한 서울이 아닌, 평양중심설이 되고 그 중심에 김형직이 있는 것이다.

'4·19민주혁명'에 대해서도 북한은 이를 생뚱하게도 "남조선 인민의 반미 구국투쟁에서 이룩한 거대한 첫 승리"라고 규정한다. 해서인지 북한의 관영매체는 거의 매년 4·19기념 기사에서 "반파쇼 투쟁사에 특기할 4월 인민봉기를 통해 남조선 인민은 자기 힘으로 자기 운명을 개척하려는 불굴의 투지를 힘 있게 과시하고 미제의 식민지 파쇼통치에 심대한 타격을 줬다."고 주장해왔다(연합뉴스, 2004. 4. 19). 북한은 이처럼 4·19의 자유민주주의 정신을 의도적으로 멀리하는 것이다.

물론 4월의 혁명은 끝나지 않았다. 분단조국의 현실을 뛰어넘지 못하는 한, 4월의 노래는 못다 부른 노래가 되고, 미완의 혁명이 된다. 이런 제약이 있긴 하나 1960년 4·19가 당시 아시아·아프리카 신생독립국가 민중들에게 자유와 민주주의의 신성함을 알린 의의는 결코 작지 않다. 북한이 그런 4·19를 반파쇼 제국주의 운운함은 북한지역에 자유와 민주주의의 파급을 두려워함이다.

일례로 북한은 2005년 4월 19일 출판·보도매체의 기념기사를 통해 "인민대중이 자유와 권리를 쟁취하려면, 투쟁을 승리로 이끌 지도부의 높은 전략·전술과 이에 따른 군중의 역량이 하나로 결집돼야한다"며 4·19의 한계를 지적하는 것이다. 사실 4·19의 젊은이는 오직 자유와 민주주의를 위한 일념 하나에서 출발했기에 그 어떤 지도부도, 그 어떤 전략·전술도 필요로 하지 않았다. 하지만 북한은 수령의 지도가 있어야만 인민대중은 비로소 역사적 동력을 지닌다는 뜻으로 4·19를 폄훼하는 것이다. 북한은 이로써 수령유일체제에 대한 자기합리화를 꾀하는 것이다.

4·19와 함께 잊지 말아야 할 것이 있다. 그것은 1948년 4월 19일에서 30일까지 평양에서 열린, 남북협상파에 의한 좌우합작 노력이다. '남북협상'이란 '남북조선정당사회단체 대표자연석회의'와 같은 일련의

정치회담을 가리킨다. 이 회의에 참석하기 위해 백범 김구는 4월 19일, "살아생전 북쪽 동포들도 제집을 찾아가는 것을 보고서 죽고 싶다"며 3·8선을 넘었다. 그는 곧 방북에 앞서 그 유명한 「삼천만 동포에게 읍고(泣告)함」이라는 제목의 성명서를 발표했던 것이다. 성명서에서 그는 "내 나이 칠십유삼(七十有三)인바 나에게 남은 것은 금일금일 하는 여생이 있을 뿐이다. 내가 새삼스레 권력을 탐하며 명예를 바랄 것이냐, 남한 단독정부를 세우려는 데는 결코 협력하지 않겠다."고 선언했다.

즉, 그는 서울에서든, 평양에서든, 단독정부를 세워서는 안 되고 남북이 협상을 통해 통일정부를 세워야한다고 주장했다. 다만 남한이 북한에 앞서 단독정부수립에 들어가 있었기에 그처럼 반대했던 것이다. 그러나 김일성도 이미 단독정부수립구상에 들어가 있었고, 따라서 단독정부수립을 반대하는 백범의 주장이 귀에 들어올 리가 없었다. 백범은 김일성의 홀대만 받은 채 하릴없이 서울로 되돌아오고 마는 처지가 되었다.

백범이 단독정부수립을 반대했던 것은, 분단이 결국 동족 간의 전쟁을 가져온다고 믿었기 때문이며, 실제 그의 우려는 적중해 1950년 6·25전쟁이 일어나고 말았다. 그러한 백범이나 북한은 아직도 그를 과소평가하고 있다. 2005년 4월 19일 북한의 조선중앙통신은 1948년의 '남북협상'을 회고하는 논평에서 또다시 김구를 '완고한 민족주의 거두'라고 혹평하는 것이다. 그리고는 김구가 김일성의 "숭고한 뜻을 따를 것을 굳게 맹세했다"며 뜻밖의 말을 흘리는 것이다. 북한의 이러한 자의적인 역사논단행위는 시정해야 한다.

백범의 이상은 비록 실현되지 못했어도 그가 남긴 '남북협상'의 과제는 향후 통일의 지표가 된다. '남북협상'파는 '중간파'로도 불리는데 이것은 좌우, 어디에도 속하지 않음을 뜻한다. 그러나 '중간파'는 남과 북을 휘감은 극우, 극좌의 정권안보논리에 의해 배척을 받았다. 남한에서는 '4·19' 후 꾸준히 그 맥이 이어오고 있지만 북한에서는 그러한 징후가 통 없다.

북한의 역사인식은 '인민'을 바탕으로 한 투쟁사관이며, '수령'을 앞세운 혁명사관이라 할 수 있다. 반제반봉건의 역사인식이다. 북한은 그 이름도 '인민민주주의공화국'인 만큼 명목상 정권의 주체는 '인민'이며, 역사의 주체 또한 '인민'이다. 실제로도 '인민대중'의 자주성을 위한 투쟁의 역사가 참다운 역사라고 강조한다. 그러나 '인민대중'만으로는 승리의 역사를 기록할 수는 없다며, '인민'의 투쟁을 승리로 이끌어줄 뛰어난 지도자가 있어야한다고 강조한다. 그것이 곧 '수령'이다. 3·1운동의 '인민봉기'가 실패한 것도 '수령'의 지도가 없었기 때문이다. 이러면 역사의 주체는 '수령'이지 '인민'이 아니다. '인민'이 역사라면 그 동력은 '수령'에 의해 결정되는 것이다.

남한은 흔히 현대사의 기점을 3·1운동으로 삼는다. 그러나 북한은 현대사의 기점을 1926년 10월, 김일성이 결성했다는 소위 '타도제국주의동맹'(ㅌ·ㄷ동맹)으로부터 잡는다. 이가 곧 북한이 말하는 '인민'과 '수령'의 최초 만남이고 따라서 현대사의 '기점'이라는 것이다. 아울러 북한이 조선인민군의 창설일로 삼는 것은 1932년 4월 25일인데, 이날 역시 김일성이 이끄는 소위 '안도유격대'가 창설됐다고 한다. 모두 '인민'과의 결합관계를 나타낸다.

김일성은 해방 직후 곧바로 사회주의혁명을 추진한 것은 아니었다. 'ㅌ·ㄷ동맹' 결성이니, '유격대' 창설이니 하는 등에서 보듯, 그는 본래 이론가가 아닌, 행동가였다. 원래 공산주의 혁명이론은 서울을 중심으로 공산주의운동을 펼쳐온 박헌영 등의 남로당 계열의 특장이었다. 유격전에 주로 종사한 김일성은 이론이 약할 수밖에 없었던 것이다. 더욱이 전략적인 면에서도 공산주의 이론을 크게 선전할 계제가 되지 못했다.

　김일성이 '반제반봉건민주주의혁명'을 내걸긴 했지만 '반봉건'에 해당되는 지주계급을 온통 적대시했던 것은 아니다. 이때의 혁명대상은 한반도를 통튼 것으로 그는 남반부의 지식인, 농민, 노동자, 심지어 지주까지도 자신의 우호세력으로 묶어둘 필요를 느꼈던 것이다. 실제, '반제반봉건민주주의혁명'은 인민민주주의혁명 단계로, 본격 사회주의혁명과는 차별화하기도 한다. 물론 넓게 보면 '반제반봉건민주주의혁명'또한 계획경제 등을 수반한 사회주의혁명 단계에 포함된다. 그러나 김일성은 당시 남북이 대치하는 상황에서 남한 '인민'도 자기편에 끌어들일 필요가 있었던 관계로 많은 '인민'을 '반봉건'의 지주라며 적대시할 것까지는 없었던 것이다. 즉, '반제'는 몰라도 '반봉건'에 대해서는 굳이 '계급'의 우선성을 내세울 필요가 없었던 것이다. 계급보다는 '인민'이 우선했고, 따라서 보다 많은 지지층의 결집을 원했었다.

　그러던 북한이 사회주의 계획경제를 본격 궤도[10]에 올린 것은 분단이 고착화 되어가고, 김일성 역시 내심 단독정부수립에 뜻을 굳힌 1947년 이후부터다. 이후 사회주의 혁명은 남반부는 빼고 북반부만을 대상으로 했으며, 짧은 기간에 다대한 성과를 올릴 수 있었던 것은 다름 아닌 6·25전쟁 때문이다. '봉건'적 지주계급들은 동란 전에 월남하거나 사변 중에 죽는 바람에, 북한으로서는 '반봉건'의 역사적 과제를 절로 성취했다. '반제'역시 미국이 북한의 전 인민, 전 국토를 거의 무차별적으로 폭격하는 바람에 저절로 인민들 사이에서 고양되었다. 김일성은 북한인민에게 '반제'의식을 따로 교육시킬 필요도 없었던 것이다. 오늘날까지도 이어지는 북한의 '반미'정신은 실은 6·25의 산물이다.

　그렇다고 6·25한국전쟁은 결코 북한의 주장대로 '조국해방전쟁'이

---

10) '본격'적 추진시기에 대해서는 1953년 휴전 이후라면서, 1947년은 그 예비단계라고 보기도 한다.

될 수 없다. 그런 주장이 먹히려면 6·25의 시작이 북에서 밀고 내려온 '북침'이 아니라, 남쪽에서 밀고 올라간 '남침'이어야 하는데, 개전 사흘 만에 서울이 북한군에게 점령된 점을 보더라도 '북침'이 틀림없다. 남한의 일부 급진좌파까지 북측의 주장에 가세해 6·25가 '민족해방'을 위한 '내전'이며 따라서 미군의 개입이 없었더라면 그때부터 한반도는 이미 통일국가였을 것이라고 하는데 이것은 타당치 않다. 설령 그때 통일이 되었더라도 그것은 김구, 조만식 등의 '남북협상'파들이 고대하던 통일방식과는 근본적으로 다르다. 김구 등은 전쟁이 일어날까봐 우려해서 단독정부수립에 반대했던 것이지, 통일정부만 수립된다면 전쟁이 일어나도 무방하다고 여긴 것은 결코 아니었다. 이 교훈은 지금도 유효하니, 전쟁재발방지에 유의해야 한다.

6·25는 곧 남·북한을 당사자로 하는 동족상잔의 전쟁이었다. 김일성의 항일무장투쟁은 존중돼야 하나, 그가 도발한 6·25는 지탄받아야 마땅하다. 남한의 이승만정부도 1948년 집권 전후로 친일세력을 비호해 민족정기를 흐린데다, 부패와 무능을 일삼아 소위 '해방전쟁'의 빌미를 준 점이 인정된다. 각각 이승만, 김일성을 중심으로 한 남북집권세력은 남북협상파의 단정거부세력을 이상주의라고 비난하지만 그것은 곧 자신들의 정권욕을 미화한 것뿐이다. 향후 통일세력은 좌우합작의 중간파에서 나올 수밖에 없고 그 일례가 남한의 대북포용정책인 것도 사실이다.

4) 북한연구법

북한에 관한 연구법으로는 흔히 외재적 접근법과 내재적 접근법이 있다(이종석, 2000). 전자는 주로 자유민주주의나 자본주의적 시각에서 북한의 체제를 보려한, 현재적 접근법이다. 때문에 북한체제에 대한 비판적 안목이 깔려있다. 이에 대해 후자의 내재적 접근법은 북한을 있는 그대로 보자는 과거적 접근법이다. 즉, 북한체제가 어떤 이념을 지니는지, 그것은 어떤 상황에서 나온 것인지를 북한의 입장에서 살펴보고자 한다. 따라서 북한의 실정을 보다 적확하게 이해할 수 있는 것은 내재적 접근법이다. 다만 이것이 지나치면 "그때는 그럴 수밖에 없었다."는 역사적 필연론에 빠져들 수도 있다.

가령 주체사상은 1967년의 권력투쟁 이후 김일성 유일사상으로 여물어지는데, 이를 현재적 입장에서 접근할 때와 과거적 입장에서 접근할 때가, 각각 그 해석이 달라진다. 즉, 현재의 관점에서 김일성 유일독재는 바로 비판의 대상이다. 김일성유일체계는 주체사상을 내세울 때부터 그 근원으로, "주체가 곧 김일성"이고, 그런 유일체계를 언제부터 띠느냐는 것은 그들의 의지일 뿐이라고 한다. 다시 말해 1967년 '갑산파 사건'이라는 권력투쟁이 없었더라도 김일성은 어떤 성격의 사건을 들이대서라도 자신의 유일체계를 다지는 계기로 삼았을 것이라는 얘기다. 그러나 과거적 입장에서는 김일성유일체계든 독재이든, 그것은 어디까지나 북한이라는 사회적 토양 위에 생겨난 역사적 산물이란 얘기다. 김일성이 북한인민으로부터 모종의 신뢰를 확보한 것까지도 이 산물에 포함된다.

이런 내재적 접근법에 역사문화적 방법론도 들어있다. 사회와 역사는 과거경험의 축적이다. 유네스코의 세계문화유산등록은 그 나라 민족문화가 과거로부터의 이어온 시간의 축적이자, 현재의 보존 및 활용가치가 한데 어우러진 것이다. 우리의 통일문화는 민족의 동질성 회복을 그 기본으로 한다. 그 점에서, 역사문화적 방법론은 통일연구는 물론, 북한의 연구와 이해에도 많은 도움을 준다. 문헌과 유물·유적, 그리고 자연물까지도 다 포함된다. 남북한은 민족의 과거인식을 공유함으로써 상호간의 동질성을 높여가는 데 이로울 것이다. 일례로 북한의 단군복원사업이 일부 정치색을 면치 못하지만, 중요한 것은 북한사회주의혁명이 온통 과거와의 단절만을 가져온 것은 아니라는 점이다.

북한을 다른 사회주의국가들과 비교함으로써 그 특성을 이해하는 비교분석적인 방법은 외재적 접근법에 속한다. 북한이 중국·러시아·베트남 등과 달리 어떤 사회주의를 채택하고 있으며 이러한 북한 나름의 특수적 사회주의가 일반적 사회주의와는 어떻게 다른가를 통해 북한사회를 비교분석하는 것이다. 이것은 사실 북한의 사회주의가 세계에서 유례를 찾아볼 수 없이 폐쇄적이라고 하는 근거를 찾는데도 매우 유용할 뿐 아니라, 북한의 개혁과 개방을 압박하는 수단으로 매우 유용하다. 중국과 베트남 등은 모두 일정 부분 개혁과 개방을 취하고 있기 때문이다.

한때 남한에서는 '가짜 김일성'론이 맹위를 떨쳤다. 북한의 김일성이 진짜가 아니고, 본래의 '김일성'을 도용한 것이라고 했다. 1980년대 중반까지만 해도 위력을 발하던 이 '가짜 김일성'론은 근래 믿는 사람이 거의 없다. 이것은 남한의 체제가 북한보다 훨씬 더 우월하며, 김일성은 '김일성'이라는 가짜의 탈을 쓴 데 불과하다는 것이었다. 따라서 전형적인 남한의 체제우위론적 발상이 되고, '외재적 접근법'이 된다. 그러나 1980년대 말부터 일단의 연구가들이 이를 '냉전적 연구법'이라고 비판하고, 북한은 북한의 입장에서 봐야한다는 '내재적 접근법'을 강조하기에 이른다.

이런 '내재적 접근론'을 처음 국내에 소개한 것은 송두율이며, 이로부터서 이어받은 국내의 두 경향은 크게 '급진적 민족주의'와 '온건적 민족주의'로 나눠진다. 강정구와 이종석은 각각 그 전자와 후자를 대표한다. 이밖에 '당대 최고의 북한 전문가'라는 김남식과, '가짜 김일성'론을 부정한 서대숙(1989), 김학준(1996) 등도 크게 보아 '내재적'그룹에 속한다.

1990년대 중반 이후로는 '실사구시'적 학풍이 유행하고 있다. '실사구시'는 말 그대로 실재한 사실에 주목하므로 '외재적'보다는 '내재적' 접근에 보다 가까울 것이다. 무엇보다도 이로 해서 북한연구의 영역과 장르가 넓어졌다. 기존의 정치위주를 뛰어넘어 사회·역사·경제·법학·문학 등으로 확대된 것이다. 본고의 통일문화론 역시 그런 장르의 변화에 힙 입은 바다.

북한연구는 곧 그 체제나 이념에 대한 단편적 이해에서 벗어나 북한사회를 종합적으로 봐야한다. 이 점에서 여러 시각의 접근이 용이한 '실사구시'적 방법이 유효하다. '실사구시'를 딴 말로 하면 근래 주목을 끄는 포스트모더니즘의 한 연구패턴이라고 할 수 있다.

북한연구를 위해 어떤 관점을 지니느냐에 못지않게 어떤 자료를 인용하느냐가 매우 중요하다. 북한의 자료는 극히 부실하며, 모두가 당의 입장을 대변하는 것이라고 보아 거의 틀림이 없다. 당 기관지 '로동신문'이나 정부기관지 '민주조선'등의 신문, 그리고 당 이론잡지인 '근로자'와 김일성·김정일의 저작집 등이 그런 대표이다.

김정일 저작은 1982년부터 발표되기 시작했다. 그 전인 1960~70년대의 저작물은 그 시기 '근로자'등에 게재되었다. 이들 공개적 문헌은 그대로 받아들여서는 안 되고, 다른 문건과 비교분석해서 읽어야한다. 그렇게 하지 않았다가는 북한의 선전구호에 이용당하고 만다. 일례를 들어 1990년대 후반부터 나돈 '수령결사옹위정신'이나, 수령을 위한 '자폭정신'등의 구호는 마치 북한사회가 '수령'을 정점으로 일사불란하게 뭉쳐있는 것 같으나 실은 북한체제가 이완되는 것을 경계한 것이라고 한다(이종석, 2000). 따라서 현실과 동떨어진 구호이다. 이 체제적 '이완'은 북한인민이 식량난으로 가족끼리도 서로 흩어져 먹을 것을 찾아 나서면서 촉발되었다는 게 대체적인 분석이다.

비공개문건인 당 내부문건은 제한적이나마 사실이해에 도움을 준다. 당 회의록, 당 중앙위 전원회의 결정문 등이다. 이들 문건 속에 나타난 미묘한 표현을 쫓다보면 어떤 실체파악에 유효하게 된다는 것이다. 잘 알려진 대로 김정일이 정식 김일성의 후계자로 확정돼 내외에 알려지게 된 것은 1980년 10월의 조선노동당 6차 회의에서다. 그러나 이것은 공식데뷔이고, 실제 그가 내부공인을 받아 '후계자'로 활약하기 시작한 것은 1972년부터라고 한다(정성장, 2003). 즉 1972년부터 '당', 1974년부터는 '당 중앙'으로 쓰인 대목이 바로 김정일의 '후계자'를 뜻하는 은유적 기법이라는 것이다.

북한 역시 여느 공산주의가 그렇듯이, 당이 지배하는 당성(黨性)국가이다. 다만 당명은 노동당으로, 흔히 보는 공산당이 아니다. 북한은 근래 '선군정치'라 하여 군을 사회전면에 내세우고 있다. 그래서 군이 당보다 앞선다는 느낌도 주지만 북한은 여전히 당 중심의 국가이다. 이 점에서 북한노동당사는 곧 북한의 통치사가 되고, 그 엘리트들의 역사인식을 반영해준다.

북한의 당성국가론은 실은 '소련형의 당국가 시스템'을 방불케 하는 것이다. 하지만 북한은 단순한 일당국가체제만이 아니다. 국가의 정점에는 '수령'이란 존재가 가미되는 것이다. 스즈키 마사유키(1992)는 이를 '수령제국가'라고 표현했다. 즉, '소련형'에 '수령을 올려놓은 체제'라는 것이다. 동시에 "수령의 영도를 대를 이어 계속적으로 실현하는 것을 목적으로 하는 체제"라고 한다. 스즈키 마사유키의 '수령'국가론에 대해 김연철은 "당-국가 체계에서 최고지도자의 인격화한 지배가 관철되는 형태"라고 보충했다. 즉, 이 체제에서는 공식적인 절차나 규정보다 최고지도자를 중심으로 형성된 '인격화된 연줄망'이 더 중요하게 기능을 한다는 것이다. 다시 말해 "권력형태는 지도자 숭배와 가부장적 권위관계 그리고 이를 정당화하는 이데올로기를 체계내적으로

재생산하는 경향이 있다."고 했다.

이런 시각과 함께 북한연구법으로 주목을 받아온 견해가 브루스 커밍스(1982~1983)의 '사회주의적 조합주의론'과 와다 하루키(1993)의 '유격대국가론', G. 매코맥의 '신전체주의' 등이 있다. 이종석(1995; 2000)은 이들을 묶어 '유일체제론'으로 포괄하고 있는데, 이들 논점의 중심에는 커밍스의 '내재적 순응성'이 자리를 잡고 있는 것 같다. 즉, 북한인민의 체제에 대한 '순응성'여부가 인정되느냐, 그렇지 않느냐의 차이라 할 것이다.

커밍스에 의하면 북한은 스탈린식 사회주의와 전통의 '충효'사상이 하나로 만나서 독특한 '조합'으로서의 '유기체'를 만들어낸다. 사회전체가 커다란 유기체이며, 이 유기체는 물질적·정신적인 것이 모두 포함된다. 정신적이라고 함은 유기체적 사회가 하나의 가족을 이루는 것이다. 즉, 각자의 작은 가족을 기반으로, 사회는 더욱 큰 가족을 이뤄가는 것이다. 이때 '수령'은 아버지 같은 최고 권력자이며, 수령이 이끄는 국가 속으로 인민은 흡수되는 것이다. 그런데 인민의 흡수과정이 온통 감시와 통제에 의해서만이 아니라, 얼마간 '내재적 순응성'이 작동하는 것이다. 다시 말해 북한의 권력체계와 인민의 '내재적 순응성'이 어느 정도 상관관계를 이루는 것이다. 북한이 이런 '조합'으로 해서 수십 년을 경과한 지금에도 체제가 유지되고 있다고 한다. 그래서 과거 '은둔'의 조선왕국과도 모습이 흡사하다고 한다.

북한의 이런 유기체적 조합사회가 G. 매코맥에 의하면 '신전체주의'로 표현된다. 즉, 남한이 과거의 자유주의를 되돌리는 신자유주의를 펼치듯, 북한이 과거 나치의 전체주의를 되돌리는 '신전체주의'를 펼친다는 것이다. 그런 특성으로 감시와 테러, 그리고 국가행사를 위한 대중동원을 꼽는데 매코맥은 "이런 국가의 붕괴는 필연적"이라고 비판한다. 매코맥에 의하면 커밍스가 어느 정도 인정한 '내재적 순응성'

이 무시되고 마는 것이다.

와다 하루키는 북한의 국가적 특성에 대해 '유격대국가론'으로 설명한다. 말하자면 지금의 북한이나 1930년대 김일성이 만주에서 유격대를 이끌던 시절이나 크게 다를 바가 없다고 한다. 그러니 북한이 실은 '국가'도 아니라는 뜻이 감춰져있다. 더욱이 북한인민은 김일성을 최고사령관으로 떠받드는 '유격대원'인 점에서 인민에 대한 경시도 숨어있다.

그러나 와다는 이 국가의 특색으로서 '가족국가관'과 '전통적 국가관'의 합치라고 본 것은 그런대로 일목할 가치가 있다. '가족국가론'은 1980년대 본격화했는데, 와다에 의하면 '수령은 아버지', '당은 어머니', '대중은 자식'이라는 것이다. 사회는 그런 가족들의 결합체로 '김일성은 할아버지', '김정일은 아버지'로 하는 확대된 '대가정'이라고 한다. 이 '대가정'의 의미에서, 와다의 유격대국가론은 일견, 커밍스의 사회주의적 조합주의론과 유사한 면을 살필 수 있다.

다만 와다는 김일성에 대한 인민의 충성을 순수하고 자발적이라고 생각하지 않는다. '사령관'의 명령에 절대 복종할 뿐이라고 본다. 와다는 곧 인민에 대한 당국의 감시와 테러 등, 외부적 위협요소가 북한의 권력체계를 받쳐주는 버팀목이라 본다. 이 점은 커밍스가 말하는 북한인민의 '내재적 순응성'과는 사뭇 다른 것이다.

이종석은 북한의 성격에 대해 그 나름의 문화적·이데올로기적 특성을 갖춘 것이라며 보다 폭넓게 접근하고자 한다. 물론 '수령'을 정점으로 하는 사회가 일사불란하게 움직이는 것을 그도 인정한다. 하지만 일사불란한 그 체계 안에는 맹목적성만 있지 않고, 그 나름의 이론적 체계를 갖추고 있는데, 무엇보다도 인민의 동의가 일정부분 작동한다는 것이다. 이것은 커밍스가 말하는 내재적 순응성과 맥락이 같다.

이종석의 '유일체제론'에는 매코맥이나, 와다와는 다른 인식체계를 갖추고 있다. 북한의 동원체제가 '수령'에 대한 맹목적인 복종에서가 아니라, 자발적인 순종과 열광까지가 겹쳐진 형태라는 것이다. 고로 북한의 '유일체제'는 권력의 감시와 테러로써 구축된 것이 아니라, 북한만이 지닌 독특한 체계라는 것도 그는 무시할 수 없다고 한다.

이종석은 김정일도 결국은 개혁과 개방으로 나올 것이며 김정일 역시 체제유지를 위한 '합리적'방법이 무엇인지를 모색할 것이라고 한다. 뒤집어 말하면 김정일 또한 '합리적'인 사고를 할 수 있다는 얘기다. 이렇게 되면 미국의 조지 부시 등, 소위 '네오콘'이 김정일에 대해 내리는 판단인 '폭군'과는 거리가 멀다. 이러한 연구법을 '합리적'이라고 한다. '합리적'이란 극히 소수의 사람만을 제외하고, 대부분의 사람은 죽음의 막다른 길을 찾아가지 않는다는 뜻이다. 김정일도 물론 그 예외가 아니다. 이런 합리적 연구법은 전술한 '내재적 접근법'에 보다 가깝다. 따라서 그 반대편에 매코맥과 와다의 '외재적 접근법'이 있다 할 것이다.

그동안 북한연구가 주로 북한의 권력구조나 경제현황 같은 사회적 문제를 다루는 데 집중되었던 것도 사실이다. 왕왕 비교정치학적 맥락에서 북한의 정보를 분석하고 체제를 논하곤 했다. 그러나 보다 심층적인 현안분석을 위해서는 인문학적 기초연구와 함께 학제 간의 연구를 필요로 한다. 북한의 역사문화, 정치경제 등의 학제 연구가 통일문화의 의미파악과 구현에도 이로운 것이다. 바로 그러할 때 북한에 대한 총체적 인식이 생겨날 수 있다.

본래 '연방제'란 북한의 오랜 주장이고, 대신 남한은 연합제를 써왔다. 연방이 연합보다 결속력이 더 높은 것은 사실이나, 실질에서 별반 차이가 없다. 특히 '6·15'의 '낮은 단계의 연방제'안에 이르러서는 더욱 그러하다. 그런데도 북한은 굳이 이를 쓰고자 한다. 북한 특유의 인민통제에 도움이 된다고 보기 때문이다. 즉, 북한인민에게 '고려연방제'란 환상이 깨져서는 안 된다고 지도부가 믿기 때문이라고 한다. 그래서 북한은 높은 단계든, 낮은 단계든 '연방'이란 말을 계속 고수한다는 것이다.

게다가 '연방'에 깃든 의미도 많이 달라졌다. 1980년대까지만 해도 '한반도는 하나'라는 데 '연방'의 무게중심이 두어졌었다. 그러나 소련연방이 붕괴하는 1991년부터 '한반도는 둘'이라는 인식이 보다 보편화되었다. 이것은 북한이 통일혁명 즉, 적화통일론을 접고 남한과의 공존을 도모하는 것이다. 더욱이 '6·15'로 사실상 2개의 자치정부가 인정되기에 이르렀다. 결국 '연방'이든 '연합'이든 그 완성은 정치공동체의 수립에 모아질 것이다. 그 전이라도 민족공동체의 모색이 가능할까 해서 지금까지 통일문화론을 논급해왔다.

내용을 다시 보자면 '한민족공동체통일방안'에서 모티브를 잡아 민족공동체의 복원이 어렵지 않다는 인식에 도달했다. 윤이상의 통일음악회, 문학인의 남북교류 등을 볼 때, 남북의 문화공동체 형성도 그리 어렵지 않을 전망이다. 이산가족상봉문제 역시 북한이 더 이상 미룰 수 없는 과제임을 깨달을 것이다. 이렇듯 문화의 통합이 통일논의의 핵심에 자리를 잡고 있다. 따라서 남한의 통일부도 통일문화부로 하는, 명칭변경을 고려해봄직하다.

다만 역사인식의 경우 통일문화형성에 적잖이 지장을 주고 있다. 특히 남북갈등만이 아니라 남남갈등에도 난제를 더해준다. 최근 남한에서는 소위 '뉴 라이트'그룹이 '대안교과서'의 시안을 제시해 논란을 뜨겁게 달구었다. 이들은 한국근현대사 과목이 운동사 중심이라며 이를 일반사 중심의 서술체계로 바꿔야 한다는 논리를 편다. 그리하여 '4·19혁명'을 '4·19운동'으로 격하시키는 한편, 5·16군사정변은 '5·16혁명'이라고 미화, 격찬하는 것이다. 이러면 독단이다.

향후 남북관계는 민족·민주주의의 관점에서 더욱 발전시켜나가야 한다. 바로 이 대목에서 '4·19'가 이 땅의 민족·민주주의혁명의 효시인 것을 깊이 인식할 필요가 있다. '5·16'이 설령 군사정변이나, 산업민주주의혁명으로 성공을 거둔 점도 인정된다. 그렇다면 1960년대 초, 남한사회는 두 혁명을 발진시킨 것이다. 하나의 의의를 내세우고자 다른 하나의 의의가 죽어야 한다면 이게 곧 이분법적 역사인식이다. 그런 두 혁명 중, 북한은 아직 하나도 세례를 받지 못하고 있다. 북한이 당장 필요로 한 것은 산업민주주의혁명 같은 것이다. 그렇게 되면 남북이 경제공동체를 실현하는 것도 앞당길 수 있다고 본다. 북한은 곧 이를 위해 개건현대화가 필수적이다.

Ⅱ. 개건현대화론

남북한 경제공동체형성을 위해 다각적인 접근방법이 모색되고 있다. 북한도 21세기 정보화시대를 맞아 개혁과 개방이 거스를 수 없는 대세임을 잘 안다. 이를 '개건현대화'라 표현하고 있다. 사실, 북한처럼 자력갱생이 어려운 환경에선 대외교류는 불가결한 선택이다. 북한이 그렇게 개혁과 개방으로 나올 때까지 남한은 도와주고 기다려주는 인내 또한 필요하다.

다만 북한의 개방을 전면적인 것으로 기대할 수 없는 것이 현재의 한계이다. 그러나 북한이 그 나름의 개건현대화에 열의를 보이는 만큼 이를 남북경협으로 연계시켜 풀어나가야 할 것이다. 북한의 '7·1조치'에 대한 의의를 다시금 짚어보고 남북 간의 지속가능한 경제협력에 관하여는 몇 가지 사례를 들어보기로 한다.

1. '7·1조치'

북한의 '개건현대화'는 사상적인 큰 틀에서 음미하자면 '3대혁명붉은기쟁취운동'에서 그 단서를 찾을 것이다. 이것은 1975년 11월, 당 중앙위원회 전원회의에서 결정되었다. 사상·기술·문화의 '3대혁명'추진을 뒷받침하고자 제시되었다. 이후 오늘날까지 추진성과가 좋은 모범단위에게는 김일성·김정일 생일이나 당 창건일 등을 기념해서 '3대혁명붉은기'를 수여해왔다. 개건현대화는 바로 이 3대혁명 중의 '기술혁명'과 관련된 것이다.

북한은 2006년 2월 평양에서 '제3차 3대혁명붉은기쟁취운동 선구자대회'를 개최하여 이 운동이 사회주의 건설을 위한 최고 수준의 대중운동임을 재차 강조했다. 북한은 지난 30년간 3대혁명운동의 과정을 돌아보며, 이를 '선군정치'의 성과로 집약시켰다. 즉, "선군의 기치 따라 3대혁명의 불길을 더욱 세차게 지펴 올려 강성대국의 모든 전선에서 일대 비약을 이룩하자"고 하는 것이다.

그런데 '선군정치'는 1995년 1월 1일 김정일의 평양근교 대박산 초소방문으로 시작되므로 1975년부터 시작된 '3대혁명붉은기쟁취운동'의 성과를 선군정치로 아우르는 것은 논리상 문제가 있다. 게다가 선군정치도 3대혁명의 하나라 볼 수 있다. 3대혁명의 사상·문화·기술 중, '사상혁명'의 내용을 보면 거기에는 다음과 같은 기록이 있다. 즉, 투철한 혁명적 수령관, '수령결사옹위정신', 혁명적 군인정신 및 '선군'사상 등이다.

그리고 '개건현대화'는 '기술혁명'에 해당되는 것이다. 즉, 기술혁명은 과학기술에 기초한 자력갱생원칙, 인민경제의 '개건현대화', 실리적인 경제사업 전개 등을 망라하고 있다. 이밖에 '문화혁명'은 군인문화를 본보기로 한 '선군'문화, 교육의 질 개선, 군사중시 등을 강조하고 있음을 들 수 있다. 선군정치는 곧 사상혁명이자, 문화혁명의 한 분류인 것이다.

'개건현대화'는 먹고사는 문제가 걸린 가장 절실한 분야이다. 2005년 신년공동사설에서도 북한은 "경공업부문에서는 경공업공장들을 개건현대화하고 갖가지 질 좋은 인민소비품이 쏟아져 나오게 함으로써 인민생활을 높이고 온 나라가 흥성거리게 하는데 적극 나서야"함을 강조했다. 2006년의 신년공동사설 역시 "인민경제를 개건현대화하기 위한 사업을 집중적으로 벌려나가야 한다."면서 "인민경제 모든 부문, 모든 단위에서는 개건현대화사업을 중요한 경제 전략으로 내세우고 새 출발을 한다."고 거듭 강조하는 것이다(연합뉴스, 2006. 6. 18).

북한이 온통 '선군정치'로 물들어 있을 것 같지만 의외로 이 같은 개건현대화의 구호가 울려 퍼지고는 있다. 앞의 인용문에서처럼 "선군의 기치 따라 3대혁명의 불길을 더욱 세차게 지펴 올려"라고 하는 대목에서 보듯, 개건현대화를 잘 하는 것도 선군정치의 하나로 귀결된다. 그렇지만 선군정치는 암만해도 당·군부의 실세가 중점역할을 맡고, 개건현대화는 경제·과학·기술 관료가 중점역할을 맡는다는 점에서 현실적인 구분은 있을 수 있다. 실제 북핵문제 등 현안해결방식을 둘러싸고 '선군'은 강경론, '개건'은 온건론으로 맞서 격한 토론을 벌이는 것으로 알려졌다. 때문에 현재 북한은 각각 선군정치와 개건현대화를 두 축으로 한 자력갱생에 몸부림치는 것으로 파악할 수 있다.

이 같은 일례는 박봉주 내각총리의 최고인민회의 보고문을 보면 짐작이 간다. 북한은 2006년 4월 11일 최고인민회의 제11기 4차 회의를 개최하고 과학발전을 통한 경제회생의지를 명확히 세웠다. 회의의 핵심안건으로 과학기술발전방안이 포함된 것이다. 북한은 국제사회의 대북압박이 강화되고 있는 가운데 자립적 경제구조를 구축하기 위해서는 과학기술발전을 통해 생산력 증진이 절박함을 받아들인 것이다.

즉, 박봉주는 2007년까지 시행되는 과학기술발전 5개년계획의 철저한 추진과 함께 차기 5개년계획(2008~2012년) 수립, 2022년까지의 국가기술발전전략수립 등 획기적 과학발전을 위한 중·장기 계획을 제시했다. 특히 정보기술(IT), 생명기술(BT) 등의 발전을 통한 우량품종개발, 나노기술(NT)을 통한 소재산업발전, 그리고 우주·해양·기초과학분야에도 투자를 집중하겠다고 밝혔다. 이를 위해 외국과 과학기술교류, 과학자 우대풍토 조성, 내각과 국가과학원의 역할 강화 등도 강조하고 있다.

IT·BT·NT 등이 남한에만 있고, 북한에는 선군정치의 총대만 있을 것 같지만 실상은 이처럼 북한에도 있는 것이다. 박봉주는 또 농업 및 석탄·금속생산의 증대 등과 더불어 인민경제의 '개건현대화'가 올해의 중점과제라면서 이를 위한 활로를 외부에서 찾겠다고 보고했다. 곧, "인민경제 모든 부문에서 수출기지를 튼튼히 꾸리고 수출품의 품종과 생산을 체계적으로 늘릴 뿐 아니라 새로운 대외시장들을 적극 개척하고 무역을 다양화, 다각화해 나갈 것"이라고 강조하는 것이다. 또한

"선진기술을 들여오는 원칙에서 해외동포상공인들과 다른 나라 기업들과의 합영, 합작도 실현하는 등 대외경제협조사업을 활발히 전개해나갈 것"이라고 밝히고 있다(연합뉴스, 2006. 4. 11 21 : 33).

하나 짚고 갈 것은, 개건현대화가 북한사회경제의 핵심적 발전전략인가 하면 꼭 그렇지는 않다는 점이다. 북한경제의 주요현안은 "인민경제의 개건현대화"를 비롯하여 공업구조의 개혁, 농업혁명, 사회주의 경제관리의 개선 등을 포괄하는 것이다. 즉, 개건현대화도 농업혁명 등과 더불어 북한경제가 이루려는 성취의 한 대상이다. 그러나 개건현대화의 영역은 비단 경제 분야에만 국한되지 않는다는 점에서 농업혁명 등과는 질적인 차이가 있다. 더욱 중요한 것은 '현대화'의 개념이 무엇이든, 북한이 이를 표방하는 의의 자체가 중요할 것이다. 다만 북한사회경제의 핵심적 발전전략이 무엇이냐 하는 것인데, 이 역시 '주체'의 구현을 벗어나지 못할 것이다. 그렇더라도 '개건현대화'의 '개건', 즉 개선이 생활환경 등을 포함하는 등, 현재 이 개념은 경제 분야를 넘어 사회 분야로까지 확대되고 있다.

개건현대화를 포함한 일련의 정책방향은 '첨단산업화'이다. 이와 관련한 성과가 함북의 '김책제철련합기업소', 평남의 '천리마제강련합기업소' 등으로 나타난다. 속도는 매우 느리지만 이 시대의 소명이 선군정치에만 있지 않다고 하는, 북한 나름의 고충은 엿볼 수 있다. '개건현대화'에도 선후와 완급이 있다. "가장 절박하고 많은 실리를 낼 수 있는 부분부터 개건현대화해야 한다."는 것이다. 즉, "비교적 적은 자금으로 빨리 이익을 낼 수 있는 대상부터 개건현대화하고 이를 본보기로 다른 대상을 개건현대화 해나가"자고 한다. 생산시설이 낡고 뒤떨어진 것을 첨단기술로 '개건'하고, '현대화'하자는 것이다. 그러자면 과학자·기술자의 역할이 가장 중요하다면서 그들의 대우를 '개건'하여 연구에만 전념할 수 있도록 시설'현대화' 등의 양호한 조건을 제공해야한다고 강조한다(연합뉴스, 2006. 3. 27 09 : 16).

북한의 '개건현대화'가 1978년의 중국같이 전반적인 개혁·개방에는 미치지 않지만 그 나름의 개혁·개방은 예고하고 있다. 2002년의 '7·1 경제관리개선조치'가 그것이다. 이때, 임금 및 상품가격의 현실화, 시장기능의 도입, 기업별 독립채산제의 강화, 각급 공장·기업체의 개건 현대화 등을 내용으로 했던 것이다. 이 같은 개건, 현대화 조치는 자본주의적 요소를 가미했었다. 북한으로서는 처음 맞는 변화였다. 1948년 정권수립 이래 명령형 경제체제만 익숙해온 북한으로서는 낯설고 불안한 선택인 것이다. 자유경제가 활성화되지도 않은 터에 배급부터 끊기거나 줄어들어 더욱 그랬다.

그 부작용은 이내 나타났고 지금까지 누적돼왔다. 가장 큰 위협이 인플레이션, 즉 물가폭등이다. 시장경제의 일부 도입으로 공급과 소비를 조절해봤지만 만성적인 물자부족은 자연스레 인플레이션으로 이어진 것이다. 노동력에 대한 인센티브를 주고자 임금을 올려 현실화했지만 이것은 되레 통화팽창을 가져와 인플레의 요인이 되었다. 물가상한선제 등을 도입했지만 여전히 인플레이션을 따라잡기에 힘이 부쳤다. 공급이 소비에 턱없이 모자란 탓이다.

인플레이션과 함께 환율문제 역시 '7·1조치'를 어렵게 하는 암적 요소이다. 현재 북한의 공식 환율은 1달러 당 북한 돈 143원이지만 2005년 북한 암시장에서의 거래환율은 1달러 당 3천원을 넘어섰다. 일부 장사 속을 익힌 주민들은 음성적 방법으로 외화벌이를 한 뒤, 이를 암시장에 내다 팔아 상당한 환차익을 올리고 있다. 환차익은 곧 불로소득의 원천이 되어 일반주민들로 하여금 근로의욕을 상실케 한다. 그러나 불로소득 역시 경쟁의 대가라고 점차 받아들이는 분위기다. 이래저래 북한사회를 지탱해온 평등의 관념을 줄어들고 있다.

시장경제를 규모 있게 도입하기도 전에 북한은 벌써부터 인플레와 환율문제로 고민하는 것이다. 북한이 다음 단계의 경제개혁조치를 펴기 위해서는 이 문제를 치유하지 않으면 안 된다. 북한 원화가치 재조정 등, 금융과 화폐 부문에서 대대적인 수술이 있어야 한다. 중국은 그런 문제에 봉착했을 때, 더욱 과감한 개혁프로그램을 가동시켜 인플레 등을 잡아나갔음을 북한이 타산지석으로 삼아야 한다. 북한은 곧 시장경제의 일부도입으로 인해 생긴 모순점을 자본주의 원리를 더욱 확대시켜 풀어나가야 하는 것이다. 바꿔 말해 물가상승 및 환율불안이 7·1조치로 해서 생긴 부작용이라면 그 극복책은 7·1조치의 전면적 시행, 즉 개건현대화를 전국적으로 확대하는데서 답을 찾아야한다.

북한은 7·1조치 이후 '3·26전선공장' 등 평양의 중요 산업시설에 새로운 설비를 도입하는 등, 개건현대화에 나섰지만 아직 성취는 미약하다. 설비의 현대화를 위해서는 해외로부터의 시설을 들여와야지만 그럴 돈이 없는 북한으로서는 속도가 굼뜰 뿐이다. 게다가 에너지난으로 설령 설비가 있다고 해도 가동을 못할 판이다. 북한이 이 문제에 대해 근본적인 처방을 강구하자면 결국 대외관계부터 적극 '개건'해야 한다.

북한이 7·1조치로써 의욕적으로 경제개혁에 돌입했지만 부작용만 야기한 채, 개혁프로그램이 활발하지 못한 것은 북미 관계 등 대외관계가 매끄럽지 못한 탓에서다. 북한의 개혁·개방에는 자본과 기술의 축적이 필수적이고, 이를 위해서는 미국과의 관계개선을 포함, 선진기술과 함께 자본을 들여와야만 한다(연합뉴스, 2006. 6. 29 06 : 15). 북한은 곧 '핵 프로그램'을 물리고, 그 자리에 개혁프로그램을 가동시켜야하는 것이다.

북한경제가 많은 문제점을 드러내고 있지만, '개건현대화'는 언젠가는 뿌리를 내릴 것이다. 지난 10여 년 전의 '고난의 행군'시기에 비하면 그래도 나은 편이다. 2006년에는 미사일발사와 핵실험으로 한반도를 위기 속에 몰아넣었지만 2005년에는 사상최대의 풍작을 올리는 등, 북한이 조금씩 어려운 고비를 극복해 가고 있다. 다만 중국처럼 일련의 개혁조치를 제도적으로 강구하지 못하는 게 큰 흠이다. 북한은 '우리식 사회주의'식의 경제방식을 고수하기보다는 보다 대국적인 안목을 길러, 세계로 나가야 할 것이다(중앙일보, 2006. 5. 22 8 : 14). 그리하여 중국과 베트남에만 쏠리는 국제 투자자의 발길이 북한에도 와 닿게 해야 할 것이다.

2005년 재일본 조선인총연합회(조총련)가 발행하는 월간 '조국'11월호에 따르면 북한의 가정과 거리, 공장에서는 개·보수와 현대화가 한창이라고 한다. '개건현대화'가 북한주민에게 꽤나 익숙함을 알 수 있다. 즉 "정보산업시대의 요구에 맞게 생산설비와 공정을 첨단기술로 갱신하는 방향으로 인민경제의 개건현대화를 실현하는 것"이야말로 북한의 "경제발전을 새로운 비약을 안아오기 위한 지름길"이라며, 그런 실례로서 평양화장품공장, 평양기초식품공장, 경련애국사이다공장, 대동강맥주공장, 평양일용품공장 등을 꼽고 있다. 이 중, 평양일용품공장은 전 공정을 자동화·현대화해 생산성을 높이고 있다고 한다.

사실, 평양시는 2001년부터 개건현대화 사업을 시작했다. 건물 외벽에 외장재를 새로 바르고 가정집 화장실과 세면장 등을 새로 내는 등, 생활에서의 편함을 추구했다. 온수와 난방시설도 들여놓았다. 이처럼 개건현대화 바람은 평양의 거리에 불고 있다. 기존의 낡은 보도블록이 새 것으로 바뀌는 것도 흔하다. 모란봉구역의 한 주민은 "전에는 오래된 집이니 할 수 없다고 생각"했다면서 그러나 이제는 "개건현대화 사업으로 그런 생각을 털어버리게 됐다"고 말해 발상의 전환이 있었음을 고백한다. 공장의 설비나 가동상황도 많이 '개건현대화'했다. 대안친선유리공장(3·26전선공장)의 경우, 공장가동률이 24시간이었다(연합뉴스, 2005. 10. 27 11 : 12). 그러나 군데군데 가동이 원활하지 않았고, 무엇보다도 개건현대화의 바람이 아직 평양과 그 인근에만 머문 것이다. 북한 전역으로 확대되기에는 아직 많은 시간을 필요로 한다.

2. 계획경제

돌아보면 북한은 1947년부터 사회주의 혁명을 시작하여 본격 계획 경제체제에 돌입했다. 1950년부터는 전시체제로 전환했으며 정전 후인, 1953년부터는 전후복구기로 설정, 1960년에 이르러서는 사회주의 국가의 건설을 일단 완료했다. 전쟁을 겪었음에도 비교적 양호한 진전을 이루었던 것이다. 이에 힘입어 북한은 1960년대와 1970년대는 사회주의 모범국가가 되었다. 이때의 성격에 대해 북한 나름의 '근대화'완성기라고도 불린다. 이 시기 북한은 '주체'의 선양과 함께 사실상 한반도를 대표하는 위상을 누렸다. 동시에 남한의 국력은 북한에 뒤쳐진 것도 사실이다. 1970년대 중반까지 이런 남북한의 지위는 대체로 유지되었다. 그러나 북한은 1980년대부터 발전이 지체되었고, 1990년대 이후로는 아예 침체기를 맞고 있다.

1980년대까지만 해도 '주체'는 북한의 경제를 이끌어가는 정신적 지주였다. 그러나 1990년대 중반, 북한의 전역을 거의 휩쓴 식량난은 북한의 경제도 분화가 불가피함을 예고했다. 생산에서 소비로 이어지는 일률적인 계획경제가 현실과는 맞지 않은 것이다. 특히 수매와 배급 과정에 있어서의 분화는 불가피했다. 농업유통부문의 경우 더욱 그러했다. 북한의 수매제도는 국가가 농산물의 중앙집중적, 계획적 분배를 통제하기 위해서 취하는 가장 기본적인 수단이다. 농산물의 수매에는 의무수매, 자유수매, 자체수매 형태가 있다. 의무수매는 계획수매이므로 사전에 수매량과 가격이 결정된다. 자유수매는 수매계획이 시달되지 않은 자유로운 수매이고, 자체수매는 국가수매기관이 아닌 공장이나 기업소 등에서 수매하여 직접 소비하는 형태이다.

북한은 이처럼 "사회주의적 생산관계의 기초가 되는 생산수단과 생산물의 전 사회적 또는 집단적 소유"라고 밝혀 개인소유를 금하고 있다. 그러나 7·1조치 이후 부분적이나마 시장경제를 도입하고 있어 개인소유의 길이 열렸다. 실제 종합시장에서는 농산물과 공산물이 화폐를 척도로 삼아 교환되는 등 배급제가 이전처럼 전 민중의 생활을 지배하지는 않는다. 이처럼 경제 분야를 중심으로 변화의 징후를 나타내고 있다. 북한의 발전모델과 관련하여 중국식의 정·경 분리가 곧잘 인용된다. 신의주, 금강산, 개성, 나진·선봉의 4개 지구를 특구로 지정한 것도 그런 변화와 무관하지 않다. 다만 신의주행정특구사업은 차질이 빚어져 북한에 심각한 타격을 안겨줬다. 하지만 남북경협 분야는 그런 대로 유지되고 있다. 개성공단의 본격가동과 금강산 육로관광 등이 그러하다. 그러나 이 변화가 보다 지속화하기 위해서는 개혁과 개방이 받쳐주어야 한다.

북한은 '우리식 사회주의'를 고수하는 가운데 부분적인 개방과 변화를 시도하되 그 속도를 조절할 것이다(김연철, 2001: 412-414). 하지만 북한의 경제지표는 어둡기만 하다. 21세기를 맞아서도 북한의 경제는 여전히 파국국면이다. 내부 자원이 고갈된 상황에서 남·북 경협과 북·중 무역은 북한으로선 거의 유일한 대외 통로이다. 그러나 이것은 역설적으로 북한이 이 두 파트너를 통해 초보적이나마 시장경제의 분위기를 익혀가고 있는 것이다.

7·1조치 후 사회적 변화로 경제관료가 새로운 지도층으로 부상하고 있다. 2005년 3월, 박봉주 내각총리는 6일 간 중국을 방문했다. 양국

간 경제협력과 우호증진방안을 협의하고자 대규모 경제사절단을 이끌었다. 베이징, 상하이, 선양을 차례로 들렀으며, 베이징 방문 시 원자바오 총리와 후진타오 국가주석과도 만났다. 그는 경제전문가이며, 그를 수행한 각료들도 대부분 경제 분야이다. 그는 중국에게 북한에 대한 무상원조와 투자지원을 늘려줄 것을 요청했다. 그리하여 베이징에서 북·중 '투자 장려 및 보호에 관한 협정'이 체결됐다. 북한에 대한 중국기업의 투자를 장려하고 보호하기 위한 취지였다.

이 취지는 같은 해 10월 10일 북·중 경제기술협력협정 체결로 보다 구체화되었다. 이것은 10월 28일 북·중 평양정상회담을 앞두고 우이 부총리가 평양을 방문해 맺은 것이다. 주된 골자는 북한과 중국이 서로 '시장원리'를 존중한다는 것으로 사실상 북·중 간의 자유무역협정인 셈이었다. 한국과 미국이 이에 자극을 받아 2006년부터 자유무역협정(FTA)을 위한 협상에 들어간 측면도 있다.

북한의 대외경제협력에 대한 열망을 알려주는 사례가 또 있다. 2005년 5월 16일부터 19일까지 평양에서 치러진 국제 무역박람회가 그것이다. 평양 국제박람회는 1997년부터 매년 실시해오고 있다. 따라서 2005년은 여덟 번째다. 당초 이 박람회는 "북한 대외개방의 신호탄 될 것"이라며 북한은 이를 위해 "300여개의 서방 기업들을 초청하는 한편 국내외 기업인과 일반 관람객도 20만 명에 이를 것"으로 대대적으로 보도했었다.(세계일보, 2005. 1. 2). 그러나 실적은 기대에 미치지 못했다.

2006년부터 북한은 봄과 가을로 두 차례 늘려 국제박람회는 갖고 있다. 2006년 5월의 '제9차 평양봄철국제상품전람회'가 그것이다. '봄철'이란 말이 추가되고 명칭에서도 약간의 변화가 나타났다. 특히 이 시기 북한은 무역투자관련 전문기구로서 '상업회의소'를 설치, 운영해 눈길을 끌었다. '상업회의소'는 전람회에 참가한 100여 개의 외국 무역

회사를 상대로 북한의 대외무역정책 및 투자환경에 대해 의욕적으로 설명했던 것이다(연합뉴스, 2006. 6. 23).

북한은 곧 과거 중국이 1979년 세계박람회를 계기로, 오래 걸어두었던 빗장을 활짝 열어젖혔던 것을 닮고자 한다. 중국공산당은 1978년 12월 18일부터 22일까지 베이징에서 중국공산당 제11기 전국대표대회 3차 중앙위원회 전체회의('11기3중전회')를 열었다. 이 회의를 주도한 덩샤오핑은 문화대혁명의 오류를 비판하고 중국공산당의 마르크스주의 사상·정치·조직 노선을 새롭게 확립할 것과 1979년부터 당 공작의 중심을 '사회주의현대화' 건설로 변경할 것을 확정해 새로운 역사의 시작을 알렸다. 이후 정경분리원칙이라 하여 사회주의를 인정하되, 시장원리를 과감히 도입, 오늘의 중국으로 변화시켜왔다.

중국에는 이미 다국적 기업이 많이 들어와 있다. 그런 기업이 북한에 진출하게 되면 북한은 중국을 통로로 삼아 세계 기업과도 교류를 쌓게 될 것이다. 동시에 북한이 '자본적 제국주의'라며 그토록 질시하는 다국적 기업에 대한 인식에도 변화를 보일 수 있다. 그리고 북한이 하고자는 특구의 지정도 순조로울 것이다. 경제 특구는 물론, 북한이 지난날 의욕적으로 추진했던 신의주행정특구 지정 같은 것도 다시 발진시킬 수 있을 것이다.

사실, 북한도 그 나름으로는 대외교류 활성화에 노력하고 있다. 2006년 1월 김정일의 중국 남부의 경제특구지역 방문 역시 그러했다. 김정일은 근래 중국방문이 잦다. 중국에 수십 년째 불고 있는 개혁과 개방의 바람을 직접 체험하기 위해서다. 2004년 4월 중국 방문 때는 '상전벽해'를 연발했다. 중국의 발전상에 놀라워하며 북한에도 중국의 특구 같은 것을 지정해서 개발하고자 한다. 그가 후진타오 국가주석에게 신의주특구개발을 요청한 것도 이 때였다. 그러나 후 주석으로부터 명확한 답을 듣지 못했다고 한다. 북한은 신의주를 국제적인 금융과 무역, 관광중심지로 개발할 계획이었지만 사실상 중국의 지원 거부로 허사가 되었다. 여기에는 중국의 국가이익과 상충을 빚은 탓도 있었다. 중국은 곧 신의주와 마주 보는 단둥을 집중 개발, 육성하고자 했던 것이다.

이러한 신의주 사례를 되풀이 겪지 않으려면 북한으로선 다국적 기업과의 유대를 넓히는 것이 유력한 방안이다. 즉, 북한은 투자의 유치를 다변화할 필요가 있는 것이다. 이러자면 개혁과 개방이 적극 추진돼야 한다. 곧 '개건현대화'이다. 2006년 1월 1일 북한의 '신년공동사설'은 "경제건설과 인민생활향상에서 중요한 의의를 가지는 많은 대상들이 개건현대화"되었다면서 그런 일례로 "대안친선유리공장과 백마－철산 물길을 비롯한 선군시대 기념비적 창조물이 도처에서 일어났다"고 강조하고 있다. 중요한 것은 북한에 보다 근본적인 개혁프로그램이 제기돼야 한다는 것이다. 개혁과 개방에 대한 확고한 신념과 실천만이 북한을 폐쇄사회로부터 끌어낼 것이다. 이러기 위해서는 남한의 경제 발달 모형을 빌려오는 등, 특단의 조치가 있어야 할 것이다.

3. 남북경협

북한은 '개건현대화'를 전 국가적 차원에서 전개하지 못하고, 이 바람에 '선군시대 기념비적 창조물'이라는 '개건현대화'도 '선군시대'를 이끌지 못하고 그 들러리가 되고 있다. 그러나 제한적이나마 '개건현대화'가 추진돼왔고, 그 중심에 남북경협이 있다고 해도 과언이 아닐 것이다.

돌아보면 1990년대 이후 북한이 부쩍 내세우는 '우리 민족끼리'는 통일의 명제인 동시에 경협의 명제였다. 현재 남북경협은 크게 두 축으로 진행되고 있다. 서부의 개성공단사업과 경의선 철도사업, 그리고 동부의 금강산관광사업과 동해선 철도사업이다. 즉, 남북경협의 3대 핵심사업이라는 개성공단사업, 한반도종단철도사업, 금강산관광사업이 모두 그 축 안에 들어있다. 이 중 철도사업은 2006년 11월 현재, 중단되고 있으나 개성과 금강산 사업은 북한의 미사일발사와 핵실험에도 영향을 받지 않고 그런대로 유지되고 있다.

그리하여 남북 민간교류의 상징이자, 남북경협의 핵심이 되고 있다. 이것은 곧 한민족으로서 경제적공동체를 일구려는 힘의 원천이 된다. 경제공동체는 정치공동체와는 달리 어떤 실체를 꼭 필요로 하기 보다는 일정한 교류가 지속적으로 유지되는 상태만으로도 그 의미를 충족할 수 있다. 예컨대 일정 범위 내에서의 관세의 폐지, 통행의 자유 등이다. 개성과 금강산은 그런 사업의 전형이 되고 있다.

개성공단사업이 남북 간에 추진키로 합의한 것은 2000년 8월로 '6· 15'직후이다. 총사업비 1억5천만 달러, 총면적 800만 평의 공단조성, 그리고 1천200만 평의 배후단지를 조성키로 합의했다. 이 사업이 모두 완료되면 북한은 17만 명의 고용효과와 함께 무려 210억9천만 달러의 생산효과 및 6억6천만 달러의 소득효과를 내게 된다. 북한의 근로자 17만 명에 딸린 가족이 4인으로 본다면 물질적 혜택을 직접 보는 인구가 68만 명에 이르는 등 북한사회에 큰 변화를 몰고 올 것이다. 아마도 이때가 되면 '개건현대화'의 꽃도 활짝 필 것이다. 그러나 공단이 문을 열고 본격 사업을 시작한 것은 그런 합의와 전망이 있은 지 4년 후인 2004년 10월부터다. 800만 평 조성계획에서 1단계로 이뤄지는 100만평은 2006년 9월 현재, 84%의 공정을 보이고 있다. 2007년까지는 1단계 조성계획이 마무리될 것이라고 한다(연합뉴스, 2006. 9. 5).

1단계 사업 중 2만8천 평을 1차 시범단지로 해, 2004년 12월부터 생산 활동에 들어가 있다. 본단지 5만 평도 2006년 10월 분양할 예정이었으나 갑자기 터진 북한 핵실험으로 미뤄졌다. 시범단지에는 10여 개의 남한기업이 진출해 있으며 2007년 본단지에 본격 기업이 입주하면 모습은 크게 바뀔 것이다. 현재 최대 현안은 원산지 인정여부다. 즉, '북한산'(made in D·P·R·K)을 '한국산'(made in Korea)으로 바꿀 계획이다. 2006년 한·미 FTA협상에서 최대쟁점 중의 하나가 바로 그런 인정여부이다. '한국산'인정이 되면 개성제품이 해외 수출시 2중 관세를 물지 않아도 돼 경쟁력을 확보할 수 있다. 이미 한국과 FTA를 체결한 싱가포르는 개성공단제품에 대해 '한국산'인정을 해, 단일과세를 적용하고 있다. 즉, 싱가포르가 '한국산'에 특혜관세를 적용할 때, 개성공단 제품도 똑 같이 취급하는 것이다. 한국은 이를 바탕으로 장차 동남아국가연합 등과도 FTA를 협상할 때 적용시켜나갈 방침이다. 한국전력은 개성공단에 부족한 전력 제공을 위해 전봇대를 이용한 배전방식을 쓰고 있다.

개성공단사업은 민족화합의 상징이 되고 있으며 일부 학계가 경제공동체로 표현함도 무리가 아니다. 개성은 서울에서 불과 60km 정도 떨어져 있다. 장차 통일이 되면 서울과 개성 사이는 자유와 평화의 거리로 조성될 것이다. 하지만 휴전선 통과문제와 전략물자반출문제를 안고 있다. 휴전선의 작전권과 통제권을 갖는 미군이 그렇게 문제를 삼는 것이다. 특히 미국은 북한에 개혁·개방 의지가 부족함을 들어 개성공단사업에 대해 시종 회의적이다. 소위 전략물자반출문제만 해도 남한의 IT산업기술이 북한에게 빠져나갈지에 대해 미국은 신경을 곤두세우는 것이다. 미국의 이런 의심을 덜기 위해서 북한은 개혁·개방의 길로 보다 확실히 나서야할 것이다.

금강산관광사업은 개성공단사업에 앞서 1998년부터 시작되었다. 처음에는 동해상의 공해로 나가 북한으로 들어갔다. 이 때문에 필요

이상의 시간과 비용을 필요로 했다. 다행히 2003년부터는 금강산육로 관광시대가 열렸다. 연간 관광객이 50만 명에 이를 정도다. 장차 원산까지 관광지역을 확대할 예정이라고 현대아산 측은 밝히고 있다.

김대중정부에 이어 노무현정부도 북한에 대한 포용정책을 펴고 있다. 노 정부의 대북프로젝트는 남북경협의 '7대 신동력'사업으로 두드러진다. 남북 경제공동체의 형성은 이 7대 동력사업의 성패에 달려 있다. 7대 사업은 에너지협력과 철도 현대화, 백두산관광, 남포항 현대화, 북한 산림녹화, 남북공동 영농단지 개발, 남북공유하천 공동이용 등이다. 2005년 1월부터 추진돼왔으나 아직 규모 있는 단계로는 발전하지 못하고 있다. 다만 이 사업은 북측이 가장 필요로 하는 에너지협력과, 철도·항만 등 사회간접자본시설의 현대화, 수익 기반이 될 백두산관광, 농업생산성 개선을 위한 공동영농단지 개발 등을 폭넓게 담았다는 점에서 북한의 경제회생에 일대 계기가 될 전망이다. 정부는 7대 사업과는 별도로 농업협력을 위해 강원도 고성군 삼일포협동농장을 남북공동농장 조성사업의 시범단지로 정했는데, 이런 사업이 제대로 추진되면 남북경제공동체도 쉽게 이뤄질 것이다.

또 대한광업진흥공사는 북한과 광산 공동개발 및 광물자원 공동조사를 추진하고 있다. 북한이 유연탄, 철광석 등은 세계적 산지이다. 각종 지하자원의 매장량은 남한의 30배이다. 그러나 자본의 부족과 장비의 낙후, 도로와 항만 등의 시설부족, 그리고 판로의 미확인 등으로 개발이 본격적으로 추진되지 못하고 있다.

임진강 하류의 수해방지사업도 시급한 과제이다. 남북은 2004년 3월 임진강 유역현지 조사를 위한 합의서를 맺었다. 남측은 북측에 조사용 기자재를 전달하고 북측 자료를 넘겨받았다. 이 사업은 경기 북서부의 만성적인 홍수 피해를 막기 위해 필요했었다. 남북 간의 홍수예보시설의 설치와, 산림조성사업이 필요했던 것이나, 이 역시 별다른 진척이 없다.

4천억 원이 투입된 경의선 및 동해선 도로, 철도 연결사업은 개통됐거나 완료를 앞두고 있다. 한때 경의선을 이용한 김정일의 서울 답방이 유력하게 나돌았으나 잠잠해졌다. 동해선 도로를 이용해서는 이미 금강산 육로관광이 이뤄지고 있다. 경의선 도로는 개성공단에서 활용중이다. 도로와 철도 연결사업이 성공리에 마무리되면 그 길을 따라 남북의 교류가 넓어질 뿐만 아니라 그 배후로 시베리아횡단철도(TSR), 중국횡단철도(TCR)를 연계한 물류체계에 일대 혁신이 일어날 전망이다. 그것은 곧 '철의 실크로도'로 불리는 동서 교통로의 복원이게 된다. 시베리아횡단철도의 이용은, 부산에서 원산, 그리고 러시아의 하산, 볼라디보스톡을 거쳐 시베리아를 경유하여 멀리 베를린에 이른다고 한다. 중국횡단철도든, 시베리아횡단철도든, 모두 부산을 시발점으로 하며 또한 북한 내의 통과를 전제로 한다. 그러나 북한이 개방을 두려워하는 탓에 철도연결사업이 사실상 마무리됐음에도 불구하고 개통을 미루고 있다. 철로 개방이 몰고 올 북한사회의 동요를 우려하는 것이다.

남북경협이 아무리 중요하더라도 무분별하게 추진되어서는 안 되고, 생태환경과의 조화를 이뤄나가야 더욱 바람직하다. 이를 위해 정부는 '백두대간보호에관한법률시행령'을 개정하여 백두대간보호지역에 대한 지원사업을 친환경에너지 재생 및 활용시설로 정했다. 예컨대 축산 폐수의 정화처리 및 자원화를 위한 시설, 또 백두대간의 생태교육·체험을 위한 시설확충 등으로 정했다(국정브리핑, 2005. 11. 21 11 : 55).

또한 군사시설보호구역 등 각종 규제로 개발이 지연되고 있던 접경지역에 앞으로 10년간 정부·지방예산과 민간자본 등 5조1278억원을 투입해 자연환경보전과 지역경제발전을 추진한다. 특히 접경지역내 초고속통신망이 구축되고 강화 김포 파주 포천 동두천 철원 고성 춘천 등지에 지방산업단지와 관광단지가 조성된다. 곧 '접경지역 종합 10개년계획(2003-2012)'이다. 당초 개성공단~파주문산 지역을 국제자유무역지대로 개발키로 했던 계획은 남북한 간의 협의 등 해결해야 할 과제가 많아 이번 계획에는 빠졌다. 접경지역은 민간인통제선 남쪽 20㎞ 내에 있는 인천·경기·강원도 내 강화군, 옹진군, 동두천시, 고양시, 파주시, 김포시, 양주군, 연천군, 포천군, 춘천시, 철원군, 화천군, 양구군, 인제군, 고성군 등 15개 시·군, 98개 읍·면·동 지역을 일컫는다. 정부는 이들 지역에 대해 사회간접자본 확충, 산림·환경보전, 산업기반 및 관광개발, 정주생활환경개선, 남북교류 및 평화통일 기반조성, 문화재 발굴 및 문화유산 보존, 지역별 전략사업 등에 대한 지원을 늘려나가기로 했다. 남북교류협력 및 평화통일의 기반조성을 위해 통일부 등 관계 부처 간의 협의를 강화하고 있다. 위의 '접경지역 종합계획'에 따르면 우선 접경지역내 각 지역을 보전권역, 준보전권역, 성장권역 등 3개 권역으로 구분해 권역별 특성에 맞는 친환경적 사업을 추진하고 있다. 지역별로 보면, 쓰레기매립장 건립은 옹진, 임진강준설사업은 경기·강원, 쓰레기소각장 건립은 양주, 지방게임산업단지 조성은 파주, 양촌지방산업단지 조성은 김포, 삼포·문암관광지 조성은 고성, 호반관광유원지 조성은 춘천, 통일·생태교육기관 건립은 연천, 역사박물관 건립은 철원, 남북연결 철도망 복원은 경기·강원, 지방생태산업단지 조성은 철원·고성 등이다.

'종합계획'은 체계적 발전을 위해 국무총리를 위원장으로 하는 '접경지역정책심의회'를 두고 있다. '계획'이 예정대로 추진되면 지역 내 인구는 1999년 65만7000명에서 2012년에는 86만2000명으로 증가한다. 지역내 총생산은 13조128억 원에서 22조1855억 원으로, 도로포장률은 38.6%에서 55.2%로, 사회 복지시설은 41개소에서 162개소로 각각 늘어날 전망이다. 다만 이 '계획'은 국토종합개발계획법, 수도권정비계획법, 군사시설보호법 등 기존법률에 위배되지 않는 선에서 추진된다(매일경제, 2003. 2. 05 15 : 42).

4. 생태농업

남북경협이 잘 이뤄져 통일이 된다해도 잘산다는 보장이 없다. 북한의 낙후한 경제적 지위를 남한의 수준으로 끌어올리기 위해서는 많은 비용이 든다. 이를 통일비용이라고 한다. 가령 독일이 통일될 당시 서독과 동독의 국민소득 격차는 불과 3대 1밖에 되지 않았다. 통일 후 지금까지 거의 매년 약 50조원을 옛 동독지역에 쏟아 붓지만 실업률은 여전히 10%를 넘는 등 좀체 개선기미가 없다고 한다. 즉 통독의 경우, 통일 후의 비용이 너무 큰 것이다.

남한은 그런 비용을 미리 줄일 목적에서 통일 이전에 북한을 지원해왔다. 이것이 이른바 '분단비용', 즉 분단 상황을 관리하는 데 드는 비용이다. 바로 이 대목에서 김대중정부 이후 통일비용이나 분단비용이 어차피 들 바에는 분단비용이 낮다는 논리가 힘을 받아왔다. 이 분단비용의 관리운영기금이 곧 '남북협력기금'이다. 정부는 '남북협력기금'에서 북한을 지원하고 기금지출에 대해서는 국회의 승인을 받는다. '기금'은 매년 정부의 출연금으로서 조성, 운영된다. 노무현정부는 2005년 기금의 출연금을 2004년의 1천714억원보다 3배가 늘어난 5000억원, 즉 4억2천만 달러로 증액시켰다. 그동안 정부의 출연금은 남북정상회담 직후인 2001년에 5000억원이었다가 2002년은 4천900억원, 2003년에는 3000억원으로 매년 줄었다. 기금은 본래 조성돼 있어야하나, 재정상 그렇지 못하였다. 정부 출연금이란 일부 조성된 기금이 고

갈되지 않도록 매년 돈을 조금씩 보태는 것이다.

기금조성문제 외에 다른 문제의 하나가 지원방식에 관해서다. 즉 북에 대한 남의 지원이 현금이냐, 현물이냐 하는 논란이 그것이다. 특히 개성공단사업과 금강산사업이 북에 가는 '현금 루트'라는 논란이 거세지면서 그러한 '퍼주기'논쟁은 '남남갈등'의 도화선이 되었다. 이를 개선하는 방안의 하나로 쌀, 비료 등을 직접 북한의 주민들 손에 쥐어주는 것이다. 이런 경과를 거쳐 북한은 남한이 보낸 쌀을 직접 받고 있다. '대한민국'이라고 선명하게 표시된 쌀 포대 역시 북한주민들이 직접 볼 수 있다. 남북은 2004년 7월 14일 '식량차관 제공합의서'를 체결하고 매10만 톤 인수가 완료되는 시점에 동·서해와 내륙지역에서 각각 1회 이상 분배확인 작업을 실시키로 합의했던 것이다.

그런데 "고기를 잡아서 주는 것보다는 고기 잡는 법을 가르쳐주라"고 하듯, 남한은 쌀 등의 단순지원방식을 일부 지양, 북한이 곡물 생산량을 획기적으로 올릴 수 있는 지원방식을 따로 강구하였다. 김순권 박사의 슈퍼옥수수 재배기술이전 등이다. 그런 맥락에서 경기도는 파주와 연천 등 접경지역에 북한의 값싼 노동력을 활용한 경제협력단지를 조성하는 방안을 검토 중이다. 이 단지가 조성되면 개성공단과는 달리 북측 근로자가 남쪽으로 내려와 근무하는 형태가 된다고 한다. 하지만 단지의 이름을 '평화구역'으로 정한 것 외에 아직 정확한 위치와 규모 등은 정해지지 않았다. 모든 사업이 대개 그렇듯, 이것 역시 북한의 적극적 수용 여부가 승패의 관건이다.

특히 한·미 자유무역협정(FTA)체결에 대비하여 농·어·축산업은 새 활로를 모색해야한다. 우선 농업유통분야에서 상호교류와 협력을 증진시켜볼 수 있다. 농산물의 유통효율이 높아지면 북한 농산물의 생산효율을 높이는데도 기여할 것이다. 이는 곧 북한에 대한 직접적인 식량·농업생산자재 지원보다 더 큰 효과를 낼 수 있다. 북한이 식량난 해소로 만족할 게 아니라 그 나름의 경쟁력을 갖추면서 '시장'쪽으로 걸어 나와야 하는 것이다.

남북한 농업유통부문 협력방안으로는 첫째, 남북한간 농산물 교역을 활성화시키는 것이다. 이를 위한 방안의 하나는 계약재배를 통한 북한 농산물의 반입확대이다. 그 대상은 국내 생산량이 부족하여 외국으로 부터 수입하는 팥·참깨 같은 품목이다. 팥·참깨 등은 북한으로부터 반입이 가능한데다 국내농가에 피해가 적으면서 북한 농업에는 큰 파급효과를 줄 수 있다. 이어 녹두, 콩 등으로 계약재배를 확대시키는 등, 남한의 선진화한 재배기술을 북한에 보급해야 할 것이다. 둘째, 농산물 유통인프라 구축을 위한 협력방안이다. 북한 농산물의 집하·보관·포장 등을 위한 간이저장창고 건설 지원이며, 수확한 농산물을 생산농민이 직접 판매할 수 있는 농민시장의 시설을 지원하여 시장경제 확산 및 농가자산 축적여건을 조성하는 것이다. 셋째, '남북한 농산물 교역 풀(pool)제 운영'이다. 남한의 과잉생산으로 가격하락이 우려되는 농산물을 북한에 주고, 북한으로부터 광산물 등을 받음으로써 상호이익을 도모하는 취지이다. 넷째, 북한 농업유통부문 종사자에 대한 유통교육훈련을 실시하는 것이다. 다섯째, 농민시장 활성화를 위한 남북한 협력방안이다. 최근 그 역할과 기능이 확대된 농민시장의 시설물 설치, 시장 활성화를 위한 '상업활동자금 융자사업' 추진, 남북한 '공동시범농민시장 개설'운영 등이다. 여섯째, 농산물 가공 산업의 남북협력방안을 모색한다(정정길 등, 2000.12: 122-123).

중국과 대만의 협력사례는 남·북한의 그것보다는 비교가 되지 않을 정도로 활발하다. 중국은 1978년 전반적 개혁개방을 추진한 이래, 또 대만은 1987년 계엄령해제, 외화통제의 완화, 친척방문의 허용 등의 일련의 조치를 취한 이후, 지금까지 경제교류를 지속적으로 확대해왔다. 중국은 현재 대만의 제1교역국가이다. 남·북한도 장차 그렇게 돼야할 것이다.

　북한의 생산물 소유형태는 크게 전 인민적 소유, 협동적 소유, 개인
적 소유 등으로 분화돼 있다. 즉, 국유, 공유, 사유의 형태이다. 이에
따라 상업형태도 국영상업, 협동단체상업, 농민시장상업으로 구분되고
있다. 북한의 상품유통체계는 기본적으로 국영상점과 협동단체 상업망
을 통해서이며 부분적으로 농민시장에서의 거래를 허용한다. 국영상업
은 상품유통의 대부분을 차지하고 국가의 직접적 계획적 관리운영 하
에 있으며 유일한 국정가격이다. 이 국영상업에는 상품유통단계에서
도매상업과 소매상업이 갈라진다. 도매유통은 완전한 국영상업의 형태
다. 이에 비해 협동단체상업은 국영상업이 미치지 못하는 상품공급을 보
완하는 보조적인 상업형태이다. 협동단체상업은 1960년대 이후 대부분
국영상업으로 흡수 전환되어 현재 일부 직매상점과 협동농장 단위로
설치된 구판장을 중심으로 기능이 유지되고 있다. 농민시장은 개인부
업으로 생산된 농축산물의 일부를 일정한 장소에서 주민들 간에 직접
매매하는 상업형태다. 이것은 국영 및 협동단체상업에 의해 완벽한 상
품공급이 불가능하기 때문에 생긴 것이다. 농민시장의 가격은 대체로
수급에 의해 결정된다. 거래형태는 대부분 생산자와 소비자의 직접거
래이다. 2002년 7·1조치 이후 거래량이 급격히 증가하고 있다. 따라서
농민시장은 현재 북한에서 가장 활발하게 이루어지는 상업형태이다.

　남한은 이미 오랜 전에 영농기계화를 완수했으나 북한은 사실상 전
근대적 농법, 즉 재래식 농법에 매여 있다. 생필품 부족현상이 일반적
이라 농기계 사용 또한 온전할 수가 없다. 남한이 트랙터를 보내줘도
길이 나있지를 않아 쓸 수도 없다. 그러니 1백 년 전의 구한말처럼 소
가 끄는 쟁기에 의존할 뿐이다. 이런 풍경은 평양에서 멀지 않은 곳에
서도 어렵잖게 목격할 수 있다. 남한의 농촌에서 사라진지 오래인 우
마차가 북한의 도시에서도 볼 수 있는 것이다.

　이렇듯 영농기술이 낙화돼 있음에도 불구하고 북한은 소위 '주체농

법'이라 하여 농작물의 재배 및 농산품의 유통을 제한하는 것이다. 벼와 옥수수에 편중된 재배방식은 다른 작물과의 윤작체계를 붕괴시키고 있다. 남한의 대북협력사업도 북한 식량난의 근원적 해소라기보다는 실은 농자재와 식량지원에 집중되었다. 영농기술의 획기적인 보급을 위해서는 남·북한이 농업공동체를 운영하는 것이 바람직하다. 그한 사례가 전술한 경기도의 공동농장제이다. 북한은 이를 통해 남한의 선진농업 기술력을 지원받아 농업발전에 획기적인 계기를 마련할 수 있을 것이다.

아울러 생태농업도 추진할 수 있다. 남북한 간에 환경보전형 농업기술을 교류하고, 남북한을 지리적으로 연계하는 생태보전형 농장을 건설해서 환경농업을 실천하는 것이다(정정길 등, 2000.12). 이러한 친환경적 농업을 위해서는 DMZ와 서해안 갯벌 같은 생태계를 이용하는 것이 최선이다.

5. 'DMZ' 보존

그러나 북한은 남한의 이런 계획에 대해 냉담한 반응을 보이고 있어 전도가 그리 밝지는 않다. 남한은 장차 '비무장지대(DMZ)'를 생태환경공간으로 조성해 '세계문화유산'에 등재할 계획이다. 하지만 북한은 DMZ 보존이 '분단의 영구획책'이라면서 이를 철거해야 한다는 주장을 펴고 있다. 북한은 2004년 10월 6일 중앙방송을 통해 "군사분계선 부근 비무장지대는 하루빨리 없애버려야 할 남북 대결시대의 유산이자 민족분열의 상징"이라며 "비무장지대를 생태환경보존이라는 구실을 붙여 세계유산으로 등록하고 국제관광지로 만들려하는 데는 명백히 이 곳을 영구보존하고 세상 사람들에게 구경시켜 우리 민족의 영구분열을 국제적으로 공인시키려는 범죄적 기도가 깔린 것"이라는 뜻밖의 주장을 늘어놨다.

북한의 방송은 또 세계가 다 인정하는 DMZ의 생태보존에 대해서조차도 "이미 가장 혹심하게 파괴됐다"면서 그 원인이 "남측 당국의 콘크리트 장벽 구축, 유독성 화학물질 고엽제의 대량살포, 비무장지대 부근에서 군사훈련 실시 등"이라고 주장했다. 그런데 이 앞서 같은 해 7월 서울에서 "비무장지대를 세계평화와 자연보호의 성지로 가꾸자"는 취지로 'DMZ포럼 국제회의'가 열리고 '2004 DMZ 선언문'이 채택됐을 때만 해도 북한은 아무런 반대를 표시하지 않았다. 그러다 갑자기 정치문제화한 것이다. 아마도 이것은 개성공단사업과도 연관이 있을 것 같다. 잘 알려진 대로 북한은 미국이 이른바 "전략물자의 반출금지"라며 공단출입을 제한해 이 바람에 사업이 크게 진척하지 못한다고 불평해왔다. 때문에 DMZ 철거주장으로 그 같은 제한조치를 한꺼번에 풀어보려는 의도가 있지 않을까 한다.

그러나 DMZ의 세계문화유산 등록추진의 주체는 남한이 아니라, 국제환경 운동가·생태보존주의 운동가들임을 북한이 알아야한다. 특히 북한은 DMZ '철거'에 앞서 동굴 속에 감춰놓은 수많은 장거리포를 폐기해야한다. 설령 남한의 콘크리트 벽이 있다 해도 그것은 방어용이지 북한과 같은 공격용이 아니다. 주지하듯 비무장지대에는 6·25전쟁이 할퀴고 간 자리에 다시 돋아난 풀과 꽃으로 장관을 이룬다. 그 아래 습지에서는 물고기가 자란다. 그야말로 사람의 발이 닿지 않은 청정 지역이다. 세계가 먼저 이를 인류의 자연유산이라며 보존하자고 하는데, 북한은 의외로 '분단의 영구고착화'라고 하는 것은 이해하기 어렵다(이종흔, 2004).

그런데 DMZ생태공간보존계획은 2002년에 발표된 제4차 국토종합개발계획에서도 이미 그러한 개념이 수립되었다. 이는 곧 '21세기 통합국토'라는 대원칙의 실현이란 뜻으로 다음 4가지의 목표를 설정하고 있다. 첫째, 지역간 통합을 위한 '더불어 잘사는 균형국토', 둘째 개발과 환경의 통합 위한 '자연 속의 녹색국토', 셋째 동북아지역과의 통합 위한 '경쟁력 있는 개방 국토', 넷째 남북한의 통합 위한 '역동적인 통일국토'의 건설이다. 이 계획이 제대로 추진되면 남한의 지도는 완전히 바뀐다. 국토연구원은 이를 달성하고자 '차세대 국토골격 형성' 등 7가지 세부전략을 다음과 같이 제시했다.

즉, 친환경적 국토관리이다. 이것은 전 국토에 토지적성평가를 실시하여, 보전과 개발지역으로 구분한 후 보전지역은 개발에서 원칙적으로 제외해 철저히 보전하고, 개발가능지역에 대해서는 '선 계획, 후 개발'의 원칙 아래 질서 있고 지속적인 개발을 추진한다. 하천과 연안지역으로부터의 일정 거리 내에서는 개발을 억제하는 등 '수변역관리제도'도 실시한다. 또한 백두대간을 민족생태공원으로 관리하며 서남해안의 주요 갯벌을 생태보전지역으로 지정, 관리한다.

또 문화·관광국토의 구현을 위해 부산에서 목포로 이어지는 다도해 지역에 남해안 국제관광벨트를 구축하고 접근성을 높이기 위해 이들 지역에 연육·연도교 시설을 강화한다. 제주도지역을 아·태지역의 국제관광 자유지역으로 육성하고 백제, 신라·가야, 중원, 강화, 안동유교지역 등을 특색 있는 역사문화권으로 조성한다. 금강산과 설악산을 연계하여 국제관광지역을 개발하며 DMZ을 평화생태공원으로 관리한다. 아울러 남북한 교류협력기반의 조성을 위해 남북한 접경지역을 각각 생태계 보전지역, 휴양시설이 들어서는 준 보전지역, 남북교류협력사업을 맡게 될 정비지역으로 구분해 관리하는 것이다. 이렇듯 남한은 DMZ를 지키려는 노력을 많이 기울이고 있다.

아래의 글은 2001년 사단법인 한국통일교육 연구회 주최로 열렸던 남북한 서로 알기 운동 글짓기 대회에서 중등부 대상을 차지한 작품이다. DMZ를 보존하고픈 정서가 애틋하게 묻어나고 있다.

> "통일이 되면 우리나라의 휴전선 비무장 지대를 평화 지역으로 선포하면 좋을 것 같다. 그래서 전쟁의 상처로 남은 이 지역을 이제는 세계의 관광객들이 찾아오는 평화의 장소로 만들고, 또 지난 역사를 되돌아보는 전쟁 박물관을 세워 교육의 장소로 만들며, 자연의 아름다움이 그대로 살아 숨쉬는 평화의 생태공원으로 다시 태어나게 한다면 어떨까? 철새들의 휴식처, 동물들의 보금자리, 천연기념물이 편안하게 살수 있는 지역으로 만들어보자. 그러면 한번 와 보면 영원히 잊을 수 없는 아름다운 관광지로 세계인의 가슴에 아로새겨질 것이다. 우리 민족에게 한으로 남겨진 이 지역이 오히려 아름다운 자연환경을 제공해 주고, 관광수입까지 울릴 수 있는 유익한 땅으로 환생된다면 세계인들에게 제일 먼저 관광하고 싶은 지역 1위가 되고도 남을 듯싶다."

한반도가 세계 유일의 분단국이니만큼, DMZ는 곧 "21세기 마지막 냉전의 잔재"로 보아 무방할 것이다. DMZ지역을 통일 전이라도 UN이 인정하는 세계자연생태계 보전으로 지정받아 민족의 생태공원화를 다각적으로 추구해야 할 것이다(유영옥, 1997). 생태관광의 대표적 지역은 역시 19개 국립공원이다. 거기에는 훼손되지 않은 자연이 있어 이를 통해 문화와 환경에 대한 이해를 더욱 넓혀나갈 수 있다. 생태관광이란 곧 생태적으로 지속 가능한 관광을 말한다. 북한이 DMZ 철거를 주장하는데, 진정한 철거는 남북을 가로막고 있는 통행금지여야 한다. 세계는 이런 뜻은 2004년에 이어 2005년에도 잇고 있다. '2005 DMZ포럼 국제회의'가 그것이다. 여기서 'DMZ보존 선언문'도 채택되었다. 주요내용은 다음과 같다.

포럼은 한반도 비무장지대에 대해 "지난 52년 동안 인위적 간섭이 배제돼 독특한 자연 생태적, 경제적 가치로 전 세계적으로 주목받고 있다"고 한다. 그러므로 이 지대를 "생명, 평화, 지속 가능성의 정신에 입각해 남북한이 협력해 보존, 관리함으로써 전쟁과 분단의 고통을 극복하고 평화와 환경보존의 메시지를 전 세계에 보내야 한다."고 주장한다. 그러자면 "남북한 NGO들과 정부, 국제환경단체와의 파트너십을 통해 비무장지대 보존과 지속가능한 이용에 관해 논의하고 비무장지대 일원의 토지소유권 조사를 실시한 뒤 보전계획에 따른 보상방안을 강구해야 한다."고 설명한다. 즉, '비무장지대 평화공원'은 전 세계인이 함께하는 평화와 자연보존교육의 장이 돼야 한다는 것이다. 아울러 "비무장지대는 현 세대의 것만이 아니라 앞으로 태어날 미래 세대도 향유할 권리가 있으므로 철저히 보존하고 관리할 도덕적 의무가 있다"고 덧붙였다. 'DMZ포럼'은 한반도의 DMZ를 세계평화와 자연보호의 상징구역이자 순례지로 가꾸어 나가자는 취지로 1998년 뉴욕에서 설립된 비영리단체이다. 현재 DMZ의 세계유산등록사업, DMZ의 자연생태계 보전사업 등을 추진하고 있다(중앙일보, 2005.08.18).

2008년 경남 창원에서는 습지보전 환경협약 당사국 회의인 '람사'총회가 개최된다. 1971년 이란의 람사에서 채택된 습지보전에 관한 협약이 '람사협약'이다. 습지는 소택지, 습원 등을 말하며 개펄, 호수, 하천, 양식장, 해안, 산호초 등도 이에 포함된다. 가입국은 자국 내 람사습지로 지정된 습지의 보전 및 적정 이용계획을 수립, 시행해야 하며, 물새의 수를 늘리기 위해서도 노력해야 한다. 람사총회는 이 협약에 가입한 160여 개국의 정부 대표와 전문가, 민간 습지보전단체들이 참가하는 대규모 환경회의다. 경남에서 이런 큰 회의가 열리게 된 것은 '우포늪보전운동'을 출발점으로 전국의 습지보전운동을 꾸준히 펼쳐온 결과라고 한다. 람사총회에서 남북은 DMZ의 원시 습지생태자원에 대한 구체적인 보전·협력 방안을 모색하게 될 것이다. 나아가 아시아의 평화와 공존을 위한 디딤돌 같은 역할을 할 것이다(중앙일보, 2006. 9. 12 21 : 43).

Ⅲ. 평화번영론

　　흔히 통일의 3대 충분조건으로 남북화해, 국민통합, 국제협력을 꼽는다. 이 중, 남북화해는 김대중정부의 '햇볕정책'과 노무현정부의 '평화번영정책'에 힘입어 그런대로 유지되고 있다. 그러나 국민통합과 국제협력 부분은 이전만 못하다는 평가를 받고 있다. 국민통합의 미비로 소위 '남남갈등'이 끊이지 않으며, 한·미 동맹을 중심으로 한 국제협력 부분 역시 뜻밖에도 '민족이 우선이냐, 동맹이 우선이냐'는 논란을 낳고 있다. 이 모든 논란의 와중에 북한의 핵이 있다.

1. 북핵 '3원칙'

참여정부의 대북정책은 '북핵 3원칙'에 용해돼 있다. '3원칙'이란 북핵은 용납할 수 없고, 북핵문제는 평화적으로 해결해야 하며, 이때 한국이 적극적으로 역할을 한다는 것이다. 즉, 북핵불용, 평화적 해결, 한국의 적극적 역할이다. 그러나 북한은 2006년 10월 9일, 마침내 핵물질을 무기화했다. 핵실험에 성공한 것이다. 그 핵이 얼마나 강한 위력을 가진 것인가 하는 것보다는 핵을 보유한 사실 자체가 중요하다. 핵은, 핵을 보유하지 않은 나라에게는 소위 '비대칭 무기'가 된다. 한국이나 일본의 군사력이 설령 북한의 그것보다 백 배, 천 배나 달한다 해도 북한의 핵무기 앞에서는 '대칭'할 수 없음을 뜻한다.

이 '비대칭'을 극복하기 위한 한국과 일본의 입장이 북한의 핵실험 후 미묘하게 엇갈렸다. 일본은 북한의 핵에 맞서는 핵을 개발할 의사를 내비치며 그 이전에는 미국의 '핵우산' 아래 편입돼 보호받는 사실을 강조했다. 그러나 한국은 다소 모호한 입장을 취했다. 한국 역시 한미상호방위조약에 따라 미국의 '핵우산'보호를 받지만 그럼에도 불구하고 미국과 한 축이 되어 북한을 압박하는 데에는 동조하지 않았다. 그 적례가 미국이 중심이 된 소위 '대량살상무기확산방지구상(PSI)'에 한국은 적극적인 동참을 거부한 것이다.

이 'PSI'(Proliferation Security Initiative)는 핵과 미사일 같은 대량살상무기가 확산되는 것을 방지하기 위한 미국의 '구상', 즉 '이니셔티브(initiative)'에 의해 이뤄진 국제협력체제이다. 일반적으로 이니셔티브도 국제법상의 하나이나, 가입국가 간의 구속력은 '조약'(trade)이나 '규약'(agreement)에 비하면 현저히 약하다. 더욱이 PSI는 유엔 결의에 의한 기구도 아니다. 미국은 사실 'PSI'가 유엔의 대북제재결의안에 속하는 양, 그렇게 확대해석한 측면도 있다.

PSI의 가장 큰 문제점은 북한의 대량살상무기를 색출하고자 군함까지를 동원하는 것이다. 즉, 군사적 제재조치에 해당되고, 이것을 보장한 것이 유엔헌장 제7장의 42조이다. 그러나 유엔 대북제재결의안(1718호)에는 42조가 아닌 41조의 '비군사적'인 제재조치만 포함되었다. 그런데도 미국은 41조를 확대해석하여 마치 42조의 '군사적'제재조치까지도 포함된 양 그렇게 선전하는 경향이 있다.

2006년 유엔 안전보장이사회는 북한에 대해 두 번이나 제재결의안을 채택했다. 물론 여기에는 상임이사국인 중국과 러시아의 동의가 절대 필요하다. 북한의 오랜 우방국이라는 중국과 러시아도 유엔의 대북제재결의안에 찬성한 것이다. 그리하여 7월, 북한의 미사일 발사에 대응하여 안보리는 1695호 결의안을 채택, 경고했다. 그로부터 석 달 후, 10월에는 북한의 핵실험을 엄중 경고하여 1718호 결의안을 채택한 것이다. 전자와 후자의 가장 큰 차이점은 1695호에는 유엔헌장 제7장의 군사적 제재조치가 원천적으로 빠졌으나, 1718호에 이르러서는 그것이 일부 원용된 점이다.

즉, 1718호에 따르면 안보리는 모든 유엔회원국은 "핵·화생방 무기의 밀거래 등을 막기 위해 북한으로부터의 화물 검색 등 필요한 협력조치를 취하도록 요구"하고 있다. 바로 이 '화물검색'으로 해서 상호간에 충돌이 일어날 가능성도 배제할 수 없게 됐다. 안보리가 당초 1695호를 채택할 때만 해도 그런 충돌을 우려해 제7장을 원천 배제했던 것이다. 그러나 1718호에 와서는 마침내 제7장을 일부 적용하였다. 하지만 이때에도 제7장 41조의 '비군사적'제재만 허용했지, 42조의 '군사적'제재까지 허용한 것은 아니었다. 다시 말해 1695호, 1718호 어디에도 북한에 대한 군사적 제재조치가 포함된 것은 아니었다.

그렇다 하더라도 미국이 그동안 유엔과는 별도로 추진해온 PSI에 힘을 실어준 측면도 있다. 미국이나 일본이 1718호를 확대해석해 PSI를 북한에 원용할 여지를 남긴 것이다. 이 때문에 북한의 조국평화통일위원회가 PSI를 강력히 비난해 "전쟁의 불구름을 몰고 올 것"이라고 선언했었다. 이는 곧 한국의 PSI 동참을 경고한 것이다. 북한의 그런 경고를 두려워한 나머지 한국이 PSI에 적극 동참을 거부한 것은 아니다. 한국은 북한과의 전쟁발생을 원하지 않아 그렇게 한 것이다. 이 선택은 '햇볕정책', '평화번영정책'의 입장에 서는 한, 지극히 타당했다. 또한 역사적으로도 1989년 노태우정부 이래의 '한반도공동체통일방안'이 갖는 대북포용정책을 잇고, 실천한 것이다.

북한은 일단 2005년 '2·10'핵보유선언에서 2006년 '10·9'핵실험성공으로 핵문제를 일단락 짓고 있다. 미국이 북한을 군사적, 경제적 압박을 가하지 않는 한, 추가핵실험은 없을 전망이다. 그런데 북한이 추가핵실험을 하지 않는다는 것은 기실, 핵무기로서의 정교함을 포기하는 것이나 같다. 핵은 실험을 통해 무기로서의 정교함을 더해가기 때문이다. 그러면 북한의 핵은 전술상의 의미가 아니라 전략상의 의미가 보다 짙다. 전술상의 의미란 실전배치를 뜻하고 따라서 남한에게는 절대적으로 위험한 무기가 된다.

반면 전략상의 핵 의미란 그런 것을 초월한 정치적 의미까지가 내포된 것이다. 북한은 미국에 대해 '핵 억지력'으로서의 핵을 갖겠다고 공언해왔다. 이렇듯 핵이 전략상의 의미를 갖게 되면 북한의 핵은 남한을 겨냥해 개발한 것이 아니라고 하는 북측 나름의 주장에도 일리가 있다. 그러나 핵은 핵이고, 따라서 그것을 갖지 못한 나라에 대해서는 엄연한 '비대칭'의 가공한 무기이다. 남한이 북핵 폐기를 주장하는 것은 비단 그런 것만이 아니다. '한반도 비핵화'라는 대전제가 무너진 탓도 크다.

세계의 핵보유국들은 핵실험을 통해 핵보유국으로서의 지위를 획득했다. 북한은 그 반대로 핵보유를 먼저 선언하고 핵실험은 나중에 한 것이다. 북한이 그런 만큼, 북한은 애당초 핵개발을 정치적 목적에서 했을 가능성도 있다. 실제 북한은 체제보장을 미국에 끊임없이 요구했다. 일례로 2005년 '2·10성명'에서 북한은 "지금까지 우리는 미국이 우리 제도에 대해 시비질하지 않고 우리의 내정에 간섭하지 않는다면 우리도 반미를 하지 않고 우방으로 지낼 것이라는 입장을 명백히 밝히고 핵문제의 해결과 조·미관계 개선을 위해 할 수 있는 모든 노력을 기울여왔다"고 주장하는 것이다. 즉, 미국이 북한의 체제를 인정하고, 전복시키지 않겠다고 보장한다면 북한은 굳이 미국에 각을 세울 이유가 없다고 함이 드러난다.

사실, 북한은 1990년대 들면서 미국과의 관계를 우호적으로 정립하려는 기대를 표했다. 2000년 북·미 간 합의한 공동코뮈니케에서도 양측은 "두 나라 사이의 쌍무관계를 근본적으로 개선하는 조치들을 취하기로 결정했다"며 "과거의 적대감에서 벗어난 새로운 관계를 수립하기 위하여 모든 노력을 다할 것"이라고 했었다. 그러나 2001년 미국의 심장부를 강타한 '9·11테러'가 발생하면서 미국의 외교노선은 완전히 달라진다. 부시 대통령은 2002년 새해국정연설에서 북한을 이란, 이라크와 싸잡아 '악의 축'이라 맹렬히 비난했다. 또 같은 해 미국의 대통령선거가 한창이던 때 북한의 핵우라늄 농축의혹사건이 터졌다. 1993년의 1차 북핵 위기에 이은 제2차 북핵위기였다. 부시 대통령은 북한에 보내던 중유를 끊고, 김정일 국방위원장을 가리켜 '폭군'이라 맹비난했다.

북한은 곧 미국에 의해 '악의 축', '폭정'과 '공포'의 '독재국가' 등으로 비유되면서 지구상에 가장 몹쓸 나라 중 하나가 되었다. 이에 위협을 느낀 북한이 미국에게 '불가침조약'을 맺자고 거듭 주장하였다. 그러나 미국은 오히려 '선제공격'설까지 흘렸다. 그것은 마치 외과의사가 환자의 환부를 도려내듯, 북한의 핵시설을 폭격할 수 있음이었다. 이러자 한반도의 전쟁 발생을 우려한 한국이 중국과 연대해 미국에게 대화와 평화적 방법을 강력히 제안해 가까스로 위기를 수습했다.

이때, 제기된 것이 노무현 대통령의 '동북아균형자론'이었다. 그러나 돌아온 답은 국내서건, 국외서건 모두 냉담한 반응뿐이었다. 미국은 미국이 해오던 동북아 '균형자'노릇을 한국이 대신하려든다는 뜻으로 받아들여 전통적 동맹관계를 의심했다. 북한 또한 한국이 북·미 간의 직접담판을 방해한다고 보았다. 결국 노 대통령은 '미국과의 협력'을 전제로 한, '동북아균형자론'이라며 시정하기에 이른다. '균형'은 곧 미국의 공조를 바탕으로 한 것임을 부연했다.

3년 후, 2005년의 출발은 그런대로 나았다. 부시 미 대통령은 2005년 새해국정연설에서 "우리는 핵 야망을 포기하도록 북한을 설득하기 위해 아시아 정부들과 긴밀히 협력하고 있다."고 말했다. 미국의 유럽 맹방국조차도 미국의 이라크전쟁 발발을 문제 삼아 미국의 '일국주의'를 비난하고 나선 데 대해 미국은 지역이해국가들과의 협의를 존중하겠다고 발표했다. 아프가니스탄 침공이나 이라크전쟁같이 미국 단독으로는 세계적 전략을 짜지는 않겠다는 의사이다. 북한문제 역시 미국 단독으로 밀어붙일 게 아니라 한국이나 중국, 러시아, 일본 등의 역내 국가들과 협의를 해서 정책을 펴나갔다는 것을 밝힌 것이다. 즉, 종전의 '선제공격'이 아닌, 대화와 우방국가의 협력을 강화한 것이다. 그러나 이것은 일시적 수사에 불과했다. '네오콘'으로 불려지는 미국 보수우파의 대북정책 강경론자의 입장이 하루아침에 바뀔 수는 없었다. 그것은 북한으로 하여금 6자회담에 나올 수 있는 명분을 주는 데 늘 인색한 것이었다. 미국은 곧 북한에게 '당근과 채찍' 중에서 '채찍'만을 고수한 것이다.

북한은 2005년 2월 10일 "우리는 자위를 위해 핵무기를 만들었다"며 "핵무기고를 늘리기 위한 대책을 취할 것"이라며 이른바 '핵무기보유'를 선언했다. 아울러 6자회담의 무기한 불참을 선언했다. '핵을 가졌다'고 함은 세계 최다핵보유국인 미국과의 관계를 보다 대등하게 하겠다는 북한 나름의 계산이었다. 그러나 미국은 북한을 경제적으로 숨통을 죄는 '고사정책'으로 나왔고, 별다른 대응조차 삼가는 것이었다. 북한은 콘돌리자 라이스 국무장관의 말대로 더욱 "고립"될 뿐이었다. 2006년의 핵실험은 북한 특유의 옥쇄전략이다.

2. '동북아균형자론'

노무현정부 들어 국제협력관계의 중심이 종전의 한·미라는 국가중심에서 동북아평화번영이라는 지역중심으로 이동하고 있다. 노 정부의 '평화번영정책'에는 완곡하나마 북한도 남한과 더불어 번영을 누릴 동반자로 인식되는 것이다. 북한이 '반공', '주적'의 대상이 아니라, 동북아시대에 함께 공존하며 평화와 번영을 누릴 동반자란 뜻이 포함된다. 그런 동북아의 새 질서 창조에 한국의 적극적 역할을 강조한 것이 '동북아균형자론'이다.

엄격한 의미로 '햇볕정책'이 한반도에 국한된 것이라면 '평화번영정책'은 그 너머의 동북아까지를 포함한 것이다. 노무현의 '동북아균형자론'이 비교적 자세하게 처음 제기된 것은 2005년 3월 8일의 공군사관학교 졸업식에서였다. 물론 이 취지는 이미 2003년 2월 25일 그의 대통령의 취임사에서 잘 나타나 있다.

그는 취임연설에서 정부의 성격을 '국민참여정부'의 '참여정부'라고 정했고, 아울러 국정목표로서 국민과 함께하는 민주주의, 더불어 사는 균형발전사회, 평화와 번영의 동북아시대를 열어 나갈 것 등을 제시했다. 즉, "우리의 미래는 한반도에 갇혀 있을 수 없다. 우리 앞에는 동북아 시대가 도래 하고 있다"며 "21세기 동북아 시대의 중심적 역할을 우리에게 요구하고 있다"고 선언한 것이다(국민일보, 2003. 2. 25, 17 : 50).

다시 말해 '21세기는 동북아시대'이고, 지정학적으로 한국은 그 중심에 있으므로 '오랜 세월동안 변방의 역사'로만 살아온 체질을 더 이상 수용할 수 없다는 것이다. 보다 적극적인 역할의 모색이 필요하니, 그것이 곧 '균형자론'의 대두 배경이다. 이 동북아의 평화번영정책은 '유럽연합(EU)'에서 그 모티브를 얻어왔으며, 장차 동북아도 유럽연합처럼 그렇게 평화와 공생의 질서를 구축하자는 뜻이 들어있다.

이로부터 2년 후, 공사 졸업식 치사에서 그는 더욱 분명하게 '동북아균형자론'을 역설했던 것이다. "우리군은 한반도뿐만 아니라 동북아의 균형자로서 이 지역의 평화를 굳건히 지켜낼 것이고 이를 위해 동북아 안보협력 구조를 만드는 데 앞장서고 한미 동맹의 토대 위에서 주변국과 긴밀히 협력할 것"이라고 말하고 있다(연합뉴스, 2005. 3. 8, 17 : 02).

바로 이 부분에 이르러 "힘도 없이 무슨 균형자냐"며 숱한 논란을 낳았었다. 그러나 '동북아균형자론'은 '평화번영정책'의 또 다른 이름이다. 물론 '햇볕정책'도 계승했다. 이 점에서 평화번영정책은 1989년 노태우정부의 '북방외교'로 표현된 대북포용정책과 맥락이 같다고 할 수 있다. 당시 노태우 대통령은 취임 즉시 북방외교를 선언하고 적극 남북화해를 추구했었다. 이 성과가 '한반도비핵화'는 합의 도출이며 이로 한 '남북기본합의서'가 채택되었다.

평화번영정책은 남과 북이 더 이상 적대적·파괴적 관계가 아니라고 함을 역설한다. 북핵 문제의 평화적 해결과 이를 바탕으로 한반도의 번영과 나아가 동북아의 번영까지도 추구하는 것이다. 그러나 평화번영정책이 햇볕정책의 정신을 잘 살리지 못하고 있다는 지적도 있다. 햇볕정책도 시대의 변화에 맞게 그 의미를 새롭게 해야 하나 참여정부는 그 의무를 소홀히 했다는 것이다. 예컨대 햇볕정책의 대표적인 성과로 꼽히는 2000년 6·15만 해도, 이듬해인 2001년 9·11테러로 인해 그 의미가 많이 손상됐다는 것이다.

그러나 '햇볕정책', '6·15선언', '9·11테러', '7·1조치' 등이 모두 김대중정부 때 있었다. 햇볕정책이 '6·15'까지는 좋았지만 '9·11'과 '7·1'로 의미수정이 불가피했다면 그렇게 하지 못한 김대중정부가 비판받거나, 햇볕정책 자체가 비판받아야 한다. 그러나 햇볕정책은 그대로 둔 채, 평화번영정책만을 문제로 삼아 실패로 규정함은 논리상 맞지 않다. 차라리 야당인 한나라당의 주장처럼 김대중, 노무현 두 정부의 대북정책을 통째로 비판하는 것이 논리적으로 맞다.

노무현 대통령의 '동북아균형자론'은 '북핵3원칙' 중의 하나인 '한국의 적극적 역할'의 반영이다. 그런 '적극적 역할'설정이 잘못되었다고 하지 않는다. 한반도 문제해결과 관련하여, 그 직접당사자인 한국의 의지가 적극적으로 반영되지 않는다면 그것이 오히려 더 이상하다. 한국이 그저 한·미 동맹에 의존할 뿐이라면 그러고서도 자주국일 수 있는가가 반문돼야 한다. 과거 19세기 말의 한국은 그렇게 어쩔 수 없이 주변정세에 의해 휩쓸리고 말았다. 한반도의 문제가 한국의 의사에 반하여 결정되는 것이라면 한국이 결코 받아들여서는 안 된다. 그런 점에서도 한반도 문제해결을 위한 한국의 적극적 노력과 역할은 바람직하다. '균형자론'이 매도돼야 할 이유가 없음을 당시 청와대 측에 나온 다음의 공식해명자료가 잘 말해주고 있다.

"노무현 대통령은 일본을 국빈 방문하여 국회연설에서(2003. 6. 9) 한국을 '동북아 평화와 협력의 허브'로 만들어나가겠다는 구상을 밝혔으며, 중국방문 길에 칭화대 초청연설에서(2003. 7. 9) 동북아는 '협력과 통합의 새로운 질서'로 나가야 한다고 강조하였다. 또 유럽순방 중에 프랑스를 방문하여 소르본느 대학교에서(2004. 12. 6) '동북아에 EU와 같은 개방적 지역통합체'를 만들고자 하는 기대를 피력하였다. 이처럼 참여정부는 평화번영의 동북아 시대 실현에 대한 열망과 그 과정에서 한국이 적극적인 역할을 할 것임을 끊임없이 밝혀왔다.

이와 같은 우리의 역할 강조가 2005년도에 들어와서 동북아균형자론으로 제시되었다. 동북아에서 미·중 양국 간의 불변의 대결관계만 상정하면서 동북아 지역에 미국과 중국만이 존재하므로 그 어느 한편에 서야한다고 생각하는 강박관념도 버리자. 역내 국가들 가운데 우리도 이미 동북아의 평화와 번영을 위한 미래 질서를 만들어가는 의미 있는 변수가 되었다. 현재의 동북아 질서는 불투명하지만 우리가 희망을 갖는 것은 경제협력이나 문화교류, 인적교류가 괄목할 만큼 성장하고 있다는 것이다.

한반도는 지정학적으로 대륙문화와 해양문화, 동양과 서양이 두루 통하는 소통의 공간이다. 역사적으로 보더라도 교류와 소통은 평화와 번영의 미래를 창조하였다. 우리가 가지고 있는 역사적·도덕적인 힘이 대륙과 해양으로 소통하면서 국경을 넘어 보편적으로 인정받고 있다.

한·일 간의 상호방문자는 2004년에 400만 명이며, 한·중 간의 상호방문자는 2004년에 348만 명에 이르렀다. 이 같은 동북아 각국의 인적교류라는 상호 작용 과정에서 우리의 문화가 긍정적으로 받아들여지고 있다. 힘이 있어야 균형자를 하는 것도 아니고, 힘이 없으면 균형자를 못하는 것도 아니다. 군사력이나 경제력에 있어서는 초강대국들에 미치지 못하지만, 뜻을 같이 하는 나라들과 협력을 이루고, 세계여론의 지지를 받으며 평화를 유지하려고 노력한다면, 그것이 바로 균형자 역할을 할 수 있는 기반이 되는 것이다. 우리는 다행스럽게도 경제력이나 군사력에서도 최소한의 기초를 확보하고 있기 때문에 균형자 역할은 우리의 전략적인 목표가 될 수 있다."

노 대통령이 '동북아균형자론'이 '남남갈등'과 '한미갈등'으로까지 비쳐져 논란을 빚자, "한미동맹을 바탕으로 한 균형자론"으로 움츠러든 것은 그 본래의 뜻이 아니라고 본다. 즉, "힘이 있어야 균형자를 하는 것도 아니고, 힘이 없으면 균형자를 못하는 것도 아니"기 때문이다. "군사력이나 경제력에 있어서는 초강대국들에 미치지 못하지만, 뜻을 같이 하는 나라들과 협력을 이루고, 세계여론의 지지를 받으며 평화를 유지하려고 노력한다면, 그것이 바로 균형자 역할을 할 수 있는 기반이 되는 것이다"는 논리에도 일리가 있다.

"우리는 다행스럽게도 경제력이나 군사력에서도 최소한의 기초를 확보하고 있기 때문에 균형자 역할은 우리의 전략적인 목표가 될 수 있다"는 것도 근거가 약하지 않다. 한국은 세계 11대 무역국가, 15대 자본력을 지닌 국가, 그리고 세계가 다 인정하는 IT강국이다. 초강대국인 미국이라 해서 한국의 그런 입지를 고려하지 않은 채 세계전략을 짜기란 실은 무리에 가깝다. 그 일례가 2006년 한·미 자유무역협정(FTA) 논의과정에서도 잘 나타난다. 미국은 동북아의 FTA파트너로서 한국을 인정한 것이다.

또 인용문에서 "한반도는 지정학적으로 대륙문화와 해양문화, 동양과 서양이 두루 통하는 소통의 공간"이라고 한 점도 눈여겨볼 만하다.

지난 반세기, 한국이 미국과 일본을 중심으로 한 해양세력의 첨병노릇을 해왔다면, 북한은 중국과 러시아를 중심으로 한 대륙세력의 첨병노릇을 해왔다. '동북균형자론'은 그런 냉전시대의 '첨병'노릇 대신에 새로이 '균형'을 강조한 것이다. 어느 세력에도 치우치지 않겠다는 자주의 발상이며, 동시에 동북아의 평화와 안정이 무엇보다도 긴요하다고 함을 강조한 것이다. 실제, 참여정부 들어 '동북아경제중심국가'의 도약을 국가발전전략으로 삼는 등, '동북아'담론을 활발히 펴왔다. 그런 만큼 '동북아', '균형' 등은 낯선 단어가 아니다.

그런데 노무현정부의 '동북아론'은 김영삼정부의 '환태평양시대론', 김대중정부의 한반도중심론과는 약간의 차이가 있다.[11] 사실, 노 대통령은 '한반도대표론'을 주장했다. 2004년 11월 13일은 미국에서, 그리고 15일은 아르헨티나에서 각각 미국의 북한에 대한 "선제공격과 경제봉쇄를 반대한다"는 입장을 분명히 밝혔다. 그 말끝에 "남북간에 체제논쟁은 이미 끝났다"면서 한국이 한반도의 '대표'임을 선언했다. 이 '대표론'에는 북한이나 미국이 똑 같이 한반도의 평화를 위협한다는 뜻이 내포돼 있다. 또한 '동북아론'에는 한국이 종래 몸담았던 미국·일본·호주 등의 해양세력으로부터 일정 부분 벗어나는 뜻도 들어있다. '균형'의 본뜻은 결국 '해양'쪽에 치우쳤던 데서 '대륙'쪽으로 돌려세워 형평을 맞추는 것이다.

---

11) 김대중정부는 '6·15남북정상회담'의 성사에서 보듯, 한반도문제해결을 남북당사자가 직접 풀어나가야 한다는 입장이 강했다. '북한 퍼주기'논란을 낳은 것도 유명한 대목이다. 노무현정부는 집권초기, 자신의 정치적 기반이 와해되는 것을 무릅쓰고 김대중정부의 대북비밀지원의 내력을 밝히는 특별법안에 서명했다. 이 때문에 민주당이 노 대통령의 '탄핵'에 참가하는 빌미를 줬고, 남북관계도 꼬였다. 결국 노 정부의 미래구상은 북한과 그 너머의 동북아까지가 포함됐다. 한편 김영삼정부 때는 '세계화'의 열창에서 보듯 미국을 중심으로 한 '환태평양시대론'이 구가됐었다.

3. '친미연중'

노무현정부에 이르러 중점 외교 중 하나로 표방된 것이 이른바 '브릭스(BRICs)' 외교 강화이다. 각각 브라질, 러시아, 인도, 중국의 머리글자를 따서 이처럼 부르는데 이들 4개국의 특징은 자원과 인구가 많아 21세기 세계의 성장축이란 불린다. 노 대통령은 직접 이들 나라를 모두 돌아, 한국이 장차 이들 나라와의 교역강화에서 성장의 모티브를 찾을 것이라고 강조했다. 특히 중국은 한국의 역대 정부가 노태우정부의 '북방외교' 이후, 친중 관계를 유지해왔다. '북방외교'는 당시 미·일에 편중된 외교 지평을 사회주의권으로 넓혀야한다는 취지에서 강조되었다. 궁극적으로는 북한과의 관계개선을 목표로 했는데, 즉 북한으로 가는 길을 중국이나 러시아를 돌아갔던 것이다. 중국과 러시아는 과거 '북방외교'로써 중요했다면 오늘날은 '브릭스' 외교와 동북아의 평화공존을 위해서도 여전히 중요한 것이다. 그 중요성이 미국에 못지않다는 생각이 노무현정부에 이르러 구체화된 것 같다. '동북아균형자론'은 곧 기존 해양세력중시에서 대륙세력 쪽으로 관심이 보다 넓어지는 것이었다. 이 점에서 중국을 보다 가까이 하고 대신 미국에 편중된 외교로부터는 벗어나야한다는 '친중탈미'의 외교술이 성급히 제기되기도 했다. 그러나 이것은 지난날 항일독립군들이 일본에 대한 적개심에서 "반도는 결국 대륙으로 돌아간다."고 하던, 일종의 자기위안이요, 자기합리화다.

한국은 주변국들의 적대관계를 복합적으로 이용할 수 있는 비스마르크 같은 외교술이 필요하다. 그런 한편 어느 한 편에 서기보다는 상대방의 이익과 갈등을 교묘히 이용하는 실용주의적 외교술이 필요하다. 앞서 인용한 청와대의 '동북아균형자론'의 설명문건을 다시 보자.

"동북아에서 미·중 양국 간의 불변의 대결관계만 상정하면서 동북아 지역에 미국과 중국만이 존재하므로 그 어느 한 편에 서야한다고 생각하는 강박관념도 버리자. 역내 국가들 가운데 우리도 이미 동북아의 평화와 번영을 위한 미래 질서를 만들어가는 의미 있는 변수가 되었다."고 함을 상기할 필요가 있다. 한국도 동북아의 미래 질서 창조에 꼭 필요한 '상수'는 아니더라도 때로는 결정적인 영향을 미치는 '변수'로서의 위상은 충분하다. 따라서 '친중', '친미'로 편을 갈라서는 것이야말로 그런 '변수'로서의 지위를 망각하는 행위다.

그러나 세계전략가들은 미국의 '일국주의'를 지칭해, 향후 10년 안에는 미국에 도전할 나라는 없을 것이라고 한다. 미국의 세계적 헤게모니를 인정한 것이다. 이 말은 곧 미국의 협조 없이 한반도의 평화정착, 통일의 과업성취가 모두 어렵다는 얘기다. 그렇다고 전통적인 '친미'라도 새로운 해석이 필요하다고 노무현정부는 보고 있다. 예컨대 외교·국방과 경제·과학을 각각 분리하여, 외교·국방은 자주성을 높이되, 경제·과학은 연미를 강화하는 것이다. 이 같은 시각에서 '친미연중(親美聯中)', 즉 미국과의 친밀관계를 계속 유지하는 한편, 중국과의 연대 또한 모색하고 강화해나가는 것이다. 비스마르크적인 외교술이다. 이런 입장이 전형적으로 부각된 것이 2006년의 한·미 현안이다. 이 해 노무현정부는 미국을 상대로 '전시작전지휘통제권환수'라는 '자주'의 카드를 뽑아들었고, 그런가 하면 '한·미FTA'를 추진하여 한국의 경제·과학을 미국과의 유대강화에서 그 발전적 모티브를 찾는 2중 플레이를 했다.

중국과 러시아는 북한에게 중요한 발전모델이 돼야한다. 러시아를 비롯한 동구 사회주의국가는 일찍이 그 나름의 사회주의 근대화를 이뤘다고 평가된다. 중국 역시 1978년 이래로 본격 근대화를 추진해왔다. 중국은 이를 '현대화'라고 부르나, 시장경제의 발전단계로 보자면 기실, 근대화에 다름 아니다. 러시아와 중국이 전체주의의 낡은 유제를 떨쳐내고 경제성장의 안정적인 궤도에 올라 사회적으로도 많이 민주화했다. 이처럼 사회주의국가가 자본주의와 민주주의를 일부 수용함으로써 새로운 면목을 과시하는 것이다. 북한도 결국 그런 발전모델을 따를 것이다. 북한이 아무리 체제유지가 최선이며, 개혁·개방은 부차적인 것이라고 하더라도 21세기의 '세계화'라는 도도한 물결을 끝까지 거역할 수는 없을 것이다.

미국도 국가정책이 언제나 옳았던 것은 아니다. 평화의 수호자라고 하지만 세계대전 후 미국은 전쟁을 제일 많이 한 나라로 기록되는 것은 아이러니가 아닐 수 없다. 한국전쟁, 베트남전쟁, 걸프전쟁 등 큼직한 전쟁만 해도 3차례나 된다. 미국의 전과는 한 번의 패배와 두 번의 무승부를 세우는데 그쳤다. '자유의 여신'은 미국에게 한 번의 승리도 제대로 안겨주지 않은 셈이다. 특히 베트남전쟁에 패한 1970년대 이래 미국은 세계지배력은 급격히 약화되었다. 미국의 반대편에는 소련이란 또 다른 강자가 있었던 것이다. 그러던 세력균형은 1990년 전후로 갑작스레 무너진다. 소련 등의 동구권이 일제히 붕괴, 또는 해체된 것이다. 미국만 혼자 남아 자연히 유일 초강대국이 되었다. 그렇게 달라진 미국의 위상을 '일국주의'라고 부른다.

그 '일국주의'가 미국의 축복일지 아닌지는 아직 알 수 없다. 아이러니컬한 것은 미국의 심장부를 강타한 2001년 '9·11테러'의 경우, '일국주의'가 극점에 치닫던 시기에 발생했고, 그랬으면 움츠러들었어야할 '일국주의'가 되레 '테러와의 전쟁'을 통해 더욱 강화됐다는 점이다. 즉, 미국은 '테러'의 배후라며 아프가니스탄을 침공해 지도상에서 나라를 지워버렸다. 또한 '테러'에 쓰이는 대량살상무기가 만들어지고 있다는 이유로 이라크를 침공해 나라를 온통 쑥밭으로 만들어버렸다. 종파 간에 뒤엉켜 민족상잔의 내전으로 돌변한 것이다.

그러나 아프가니스탄에서 탈레반 반군이 계속 게릴라전을 벌이고 있다. 특히 이라크전쟁에서는 미국이 결국 '비도덕적'이라는 평가를 남기고 철수해야 할 상황에 내몰리고 있다. 2006년 '11·7중간선거'에서 부시 행정부가 참패하고 즉각 걸프전의 '영웅' 럼즈펠트 국방장관을 경질한 데서 나타난다. 콘돌리자 라이스 국무장관을 비롯해서 이미 적잖은 사람들이 이라크전쟁을 "미국의 실패"로 자인하고 있다.12)

따라서 걸프전쟁의 대명사인 이라크전쟁에서 미국이 거둔 승리를 아무도 "승리"라고 말하지 않는다. 이라크의 '독재자' 후세인을 권좌에서 몰아낸 것 외에 미국이 거둔 것이라곤 눈에 띄지 않는다. 물론 이라크의 유전지대를 장악한 것은 미국 나름의 수확이겠으나 그렇다면 이라크의 석유가 탐이 나서 침공했던 것밖에 되지 않는다. 이래저래 당초 자유와 인권의 수호 및 신장을 앞세워 전쟁의 명분을 삼았던 것과는 너무나도 거리가 멀다. 결국 누가 그런 전쟁을 일으켰는가는 분노가 미 국민들 속에서 터져 나왔다.

'11·7중간선거'는 미국의 그런 '일국주의'에 수정을 가하도록 명령했다. 조지 부시 대통령이 이끄는 공화당정권은 이 선거에서 완전히 패한 것이다. 미 국민은 공화당의 대외정책을 신랄히 비판해온 민주당을 압도적으로 지지해 민주당에 승리를 안겨줬다. 민주당은 이리하여 지난 1994년 후 12년 만에 하원과 상원, 주 정부까지도 장악하게 됐다.

럼즈펠트는 세계가 다 아는 미 보수우파의 상징이자, 이라크전쟁을 처음부터 수행해온 장본인이다. 공화당의 패인은 바로 그 이라크전쟁 때문이다. 이라크전쟁이 이라크국민에게 무엇으로도 치유할 수 없는 상처를 안긴 점에서 미국은 이 전쟁을 시작하지 말았어야 했다. 이미

---

12) "도널드 럼즈펠트 전 미국 국방장관이 교체 직전 자신이 주도한 이라크 정책이 잘못됐다는 내용의 기밀 전문을 백악관에 발송했다고 뉴욕타임스가 2일 보도했다."(국민일보 2006. 12. 03 18 : 56). 콘돌리자 라이스 국무장관도 이라크에서의 '실수'를 인정하고 있다(조선일보, 2006. 12. 04 03 : 04)

미군의 사망자가 2천800명을 넘어섰다. 미 국민들은 공화당의 의회지배시대를 종식시켜 그 같은 분노를 대변했다. 이 점에서 왈러슈타인이라는 사회과학자가 미국의 '일국주의'를 경고한바 있음을 참고할 수 있다. 그는 미국의 '매파'가 주도하는 이라크전쟁이 미국을 이념적·경제적으로 쇠퇴시킬 것이라고 경고했던 것이다(왈러슈타인, 2002).

미 대외정책의 상징이던 '일국주의'도 럼즈펠트 장관의 퇴장과 함께 일정 부분 수정이 불가피하다. 이 점에서 향후 한반도문제 해결에도 긍정적으로 작용할 것 같다. 왜냐하면 '일국주의'의 병폐라 할 것은 미국으로 하여금 곧잘 역내국가, 또는 관련국가와의 관계를 생략하게 하는 것이다. 이라크전쟁에서 보았듯이 미국은 단독으로 그런 결정을 내렸고 밀어붙였다. 당연히 전쟁에 앞서 유엔의 승인을 받았어야 하나, 그 과정을 생략한 것이다. '일국주의'는 미국이 마치 전 세계를 상대로 전쟁을 해도 이길 수 있다는 그런 확신에 차있었다.13)

'11·7중간선거'는 부시 행정부로 하여금 북한에게 핵을 폐기하라고만 압박할 게 아니라 그것에 상응하는 조치까지도 취하도록 함께 주문한 것이다. 즉, '폐기'와 '보상'이 동시에 이뤄져야한다는 것이고, 이것은 바로 한국과 중국의 오랜 입장이기도 했다. 하지만 부시 행정부는 '일국주의'에 사로잡힌 탓인지, "핵을 가진 북한과는 대화가 없다."고 선을 그어, 역내 국가들의 그런 협상의지를 무색하게 만들었던 것이다. 북한은 이런 변화에 응답해야 한다.14) 북한이 진정 변하고 싶다면

---

13) 실제 미국은 막강한 국력·군사력을 지녔다. 2003년도 미 국방비는 3천800억 달러로 미국의 국내총생산(GDP)의 3.2%에 달했다. 이는 전 세계 모든 국가들의 국방비 총액인 7천500억 달러의 절반이 넘는 50.7%에 달하는 규모이다(Berkowitz, 2003, 4-8).
14) 북한이 미국의 '11·7'선거가 있기 1주일 전인 2006년 10월 31일, 6자회담복귀를 전격 선언했다. 그로부터 한 달 후인 11월 30일, 미국은 북한에게 큰 폭의 제안을 한 것으로 알려졌다. 괄목할만한 변화가 눈에 띄는 것이다. 미국과 북한의 6자회담 수석대표는 중국의 주선으로 베이징에서 11월 23일과 29일 양일간, 비밀접촉을 가졌다. 이 자리서 부시의 모종 양보안이 김정일에게 전달된 것으로 알려졌다. 나도는 얘기로는 "북한이 핵만 포기하면 미국은 한국전쟁 종전선언과 북한의 체제보장, 나

아주 큰 폭으로, 그것도 단번에 변해야 변화의 실효성이 있다. 이미 변화의 서곡은 나와 있다. 2002년 '7·1경제관리개선조치'가 그것이다. 하지만 '선군정치'에 막혀 유야무야되고 있는 실정도 없지 않다. 기왕 7·1조치로 개혁과 개방의 돛을 올렸으면 항해의 속도를 낼 필요가 있다. 북한은 곧 7·1조치로서 시작된 '개건현대화'를 좀더 규모 있게 펼쳐나가야 한다. 개성공단의 규모가 작다고 불평하기에 앞서 '개건현대화'의 규모를 늘려야할 것이다. 베트남이 1986년 '도이머이'라는 일대 쇄신정책을 앞세워 국가의 체질을 개선해오고 있음을 북한이 타산지석을 삼아야 한다.

한편 미국의 대북기류가 온통 대북압박에만 기운 것은 아니었다. 그런 '매파'가 있다면 그 반대편의 '비둘기파'도 있다. '매파'에 대해 평화옹호론이라고 불리는 '비둘기파'는 북한이 언젠가는 중국의 방식을 따르거나 리비아의 방식을 받아들일 것이라고 믿는다. 제임스 베이커 전 미국 국무장관이 그 편이다. 베이커 전 장관은 리비아의 카다피 국가원수가 어떻게 핵개발을 포기하고 국제사회로 복귀했는지를 북한이 교훈적으로 받아들여야 할 것이라고 말해, 북한의 태도변화에는 시간이 필요함을 시사했다. 특히 그는 미국이 불가피하게 북한에 무력을 사용할지라도 단독으로 그래서는 안 된다고 강조했다. 미국은 곧 한국과 중국과의 협력을 강화하고, 그런 바탕에서 유엔을 통한 대북제재조치를 끌어내야 한다는 것이다. 이것은 미국이 2003년 유엔의 결의도 묻지도 않은 채 이라크침공을 감행한 사례를 북한에는 적용하지 말라는 뜻이었다.

아가 북미관계의 정상화까지 담보할 수 있다"는 것이다. 미국은 곧 북한을 정식 국가로 인정하겠다는 것이다. 그리고 북한이 당장 필요로 하는 에너지문제를 포함한 경제지원은 6자회담과 병행한 실무회담에 풀어나갈 것이라고 한다. 그렇지만 북한은 '보상'프로그램이 보다 구체적이지 않다는 듯, 답변에 머뭇거리고 있다.(중앙일보, 2006. 12. 1).

4. 우파 '3각축'의 동요

동북아의 공동번영과 평화를 정착시키기 위해서는 역내국가 간의
화해와 협력이 긴요하다. 그러나 일부 현안이 조정되지 않아 갈등의
고리가 여전히 패어있다. 이 갈등의 중심에 일본이 있는 것은 그리 놀
라울 바가 아니다. 일본은 과거 이 지역을 지배했거나 침략한 전력이
있어 관계회복을 먼저 해야 하는 숙제를 안고 있다. 그러나 진지한 자
기성찰이 부족하다. 단적인 예가 일본 지도층의 야스쿠니신사참배15)와
'독도의 날'제정 같은 것이다. 독도는 현실적으로 한국이 영유하고 있

---

15) 야스쿠니신사참배가 처음부터 문제됐던 것은 아니다. 1869년, 메이지 일왕의 지시로
메이지유신 당시 희생된 사람들의 넋을 기리기 위해 도쿄 한복판에 '혼령을 부르는
곳'이란 뜻의 쇼콘사(招魂社)를 건립했다. 1897년, 이를 '나라를 편안하게 한다'는
뜻의 야스쿠니(靖國) 신사로 개칭했다. 문제는 1978년 10월 17일, 2차대전 당시 일
본 총리인 도조 히데키 등 A급 전범 14명을 비밀리에 야스쿠니신사에 합사시키면서
다. 1985년 8월15일, 나카소네 야스히로 총리는 야스쿠니신사를 공식 참배해 한국과
중국 등으로부터 많은 반발을 샀다. 이때 일본은 A급 전범을 분사한다고 했으나 지
금껏 실행에 옮기지 않고 있다. 나카소네 총리는 1986년, 신사참배중단을 선언해,
더 이상 이웃나라의 비위를 건드리지 않았다. 이후 야스쿠니문제는 그런대로 잠잠했
다. 그러나 고이즈미 준이치로 총리 등장을 계기로 야스쿠니문제는 다시 수면 위로
떠올랐고, 그의 임기 내내 한·일, 중·일 간의 최대 외교현안이 되었다. 고이즈미는
신사참배를 미리 작정했었다. 즉, 총리 지명을 받기 전의 자민당 총재 선거에서 그
는 "종전일(8·15) 야스쿠니신사참배'를 공약으로 내세웠던 것이다. 그리하여 2001년
8월 13일, 총리 취임 후 야스쿠니신사를 참배했다. 한국과 중국은 한·일 정상회담과
중·일 정상회담을 각각 보류시켜 불편한 심기를 달랬다. 2006년 4월15일, 차기 총
리 후보 1순위에 오른 아베 신조 관방장관은 총리 취임 전에 야스쿠니신사를 참배
하는 편법을 썼다. 그로서는 현직 총리의 신사 참배를 극력 반대하는 주변국들의 반
응을 최대한 배려한 셈이다. 2006년 8월15일, 고이즈미는 퇴임 직전, 보란 듯이 신
사참배를 강행했다. 일본 현직 총리가 8월 15일 야스쿠니에 참배한 것은 1985년 나
카소네 총리 이후 21년만의 일로 당연히 세계적인 관심을 모았다. 야스쿠니신사참배
가 일본의 신군국주의 부활 의혹과 연계되는 것은 전범을 그곳에 합사시켜 총리 등
의 정치지도자가 과거 군국주의를 추모하기 때문이다. 특히 고이즈미처럼 야스쿠니
신사에 태평양전쟁을 일으킨 일급 전범자의 위패가 있든 말든, 조상을 섬기는 자손
에게 무슨 죄가 있냐는 배짱참배는 지탄의 대상이다.

다. 그럼에도 불구하고 공공연히 도발을 일삼는 것이다. 이 바람에 신 군국주의의 부활이라고 평가를 듣는다.

일본은 곧 북한의 핵무장에 빗대, 일본도 재무장해야 한다는 논리를 펴고 있다. 그러나 인류의 역사를 볼 때, 군국주의는 언제나 그 나라 의 국력팽창과 관련이 있었다. 두 차례나 세계대전을 일으킨 독일이 그랬고, 만주사변, 중일전쟁, 태평양전쟁을 차례로 일으킨 일본 역시 그러했다. 이들 군국주의의 공통점은 역시 국력이었다. 현재 일본의 국력은 경제력과 군사력에서 미국에 다음간다. 이런 점으로 미뤄 일본 은 북한의 핵무장이 없더라도 군국주의화 할 가능성이 높은 것이다.

한국은 우선 독도에 대한 실질적 점유를 널리 알렸다. 민간인의 독 도관광허용이 그것이다. 2005년 3월 19일, 경찰청장과 문화재청장은 정부를 대표하여 처음 독도를 방문했다. 경찰청장은 독도 경비대 격려 를 위해서고, 문화재청장은 독도의 생태환경조사를 위해서다. 이 방문 단에는 독도가 경상북도에 속한 관계로 경북도지사, 경북 출신 국회의 원들도 참여했다. 또한 민간단체 회원들도 관광에 동참했다. 이날 방 문은 일본의 시마네현이 소위 '다케시마의 날'을 제정하고 본격 영유 권을 주장한 데 대한 대응이었다.

그런데 과거사 문제가 언제나 한일 간의 외교현안으로 불거졌던 것 은 아니다.16) 외교란 결국 상대가 있기 마련이고, 따라서 껄끄러운 상

---

16) 일본 정치지도자가 어떤 식견을 갖느냐가 중요하다. 일례로 나카소네 야스히로 총리 는 1984년 9월, 당시 전두환 대통령과의 방일오찬회동에서 "일본이 한국에 힘입은 바 많았다"면서 "유감스럽게도 금세기의 한 시기에 일본이 한국과 한국 국민에게 다대한 고난을 끼쳤다는 사실을 부정할 수 없다"고 사과했다. 노태우정부 때도 한국 인을 자극하는 일본의 정치지도자는 드물었다. 가이후 도시키 총리는 "이웃나라들에 게 고통을 안겨준 사실을 깊이 자각, 그와 같은 일을 되풀이하지 않기 위해 전후 줄 곧 평화국가의 길을 걸어왔다"고 '반성'했던 것이다. 그러나 김영삼정부 때부터 나 빠지기 시작했다. 호소카와 모리히로 총리와 무라야마 도미이치 총리까지는 그런대 로 과거사문제에 사죄하는 기조였지만 하시모토 류타로 총리가 집권하면서 종전의 입장이 퇴조했던 것이다. 이때 나온 것이 그 유명한 김영삼 대통령의 "일본의 버르

대를 만나게 되면 국가관계 또한 껄끄러워짐을 면치 못한다. 노무현정부 들어 한·미 관계와 한·일 관계가 매끄럽지 못한 데에는 바로 이 같은 문제가 있었다. 노무현이 맞닥뜨린 부시와 고이즈미는 서로 맞지 않았다. 성장환경이나 정치지향성이 달랐다. 그러나 원칙을 강하게 내세우는 개성은 서로 닮아 결국 마찰음을 내기에 이르렀다. 부시가 세계 여론을 무시하고 이라크에 침공을 강행한 것이라든지, 고이즈미가 이웃나라의 열화 같은 반발에도 아랑곳하지 않고 야스쿠니신사에 참배를 강행한 것이라든지, 모두 세계사에 남을 독단이다. 게다가 두 사람은 자국의 안보를 제일로 치는 세계 '신보수주의'의 수장이기도 했다.

사실, 부시는 고이즈미가 있었기에 그를 파트너로 삼아 태평양의 지역안보를 공고히 할 수 있었다. 본래 이 지역의 안보는 한·미·일 중심의 삼각편대 모양을 했었다. 한국과 일본은 서로 동맹이 아니지만 각각 미국과 동맹관계를 이루므로 한·일 양국 역시 간접적 동맹관계에 드는 것이다. 이 우파적 3각축은 전통적으로 동북아 해양세력권을 이뤄왔고, 이에 반해 북한과 중국, 러시아는 대륙세력권을 형성해왔었다. 부시는 이제 고이즈미의 퇴임으로 남은 2년간의 세계전략수행이 어려운 지경에 놓여 있다. 이는 곧 우파 '3각축'의 동요를 의미한다. 고이즈미를 뒤이은 아베 신조는 전임에 비해 파워가 뒤떨어진다는 것이 대체적인 분석이다.

장머리를 고쳐놓겠다."는 발언이었다. 이로 해서 당시 한일 간에는 한때 긴장감이 돌기도 했다. 1997년 말 IMF사태의 위기 속에 출범한 김대중정부는 경제회복과 남북화해를 국정운영의 두 축으로 삼았다. 경제회복의 필요성 때문인지 김대중정부는 일본과의 과거사문제로 각을 세우기보다는 미래지향적인 관계수립을 지향했었다.

5. '한류'

한국이 '동북아균형자'로서의 역할을 다해나가 꽃을 피우는 문화가 있다면, 그것을 미리 보여줄 수 없을까. '한류'에서 그 답을 찾게 된다. 한국의 통일문화가 단군사상의 '홍익인간'에서 보듯 배타적·침략적이 아니라, 이웃을 이치로써 교화하고, 함께하는 선린의 의지가 매우 강한 것이다. 이렇게 볼 때 흔히 '한류'에 대해 대중문화 위주로만 생각해왔던 인식을 크게 바꿀 필요가 있다. 이 말에는 '한류'가 한국만의 독특한 문화풍이 아니라는 뜻이 들어있다. 다시 말해 '한류'가 본래 한국적 특성에다 현대의 보편적 역동성을 구가한 것처럼 아시아 각국도 그렇게 하면 되는 것이다. 문화야말로 고유성·정체성이 있어야지 타문화에 휩쓸려서는 안 되는 것이다.

문제는 자국의 문화를 현대화하는데 필요한 인적자원이 뒷받침돼야 한다. 새로운 기법을 가진 문화예술인이 무수히 나와 백가쟁명식의 꽃을 피워야하는 것이다. 가령, 한국영화는 이미 수년 전에 1천만 명 관객동원시대를 열었고, 매년 그 기록을 갱신하고 있다. 관객이 1천만 명이라면 국민 4명 중 1명은 영화를 봤다는 얘기고, 4인을 1가족으로 치면 한국의 모든 가족이 영화를 본 셈이다. 영화 '괴물'의 경우, 불과 25일 만에 관객 1천만 명을 동원했다.[17] 어느 나라에 이 같은 광풍이

---

17) 전국 영화관객 1천만 명 시대를 처음 연 것은 '실미도'였다. 이후 '태극기 휘날리며', '왕의 남자', '괴물'이 차례로 1천만 명 기록을 갱신해왔다. 놀라운 사실은 영화가 개봉된 지 수십일 만에 1천만 명을 쉽게 돌파했다는 점이다. 그 중 최단기록은 2006년에 상영된 '괴물'이 불과 25일 만에 관객 1천만 명을 동원한 것이다. 다음으로 '왕의 남자'가 54일 만에, '태극기 휘날리며'가 57일 만에, 그리고 '실미도'가 61일 만에 전국 관객 1천만 명 이상을 동원했다(연합뉴스, 2006. 8. 22). 무엇보다도 이 네 편 영화의 공통점은 한국의 역사문화, 사회경제를 배경으로 한 것이다. 따라서 '한류'란 가장 한국적이면서 세계적이라는 뜻이 된다.

있을까. 이것은 분명 열풍만으로 설명이 되지 않기 때문이다. '한류'는 곧 세계인이 경탄하기에 앞서 한국인이 먼저 열광함으로써 생겨난 것이다.

그것은 영화만이 아니다. 어떤 장르를 불문하고 '한류'를 만들어내는 한국인의 창의성에 세계는 놀라워한다. '난타'가 그 일례이다. '난타'는 2006년 8월 현재, 100만 명이 넘는 외국인이 '난타'를 보고자 입국했다. '난타'에 쓰이는 '악기'란 고작 우그러지고 깨진 놋쇠나 양푼, 숟가락 등이다. 세계 어디서나 볼 수 있는 단순한 도구로, 결코 화음을 내는 악기가 아니다. 그런데도 신명나게 처대는 소리에는 묘한 화음이 없지도 않다. 그것이 뭔가 하는 것은 그저 경이로울 뿐으로 설명이 잘 되지 않는다. 아마도 그 예술성의 비밀은 한국인의 과거 가난을 알지 않고서는 풀리지 않을 것 같다. '난타'는 바로 가난에 찌든 좌절과 한숨을 신들린 몸짓과 괴성으로 다 날려버리려 한다. 한국인은 곧 주눅이 든 삶도 신명난 춤으로 바꿔내는 것이다.

그 신명남이란 한국인에게 춤과 음악 등이 악기로써 흥을 돋우는 데 있지 않고 신만 나면 된다는 것을 일깨워줬다. 바꿔 말해 신만 나면 한국인은 뭐든지 춤과 음악을 만들어낼 수 있는 것이다. 과연 그랬다. 2002년 서울월드컵 축구 때 세계를 놀라게 한 '붉은 악마'의 물결은 2006년에는 독일로 가 '거리응원'의 진수를 보였다. 응원가가 경기장에서만 있어온 통념을 깨뜨린 것이다. 또한 브레이크댄스를 추는 비보이, 비걸 등의 현란한 춤동작은 보는 이의 시선을 사로잡기에 충분했다. 처음 흑인들이 시작했다는 춤을 한국인이 더 잘 추는 것이다. 이리하여 '거리응원'은 또 하나의 '한류'로 추가돼 서울로부터 뮌헨까지 건너갔던 것이다.

일부 비평가들은 한국의 거리응원과 한국에서 상영되는 영화에 관객이 1천만 명이 넘게 몰리는 사실을 두고 '광기'라며, 전율마저 느낀다고 한다. 물론 광기일 수 있다. 그러나 무엇이 그런 광기를 불러내느냐에 대해서도 유의할 대목이다. 사실, 축구가 '4강'에 이어 또 다시 본선 진출을 했으면 잘하지 않는가. 영화도 시종일관 손에 땀을 쥐게 하지 않던가. '난타'처럼 별거도 아닌 것을 가지고 그렇듯 신들린 듯 놀지 않던가. 사극 또한 '한류'이다. 이미 tv연속극 '동의보감', '대장금' 등이 '한류'를 타고 여러 나라에 전해졌다. 특히 2006년의 tv대하사극은 또 다른 충격을 주고 있다. 한국의 대표적인 공중파 3사가, 그것도 같은 시기, 일제히 한국고대사의 영웅얘기를 그려내고 있는 것이다.

즉, MBC가 고구려를 건국한 '주몽'얘기를, SBS가 수·당 제국의 침입을 격퇴시킨 고구려와 '연개소문'얘기를, 그리고 KBS가 발해를 건국한 '대조영'얘기를 각각 다루는 것이다. 3사의 편성기획은 최근 중국이 소위 '동북공정'을 내세워 한국의 고대사를 자국의 고대사로 편입시키려는데 맞선 것이다. 이 중 인기가 가장 높은 것은 방영시간이 주 2회, 매회 70분인 '주몽'이다. 시청률이 40%를 웃돈다. 아마도 70분 내내 한 줄의 광고 없이 드라마만 내보내는 나라는 한국이 거의 유일할 것도 같다. '한류'가 가능한, 한 요인일 것이다.

'한류'에 깃든 사회경제적 배경이야말로 강한 흡수력을 지녔다. 춤추는 가수, 날씬하고도 육감적인 배우·탤런트, 농익은 자본주의에 뻔득이는 자유분방함은 중국, 베트남, 인도네시아 등의 중산층을 끌어들이기에 알맞다. 미국 문화를 선망하기에는 너무 멀고, 일본 문화를 받아들이기에는 과거의 앙금이 개운치 않다. 한국 문화는 그런 거부감이 없다. 사회역사 전체가 한편의 영화처럼 와 닿는 것이다. 즉, 한국의 산업화와 민주화를 모두 닮고 싶고, '한류'같이 그들 또한 자국의 문화를 가꿔내고 싶은 것이다.

'한류'란 한국의 대중문화만이 아니라 한국의 정치와 사회 등 모든 부문을 결집한 것이다. 동북아로 좁혀 말하면 북한과 중국은 한국에 비해 가지지 못한 게 너무 많은 것이다. 결국 '한류'의 역동성은 민족의 에너지로 분출되고 또 그래야 한다. 그리하여 한바탕 통일의 굿판, 노래판, 춤판이 크게 어우러져야할 것이다. 한국이 그렇게 통일의 꿈을 키워갈 때 그 반대편의 북한은 당장의 '남조선 드림'에 축복을 받고 싶어 한다.

6. '남조선 드림'

남한은 북한에게 꿈의 땅이다. '이밥에 기와집'으로 인식되었다. 1990년대 중반 '식량난'에 허덕이던 북한 인민은 먹을 것을 찾아 정처없이 집을 나섰다. 그래도 방향이 있었으니, 되도록이면 말이 통하고 피가 같은 남한으로 가고자 했다. 탈북은 곧 '한류'를 찾아 나선 죽음과도 같은 행렬이다. 그런 탈북이 최고 절정에 달했던 때가 2004년이다. 이 해, 7월 27일과 28일은 베트남에서 무려 460여명이 한꺼번에 자유 대한의 품에 안겼다. 이들이 남한에 올 때까지 겪어야했던 고통은 짐작이 가고도 남음이 있다. 북한은 베트남이 그런 경유지가 되었다는 데 불만을 품고, 베트남에 주재하는 북한 대사를 소환하는 등, 한때 양국관계가 소원해졌었다.

하지만 북한은 베트남으로부터 배워야 할 게 많다. 베트남은 1986년 '도이머이'를 앞세워 일대 개방으로 선회했었다. 2006년에는 선진국을 향한 문턱 진입이라는 세계무역기구(WTO)에 가입할 정도로 개혁·개방의 속도가 빠르다. 여기에는 미국의 적극적인 후원도 들어 있다. 일례로 베트남은 2006년에 이르는 4년간, 7% 이상의 고도성장을 기록한 것이다. 외국인 투자자들에게 '베트남 펀드'가 인기를 끄는 것도 그 때문이다. 국제통화기금(IMF)은 베트남이 '제2의 중국'이 된다고 한다.

베트남은 장기간 프랑스의 지배 하에 있었고, 1954년 '제네바협정'에 의해 남과 북으로 분할됐다. 마르크스·레닌주의를 채택한 북베트남과 미국의 지원을 받는 남베트남이 그렇게 생겨났다. 그러나 1960년 '베트콩'으로 불리는 혁명세력이 북의 지원을 받아 남베트남에 기지를 틀고 통일전쟁을 벌리면서 베트남은 깊은 내전의 수렁지대로 변했다. 남베트남으로부터 참전지원을 요청받은 한국은 1965년 전투부대를 파병, 미국 편에 서서 적극 남베트남을 도왔다.

그러나 인민의 지지는 북베트남에 쏠렸고, 내전의 승리는 북베트남으로 돌아갔다. 1972년 한국군은 철수했고, 미국과 북베트남은 1973년 파리조약을 체결했다. 이 조약에 따라 미군도 철수했으나 이후 크고 작은 전투 행위가 계속되었다. 1974년 북베트남이 전면전을 재개했고, 이듬해인 1975년, 베트남은 마침내 하나로 통일됐다(통일교육원, 1999). 그러나 통일과정에서 수많은 인명희생과 막대한 재산손실이 발생했다. 남·북한은 그런 전철을 밟아서는 안 된다.

또 예멘처럼 성급히 통일을 한 바람에 다시 분열되어 내전을 치른 뒤에 재통일하는 것도 바람직하지 않다. 예멘은 1990년 분단 상태에서 평화적으로 통일했으나 1994년 내전이 일어나 1999년 재통일했다. 이 때의 대통령이 1990년 예멘공화국 수립 당시 초대 대통령이던 살레 대통령이다. 그는 내전을 승리로 이끌어 재집권에 성공했던 것이다. 2005년 그는 한국을 방문했는데 이는 1985년 양국의 국교 수교 이래 처음이다(연합뉴스, 2005. 4. 26 18:31).

그러나 베트남을 경유한 탈북자대량입국 이후 중국은 탈북자 색출에 나서 이들을 북한에 강제로 송환했고, 이 바람에 탈북자의 남한 입국의 어려움은 물론, 중국에 은신하는 것부터가 힘들어졌다. 이런 가운데 2004년 10월 25일, 베이징 소재 한국 총영사관에는 탈북자 18명이 집단 진입을 시도하다가 이 중 겨우 3명만 진입에 성공했고, 나머지는 모두 도망치거나 붙잡혀야 했다. 특이한 것은 이들이 이미 총영사관의 담을 넘어 건물 안으로 진입했음에도 불구하고, 중국공안이 마당까지 뒤쫓아 와 잡아간 것이다. 이전 같으면 담을 넘었으면 그만이지 그렇게까지 쫓아와서 붙들어가지는 않았다.

탈북자는 '새터민'으로도 불린다. 정부는 이들에게는 정착지원금으로 1인 가구 3천500만 원, 2인 가구 4천500만 원, 3인 가구 5천500만 원, 4인 가구 6천500만 원씩을 지급한다. 그런데 이 정착금이 정착하는데 쓰이기보다는 탈북 알선책에 대한 브로커비용으로 지불되든가, 또는 정착한 뒤 북에 두고 온 가족, 친지를 데려오기 위한 탈북비용으로 다시 지불되든가 하는 문제가 있었다. 뉴욕 타임스에 의하면 탈북 브로커에게 지급되는 액수는 통상 3천 달러 정도라고 한다(연합뉴스, 2006. 10. 19 18 : 15).

탈북자들에 의하면 북한 주민의 김일성·김정일에 대한 평가는 이전 같지 않다.[18] '11년제 무상교육'도 교육의 방법이나 성취도 면에서 부정적이다. 학생들이 선호하는 직업은 군인이라고 한다. '선군정치'시대 군인은 권력의 떠받드는 버팀목이므로 의식주의 해결이 무난하기 때문일 것이다. 그러나 의사나 교원, 기술자는 상대적으로 대우가 박하

---

18) 2002년 '7·1조치'후 사설시장인 장마당이 북한 주민 식량의 60%, 생필품의 70%를 조달하면서 국영상업망을 대체하고 있다. '고난의 행군'이후 식량난과 에너지난 등, 극심한 물자부족으로 계획경제는 사실상 붕괴했다. 경제파탄의 장기화는 당국의 통제력 상실을 가져왔고, 이에 따라 사회질서는 급격히 이완되고 주민의식에도 변화가 나타났다. 식량을 구하기 위한 주민이동의 증가는 통행증제도를 무력화시켰다. 이런 사회변화는 결국 김일성 부자에 대한 숭배열을 흔드는 것이다. 그러나 정권에 대한 불만이 체계적이지는 않고, 탈북 등의 외부로의 탈출로써 불만을 표출하는 것이다 (동아일보, 2006. 11. 22. 2 : 56).

다. 이것은 북한이 아직 전문가를 우대할 만큼 본격적인 시장경제시대를 구가하지 못하다는 증좌이다. 교원의 인기가 떨어지는 것은 배급경제가 흔들리는 데다, 봉급만으로는 치솟는 물가를 못 쫓아가기 때문이다. 말하자면 오직 먹고 사는 데만 관심이 있을 뿐이다.

탈북자가 전하는 소식은 북한사회에 변화를 예고하고 있다. "현재 1만 명가량[19])에 이르는 탈북 망명자들 때문에 북한 내부에 큰 변화가 일어나고 있다"며 "한국이나 미국 망명에 성공하는 탈북자가 30만 명으로 늘어난다면 북한 김정일 체제는 저절로 무너져 6자회담 없이도 북핵문제가 해결될 것"이라고 말하는 탈북문제전문가도 있다(연합뉴스, 2006. 10. 21 04 : 43).

체제붕괴까지 갈지는 속단키 어렵지만 주민 통제력은 확실히 이전만 같지 않다. 탈북자가 전하는 바깥소식에다 2002년 '7·1조치'로 인해 소규모 상거래가 허용되면서 일어나는 변화이다. 돈만 있으면 탈북도 어렵지 않다는 인식이 급격히 퍼지는 것도 그 때문이다. 이에 따라 철통같은 이데올로기도 틈새를 보이고 있다고 미국의 뉴욕타임스는 보도하고 있다(연합뉴스, 2006. 10. 19 18 : 15).

2004년 10월 19일, 부시 대통령은 북한의 인권과 자유의 신장을 돕는다는 취지로 '2004 북한인권법'에 서명했다. 이에 따라 미국은 북한의 인권개선 촉구와 그 지원을 위해 막대한 예산을 투입할 수 있는 근거를 마련했다. 세계의 이목을 끌던 북한인권법안은 마침내 효력을 발휘하게 된 것이다. 이 법안은 북한 주민의 인권신장, 궁핍한 북한 주민 지원, 그리고 탈북자 지원 등, 크게 셋으로 구성되었다.

특히 북한을 이탈하는 주민에 대해 미국이 '난민' 지위를 인정, 미국으로 망명을 허용한다는 것이다. 중국이 탈북자에 대해 경제난 등의

---

19) 6·25 전쟁 후 탈북 해 남한에 정착한 사람이 8천740명이며 이 가운데 7천명이 최근 4년 동안에 남한에 왔다고 한다(연합뉴스, 2006. 10. 19 18 : 15).

'불법 이민자'로 낙인을 찍어 '난민'인정을 거부하고 북한으로 되돌려 보내는 것과는 극히 대조적이다. 실은 인권문제가 중국에게도 부담이다. 소수민족문제를 비롯하여 종교·출판·언론·결사 등의 자유가 중국에는 미흡한 것이다. 그러나 탈북자의 미국망명은 북한인권법이 통과된 지 2년 뒤에야 첫 결실을 맺었다. 미극은 2006년 5월 동남아에 머물던 탈북자 6명을 미국에 첫 입국시킨 것이다(연합뉴스, 2006. 5. 09 08 : 50).

'북한인권법'은 또 민간 비영리 단체가 북한의 인권·민주주의·법치·시장경제 등의 발전 프로그램을 추진할 때, 최대 2천만 달러까지 지원할 수 있도록 했다. 소위 '기획탈북'에 대한 인센티브였다. 원래 '기획탈북'이란 북한 이외에 살고 있는 사람이 북한의 누구를 데려다달라며 탈북을 전문적으로 하는 사람에게 부탁하는 것이다. 이 과정에서 브로커가 개입하고 금품이 오가는 등 잡음이 끊이지 않았다. 미국은 이를 인권보호차원에서 탈북자의 지원단체를 지원하겠다는 것이다. 또 미국은 북한인권담당특사도 임명해 운영하고 있다. 이것은 북한에게 '북핵'과 '인권'의 2중 압박을 가하겠다는 조치이다.

'남조선 드림'이 '아메리카 드림'으로 변하지 않을까 하지만 미국망명자의 수는 아직은 극소수여서, 그 같은 전망이 하기 어려운 단계다. 무엇보다도 북한이 국경수비를 강화해 탈북자를 원천 차단하는 데다, 중국의 협조가 오히려 역행하는 것이다. 중국은 북한과 맺은 송환협정에 따라 탈북자를 대거 색출, 검거, 송환하는 것이다. 중국은 베트남에서 서울로 탈북자가 대량 입국한 후, 더 이상 중국이 탈북자의 온상지, 경유지가 될 수 없다며 종전의 묵인 입장에서 크게 선회한 것이다. 2005년과 2006년, 탈북자의 남한행이 푹 준 것은 이 같은 사정 때문이다.

북한인권문제는 2005년부터 미국의 손을 넘어 유엔의 손에 넘어갔다.

2006년 11월 18일, 유엔총회는 북한인권결의안을 통과시켰고, 이때는 한국대표도 찬성표를 던졌다. 유엔이 북한인권에 대해 처음 결의안을 채택한 것은 2003년 4월로 당시는 총회가 아닌 인권위원회였다. 인권위는 2004년 4월, 2005년 4월 등, 모두 3차례에 걸쳐 대북결의안을 채택했지만 한국은 불참, 또는 기권의 방법으로 북한당국을 자극하지 않으려 했다. 그러나 유엔 인권위의 거듭된 시정권고에도 불구하고 북한의 인권사정은 나아지지 않았다. 2005년 11월 유엔총회가 직접 이 문제를 거론, 인권결의안을 채택했다. 한국은 이때에도 기권했으나 2006년 11월 유엔총회가 다시 거론하자 찬성한 것이다.

유엔의 북한인권특별보고관이 총회에 보고한 내용에 따르면 북한은 매우 광범위하고도 체계적인 인권침해가 자행되고 있었다. "고문과 여타의 잔인하고 비인간적, 혹은 굴욕적인 대우 또는 처벌, 공개 처형, 불법·자의적 구금"등이며, 특히 "정치적인 이유로 인한 사형 집행, 다수의 범죄인 수용소 및 광범위한 강제 노역이 존재"하는 외, "북한으로 송환되는 탈북자에게는 반역행위로 간주해 구금, 고문, 비인간적·굴욕적 대우, 사형" 등을 가한다는 것이다.

북한이 이데올로기로 경직되고, 외부에 대해선 철저히 비밀에 싸인 사회라는 것이 어제오늘의 얘기가 아니지만 막상 그렇게 유엔총회에 보고되고, 여기에 남한이 찬성표로 가세해 인정한 것은 북한의 인권상황에 일대 경각심을 울린 것이다. 북한은 정말 인권문제를 개선해야 한다. 미국은 장차 북핵문제보다는 인권문제를 중점 거론할 가능성이 매우 높다. 인권은 세계인이 공유하는 보편적 가치인 것이다. 남북 간의 이산가족문제가 제대로 풀리지 않는 것도 북한의 인권상황이 열악한데 그 근인이 있다. 북한에 어떤 사회적 특수성으로 해서 그 같은 인권문제가 속출하는지에 대한 사회문화적 배경을 살펴볼 때다.

다만, 그에 앞서서 북한이 유엔회원국의 일원으로서 동북아 평화변

영에 참가할 권리와 의무가 있음을 강즈해둔다. 북한은 무엇보다도 '11·7중간선거'이후 감지되고 있는 미국의 대북정책변화를 슬기롭게 받아들여야 한다. 미국으로부터 체제를 인정받고자 한, 북한의 오랜 여망이 결실단계에 와있는 것이다. 북한의 통 큰 변화가 어느 때보다도 절실하다. 일례를 들자면, 개성공단사업이 남북경협만으로는 한계가 있다. 보다 큰 규모로 발전하기 위해서는 미국의 협조가 있어야 한다. 특히 미국은 한반도에 대해 영토적 야심이 없다는 것이 대체적인 분석이다. 고로 북한이 중국과는 겪어야 할 영토분쟁, 역사논쟁 같은 것을 미국과는 치르지 않아도 될 형편이다. 북한은 미국이 관계를 개선하자며 내민 손을 뿌리쳐서는 안 된다.

Ⅳ. 사회문화교육론

북한은 모든 삶이 통제되는 사회주의체제에 살고 있다. 마르크스·레닌주의의 이름 하에 모든 힘은 국가에게 귀속된다. 마르크스·레닌주의가 헌법에서는 사라졌어도 김일성을 이은 김정일의 유일지배사상에 여전히 근거가 된다. 체제의 권위를 그 같은 보편적 사회주의로부터 얻고자 하는 것이다.

북한은 이런 체제의 존속을 위해 '사회주의 인간형'을 필요로 하고, 이를 교육을 통해 확대재생산한다. 이렇게 해서 구축되는 사회문화를 물론, 당이 지배한다. 북한이 어떤 교육과정으로 해서 그 같은 사회문화를 양성하는지에 대해, 교육사회학적 접근이 필요하다. 아울러 남한의 사회문화에 대해 교육은 어떤 작용과 의의를 낳고 있는지도 성찰의 대상이다.

1. 북한의 당성사회

1) 당 사회론

북한의 사회는 시장의 손에 맡겨져 있지 않다. 이데올로기에 장악돼 있고, 따라서 그 사회문화의 특징도 다분히 정치적이고 교육적이다. 남한의 사회문화가 자본이라는 '보이지 않는 손'에 의해 움직여진다면, 북한의 그것은 교육이라는 '보이지 않는 손'에 의해 움직여지는 경우가 많다. 거의 매일, 일상처럼 반복되는 학습, 즉 사상교육이 바로 그것이고, 당이 이를 주관하는 점에서 북한 사회는 당 성향의, 당성사회라 할 수 있다. 당성사회인 까닭에 정치와 교육이 분리되지 않으며, 학교와 사회 또한 그 경계가 없다. 북한이 자기사회를 인민중심의 인민사회라 하나, 그것은 당성사회를 은폐하기 위한 것에 불과하다.

2006년 북한의 '신년공동사설'을 보자. 당의 역할강조는 지금을 '선군시대'라 해도 그 빛이 조금도 줄지 않는 것이다. 사실, '선군시대'의

정치권력이 총구, 즉 군부로부터 나올지나, 군과 인민에 대한 사상교
육은 여전히 당의 몫이다. 남한의 과거 군부독재시절, 그 사회문화의
속성에는 군사문화가 질펀했던 것도 사실이다. 당시가 비록 독재시절
이라 해도 엄연히 야당이 있고 언론이 있는 관계로 여당 일색의 정치
문화가 판을 칠 수는 없었다. 그 틈을 타 일부 군사문화가 득세했던
것이다. 즉, '일사불란', '용모단정'등의 사회문화가 그러했다. 그러나
북한은 옛날이나 지금이나 야당·언론같이, 정치사회적으로 제어할 수
있는 기제가 없다. 일찍부터 군에도 당 조직이 퍼져있듯, 일당사회의
출현은 그래서 용이했다. 그러므로 '선군시대'라 해서 당 문화를 보편
적으로 압도하는 군 문화의 존재란, 설정이 쉽지 않다. 즉, '사설'은

> "우리 당이 제시한 선군시대 혁명로선과 정책은 강성대국건설의 설계도이며
> 승리의 기치이다. ……사회주의원칙을 확고히 견지하는데 필승의 열쇠가 있다.
> 발전하는 현실의 요구에 맞게 모든 사업을 창조적으로, 혁신적으로 전개하면서
> 도 혁명적 원칙에서는 사소한 드팀도 없어야 한다는 것이 우리 당의 견결한 립
> 장이다. 당의 유일적령도와 국가의 통일적 지도를 보장하는 것을 비롯하여 우
> 리가 일관하게 견지하여온 혁명적 원칙들을 계속 철저히 구현해나가야 한다.
> 경제관리와 사회생활에서 나서는 모든 문제들을 철두철미 사회주의의 집단주의
> 적 성격에 맞게 풀어나가야 한다. ……조선로동당은 사회주의위업의 향도자이며
> 우리 인민의 강성대국건설투쟁은 당의 령도 밑에서만 승리적으로 전진할 수 있
> 다. ……모든 당조직들은 당중앙위원회, 당중앙군사위원회 공동구호를 일관하게
> 틀어쥐고 혁명대오를 조직사상적으로 철통같이 꾸리며 우리식 사회주의의 우월
> 성을 전면적으로 발양시키는데 당사업의 화력을 집중하여야 한다. 당조직들과
> 당일군들은 당생활조직과 지도를 혁명과업수행과 밀접히 결부하여 진행하며 항
> 일유격대식으로 들끓는 생산현장에 깊이 들어가 화선식정치사업을 진공적으로
> 벌려야 한다. 당, 행정, 기술일군의 3위 1체를 보장하며 경제지도일군들이 주견
> 과 신심을 가지고 올해 전투를 통이 크게 작전하고 패기 있게 지휘해나가도록
> 적극 밀어주어야 한다. 지식인들과의 사업에 깊은 관심을 돌려 그들이 사회주
> 의사상문화전선, 과학기술전선의 전초병으로서의 사명을 훌륭히 수행하도록 하

여야 한다. 사상혁명을 기본으로 틀어쥐고 3대혁명붉은기쟁취운동의 도수를 더욱 높여나가야 한다. 어머니당의 인민에 대한 사랑은 옳은 인민관을 지닌 일군들을 통하여 구현되게 된다. 인민들의 운명과 생활을 보살피는 헌신적인 투쟁에서 기쁨과 보람을 찾는 당일군이 인민의 참된 충복이다. ……모든 단위의 당조직들은 후방사업을 당사업의 중요한 부분으로 틀어쥐고 근로자들의 생활을 책임적으로 돌봐주어야 한다."

첫마디의 "우리 당이 제시한 선군시대 혁명로선과 정책"운운하는 데서 볼 수 있듯이, 당은 곧 북한 '강성대국건설'의 설계자이다. 또 그 몇 줄 아래 "조선로동당은 사회주의 위업의 향도자이며 우리 인민의 강성대국건설투쟁은 당의 령도 밑에서만 승리적으로 전진할 수 있다."고 한다. 즉, 당은 '사회주의의 향도'이며 '인민의 령도'이다. 당은 또 "지식인들과의 사업에 깊은 관심을 돌려 그들이 사회주의사상문화전선, 과학기술전선의 전초병으로서의 사명을 훌륭히 수행하도록"도와야 하는 것도 강조한다. 다시 말해 당은 "사상혁명을 기본으로 틀어쥐고 3대혁명붉은기쟁취운동의 도수를 더욱 높여나가야"하는 것이다.

실제 북한헌법보다도 더 상위의 개념이라는 조선노동당의 '규약'에 의하면 "당이 군부를 통제"하는 것이다(정성장, 2002). 당 중앙군사위원회와 함께 군대 내 각급 단위에도 당 조직을 두고 있다. 또 '조선인민군 당위원회'의 집행기구로서 당의 정치사업을 유일적으로 조직·지도하는 총정치국이 있으며, 대대급 이상에는 정치부가 있다. 이처럼 당은 여러 조직을 통해 군을 지도·감독함으로써 군에 대한 막강한 통제력을 행사한다. 그리고 군대 내에는 당의 지도를 받는 김일성사회주의청년동맹('사로청')이 있다. 이는 당 조직지도부에서 지도한다. 당 외곽에는 여러 단체가 있으나 실질적으로 당에 귀속되는 것도 북한 당성사회의 의미를 돋워준다.

또 앞의 인용문의 끝부분에 "어머니당의 인민에 대한 사랑"과 "모든 단위의 당조직들은 후방사업을 당사업의 중요한 부분으로 틀어쥐고 근로자들의 생활을 책임적으로 돌봐주어야 한다."는 데서 볼 수 있듯, 당은 인민의 생활 곳곳에 깊숙이 개입한다. 그래서 체제에 대한 하등의 불만이 없도록 '후방사업'을 잘 진전시켜야할 의무가 있다.

마치 가정을 예로 들 때, 당은 '어머니당'으로서 '아버지수령'을 보좌하여 가족 구성원을 일일이 챙기는 것과 같다. 당의 '후방사업'은 그 몇 줄 앞에 나오는 '사회주의사상문화전선'의 또 다른 이름이라 보아 무방할 것이다. 북한은 바로 당이 그렇게 해서 키워낸 기득권층이 제법 두텁다는 것이고, 동시에 이 기득권층이야말로 김정일체제를 떠받드는 버팀목의 역할을 한다는 사실은 주목할 대상이다.

여기서 북한체제가 쉽사리 무너지지 않는, 그 나름의 메커니즘이 있다는 것을 들기로 한다. 즉, 북한사회의 기득권층은 김정일과 '운명의 한 배'를 탔다는 인식을 공유한다. 김정일체제가 붕괴하면 자신들 또한 그렇게 된다고 믿는 것이다. 이들은 곧 동유럽 국가가 붕괴할 때, 무너진 것은 사회주의체제만이 아니라 기득권층의 생활터전도 함께 몰락했다는 사실을 놓치지 않는다. 기득권층이 그렇다면 남은 것은 일반인민인데, 이 민초야말로 당장 먹고살기에 바빠, 체제니 뭐니 하는 데 돌아볼 엄두조차 나지 않는 것이다(연합뉴스, 2006. 9. 21 15 : 39).

더욱이 북한인민들은 남한과 달리 애당초 자유민주주의의 세례를 경험하지 못했다. 왕조시대의 봉건적 역사기를 거쳐 일제 식민통치시기를 겪은 뒤 곧바로 사회주의 체제로 들어온 것이다. 자유민주주의를 알아야만 그것을 갈망할 텐데 모르니, 그저 갈망이란 '이밥에 기와집'이 고작인 것이다. 미래지향적 갈망이 아니라 과거지향적임을 알 수 있다. 즉, 왕조시대나 지금이나 북한인민은 못 먹어서 한이 되었다.

10여 년 전, 동구사회주의국가에서 민중봉기가 가능했던 것은 민주주의를 경험했기 때문이다. 그런 경험이 없다면, 중국이나 베트남처럼 지도부가 위로부터서 개혁마인드를 강력히 걸어야한다. 그러나 북한은 권력세습으로 그 같은 시도가 원천적으로 막혀있다. 무엇보다도 수십년에 걸쳐 진행된 북한당국의 세뇌교육은 일반인민으로 하여금 미몽 속에 빠뜨렸다. 수백만 명이 굶어죽으면서도 폭동을 일으키지 않는 이유다. 탈북자의 증언에 의하면 탈북한 후에야 북한체제의 문제를 알게 됐다고 하는데 조금도 이상하지 않다.

김정일정권의 인민에 대한 감시와 처벌체제는 세계 어느 독재정권보다도 철저하다. 2중, 3중으로 설치된 통제시스템은 주민을 그대로 압도한다. 정권 수립한 이래 한번도 조직적인 반체제활동이 성공한 예가 없음을 이를 말해준다. 게다가 국경 너머 또 하나의 외벽이 있다. 중국이 한반도의 급작스런 변화를 원치 않아 북한체제의 존속을 인정하는 것이다(연합뉴스, 2006. 9. 21 15 : 39).

북한의 권력구조는 중앙집권제를 취하고 있다. 하급 당원과 기간은 각각 상급 당원과 기간에 복종해야 하는 등 중앙지배의 논리가 정당시된다. 따라서 소위 '민주주의 중앙집중제'란 당의 지도기관이 선거형식을 빌려 구성될 뿐인 점에서 '민주주의'이지, 최종의 권력중심의 향방은 '중앙집권'으로 하의상달의 민주주의 원칙은 묵살되고 만다. 최고 권력자 김정일은 "당 중앙의 지시에 따라 모든 당원들이 한 사람같이 움직이는 중앙집권적인 사업체계와 질서가 될 때 사상과 령도의 유일성이 확고히 보장될 수 있다"고 강조한다(통일교육원, 1997: 45-46). 즉 조선노동당의 '민주주의 중앙집권제'는 모든 당원이 김정일의 결정을 무조건 집행해야 한다는 의무와 원칙을 강조할 뿐이다(이상우, 1997: 75-76).

5년에 한번씩 열리는 당 대회는 '당 노선과 정책 및 전략전술에 관한 기본문제를 결정'하기 위한 것이지만 실제로는 당 중앙위원회나 정치국의 결정사항을 추인해주는 명목상의 기구에 지나지 않는다. 최고

지도기관인 당 중앙위원회는 6개월에 1회 이상 전원회의를 개최하는 것으로 되어 있다. 전원회의가 열리지 않는 기간에는 당 정치국과 당 정치국 상무위원회가 당의 모든 사업을 조직·지도한다. 당 중앙위는 당 대회에서 선출된 정 위원, 후보 위원, 준 위원으로 구성되며, 정 위원은 발언권에 표결권까지를 갖는다.

당 중앙위원회 전원회의는 당 현안을 토의·결정하며, 당 총비서, 당 정치국 위원과 정치국 상무위원회 위원 및 당 중앙위원을 선거하고 당 비서국과 당 중앙군사위원회를 조직한다. 특히 당 비서국은 당의 핵심부서로 당의 정책을 결정하고 집행하는 임무까지를 띤다. 당의 지방조직은 도·시·군의 행정단위에는 물론, 규모가 제법 큰 공장과 기업소와 같은 생산단위에도 당 위원회가 설치된다. 각급 당 조직은 집행기관인 당위원회를 갖는다. 당위원회는 당의 유일사상체계 확립을 비롯하여 당의 정책 관철을 위한 기층조직의 핵심이다(이종석, 1998: 803).

당이 군부를 통제함도 물론이다(정성장, 2202: 35). 당 중앙군사위원회와 함께 각급 군 단위에도 당의 조직이 세포처럼 뻗쳐있다. '조선인민군 당위원회' 집행기구로서 당의 정치사업을 유일적으로 조직·지도하는 총정치국이 있으며, 대대급 이상에는 정치부가 있다. 이처럼 당은 여러 조직을 통해 군을 지도·감독함으로써 군에 대한 막강한 통제력을 행사하고 있다. 그러나 김정일 지도체제 출범 이후 개정헌법을 통해 국방위원회의 위상이 높아짐에 따라 기존의 당·군 관계에도 상당한 변화가 생겼다. 특히 '선군정치'의 표방으로 군부의 영향은 더욱 확대일로에 있으며 사실상 당이 군의 통제를 받는 실정이다.

북한의 헌법 제67조에는 "국가는 민주주의적 정당·사회단체의 자유로운 활동조건을 보장한다"고 돼 있으나 실제로는 모든 정치단체나 조직들이 조선노동당의 통제 하에 놓여있다. 조선사회민주·조선천도교청우당 등의 정당과 조선직업총동맹·조선농업근로자동맹·김일성

사회주의청년동맹·조선민주여성동맹 등의 근로대중 조직이 그것이다. 이들 단체들은 노동당의 규약에 따라 당의 외곽단체로서 당과 대중을 위한 연결고리 역할을 한다. 이 밖에도 조국통일민주주의전선, 조국평화통일위원회, 조선 아시아·태평양평화위원회, 재북평화통일촉진협의회 등과 같은 통일전선 단체도 있다.

북한의 노동당은 1946년 8월 북조선노동당 창립 이래 지금까지 모두 6차례 당 대회를 가졌다. 이 중 1961년의 제4차 대회와 1970년의 제5차 대회, 그리고 1980년의 제6차 대회가 그것이다. 이 6차 이후 지금까지 26년 간, 당 대회가 열리지 않고 있다. 이 때문에 4~6차 당 대회 의미는 더욱 중요해졌다.

제4차는 김일성 단일지도체계의 확립을 공식적으로 확인하는 동시에 공업화 등 북한이 사회주의 건설을 전면적으로 시행했다. 제5차 대회는 이전까지의 사회주의 건설에 자신을 얻은 나머지 북한이 사회주의의 완전승리를 고양하고, 이를 위한 사상·기술·문화의 3대 부문 혁명완수를 선언했다. 전체사회의 주체사상화를 1970년대 과제로 내걸어 김일성 유일권력의 확립을 공고화했다.

아울러 1972년 12월, 종전 '조선민주주의인민공화국헌법'을 '조선민주주의인민공화국사회주의헌법'이라고 새로 명명했다. 북한 나름의 사회주의혁명에 성공했음을 내외에 알린 것이다. 인민민주주의혁명을 한 차원 뛰어넘는 것이다. 인민민주주의혁명단계란 북한이 해방공간에서 한때 전략적 필요상 남한의 지주들까지 포용했던 것처럼 사회주의혁명단계에 비해 계급지향성이 덜하고, 따라서 민족지향성이 보다 강했다. 계급과 민족은 이념적 대립관계로 본 것이다.

1980년대 말부터 일기 시작한 동구권의 몰락으로 북한은 중요한 대외무역 파트너를 잃었다. 덩달아 경제난도 가중됐다. 세계사적인 사회주의 몰락을 지켜보면서 북한은 그 나름의 생존전략을 띄웠다. 합영·합작 회사의 출현과 경제특구지정 등이 그러했다. 이렇듯 시늉이나마 시장경제를 도입하는 듯 했다. 그러나 더욱 화급한 것은 체제안정이며, 이를 위한 내부결속이었다. 1992년 4월 헌법개정을 통해 국방위원회 위상을 격상시켰다. 국가주석의 절대적 권력이 상대적으로 위축됐다.

1994년 7월 8일, 김일성의 사망은 김정일체제의 출범을 의미한다. 동시에 경제적 위기에 극단적으로 내몰린 '고난의 행군'시기의 개막을 알린 것이다. 외교적 고립도 심화됐다. 사회적 체제도 더욱 이완됐다. 남한을 포함한 서방 관측통 사이에서는 공공연히 북한붕괴론이 나돌기 시작했다. 그러나 김정일은 안팎으로 가중된 위기를 "위대한 수령 김일성 동지는 영원히 우리와 함께 계신다."는 '유훈통치'시기로 설정, 풀어나가고자 했다.

'삼년상'이후 정식 출범한 김정일시대의 특징 중 가장 큰 변화가 1992년 헌법개정에서 예고된 국방위원회를 더욱 강화한 것이다. 1998년 헌법개정이 그것이다. 김정일이 직접 국방위원장에 취임하여 군사우선주의를 채택했다. 미국으로부터의 압박을 가장 큰 위기로 받아들여 소위 미국의 핵에 대한 '억지력'을 갖는다며 핵개발을 추구하는 동시, 이에 걸맞게 국가체제를 준전시체제화한 것이다.

1996년에는 인민군 창건일인 4월 25일과 북한이 휴전협정이 있었던 1953년의 7일 27일을 '조국해방전쟁승리기념일'로 삼는데, 이 같은 군 관련한 날을 공휴일과 함께 '국가적 명절'로 지정, 군부의 사기를 진작했다. 이 일련의 정책이 '선군정치'다. 김정일은 곧 "경제건설보다 중요한 것은 군대를 강하게 만드는 것이며 총대가 강하면 강대한 나라가 될 수 있다"는 등, 군사우선주의의 정당성을 강조한다.[20]

이 선군정치의 중요성은 세기가 바뀌는 21세기에 들어와서도 조금

---

20) 로동신문(1998.10.19)에서는 "인민군대 강화에 최대의 힘을 넣고 인민군대의 위력에 의거하여 혁명과 건설의 전반사업을 힘 있게 밀고나가는 특유의 선군정치"라고 주장한다.

도 꺾일 줄 모른다. "선군은 조선혁명의 백전백승의 기치이며, 사회주의의 미래를 대표하는 정치방식"이라는 것이다(로동신문, 2001. 12. 21). 김정일은 국방위원장, 당 총비서, 최고사령관을 겸직하고 있다. 김일성보다 더한 유일영도체계를 가동하고 있다. 그의 시대에 와서 통치수단은 더욱 철저, 가혹하다. 일례를 들면 탈북자에 대한 공개처형이다.

물론 김정일이라 해서 온통 틀어 막힌 것은 아니다. '우리식 사회주의'가 틀어 막힌 것을 뜻한다면 그 안에서 부분적이나마 개혁과 개방의 물꼬를 트는 것이다. 금강산관광사업, 개성공단사업 등과 관련된 2002년 '7·1'조치가 그러하다. 2001년 1월 1일의 당보·군보·청년보의 신년공동사설의 경우, "21세기는 거창한 전변의 세기, 창조의 세기"라며 "새 세기는 혁신적인 안목과 기발한 착상, 진취적인 사업 기풍을 요구한다."고 강조하는 것이다.[21]

하지만 '강성대국 건설'을 내세워 모든 부문, 모든 분야에서 '종자론'[22]을 관철하는 것을 당의 방침이라고 하는 데서 볼 수 있듯, 북한의 변화는 오래갈 수 없는 본래적 한계가 있다. 2002년 신년공동사설에서 '수령·사상·군대·제도'의 4대 제일주의를 제시한 것도 대내외적 정세가 전반적으로 어렵다는 인식하에 체제결속을 강조한 것이다(통일부, 2002). 또 2003년도 신년공동사설에서도 새로운 정책제시 없이 선군정치와 '강성대국 건설의 총진군'을 외쳐댄다. '7·1'등은 대내외적 정세변화를 감안한 그 나름의 생존전략이다.

이리하여 북한은 '우리식 사회주의'를 원칙으로 삼되 부분적인 개방과 변화를 시도하고는 있다. 그러나 서둘지는 않는다(김연철, 2001:

---

21) 김정일은 "오늘의 시대는 과학과 기술의 시대이며, 지난시기 성과에 만족하거나 계속 앞으로 나가지 않으면 조선이 겪고 있는 난관을 성과적으로 이겨내지 못하며 나라 경제를 발전시킬 수 없다"고 지적했다고 밝혔다(로동신문, 2001. 1. 4)
22) '종자론'은 1973년 4월 김정일이 논문 「영화예술론」을 발표하면서 제시한 이론: "작품의 핵인 종자를 바로 설정하고, 그에 기초해 소재를 잡고 주제를 설정하며 사상을 세워야 한다."는 사상중시의 논리다.

412-414). 큰 폭의 변화는 쉽지 않다는 얘기다. 군을 앞세우는 만큼 북한사회는 '당'사회라기보다는 '선군'사회라 해야 실정에 보다 가까울지 모른다. 그렇더라도 외형상 북한은 여전히 당이 지배하는 사회며, 그런 체제다. 더욱 정확하게 말하면 '당'사회도, '선군'사회도 아닌, '김정일'사회이다. 모든 결정이 그에 의해서 좌우되기 때문이다.

이 원인은 사회와 체제가 분화되지 않고 한 개인에게 집중된 탓이다. 그와 그의 추종자들로 구성된 소수집단만이 정책결정에 참여하고 모든 역할을 수행할 뿐이다. 그 개인은 바로 김정일이고, 그 권력은 '선군'으로 표현될지라도 이를 감싼 것은 '당'이다. 즉, '선군'의 외피가 '당'인 것이다. 그러면 선군이 실체이고 당은 형식이란 얘긴가. 그러나 둘 다 김정일을 실체로 하는 그 외피인 점에서 당의 중요성이 결코 군에 의해 허물어지지는 않는다. '당'은 곧 보편성을 갖기 때문이다. 고로 북한은 여전히 당 중심의 사회다. 그런 당의 체제가 어떠한가를 당 대회와 헌법개정을 통해 알아보면서 자연히 김정일을 논급하게 되었다.

2) 당 엘리트론

1998년 김정일체제 출범과 함께 개정된 헌법은 1972년 '사회주의헌법'에 설치했던 국가주석을 폐지하고, 국가주석의 권한과 임무를 내각총리와 최고인민회의 상임위원회로 다시 돌려놨다.[23] 내각의 권한이 커

---

23) 김일성 유일체제는 1972년 12월 개정된 '사희주의헌법'을 통해 제도화되었다. 즉, 1948년 헌법에서 주권의 대표기관은 최고인민회의 상임위원회라고 규정되었던데 반해, 1972년 사회주의헌법에서는 국가수반이며 국가주권을 대표하는 국가주석제를 신설함으로써 국가수반의 기능과 정치권력의 실질적인 행사를 결합시켜 김일성의 유일영도체제가 제도화된 것이다.

진다는 것은 국가엘리트가 기존의 당 엘리트에서 국가행정부문으로 그 영역이 넓어짐을 뜻한다. 엘리트가 보다 전문화되고 있음을 뜻한다.

내각은 남한의 내각과 마찬가지로 총리가 통괄한다. 내각은 총리, 부총리, 위원장, 상과 그 밖의 필요한 성원들로 구성되며 임기는 5년이다. 남한의 국회 격인 북한의 최고인민회의의 권한이 강화된다는 것은 북한이 그 나름의 삼권분립을 하고 있음을 나타낸 것이다. 물론, 남한의 사법부에 해당되는 기관으로 북한에 중앙재판소가 있고, 남한과 같은 3심제도 적용한다. 그러나 재판소와 변호사, 그리고 검찰소 등은 그 기능이 당에 의해 좌우될 뿐이다. 남한처럼 언론이 없고, 야당이 없기 때문이다.

내각이 중시된다고 하나 전문 관료가 뿌리를 내리기에는 아직 미흡하다. 당 엘리트에 의존하는 실정이 보다 강한 것이다. 더욱 정확하게는 당 엘리트에 의존하기 보다는 군부 엘리트에 의존하는 경향이 농후할 것이다. 그렇다고 해서 군부 엘리트라고 단정 짓는 것은 북한을 '유격대국가'로 규정하는 것과 같은, 북한에 대한 모독일 수 있다. 북한에서는 형식이 실질을 초월하는 경우가 많다.

그 대표적인 예가 소위 '수령결사옹위정신'이며, '고려연방제'다. '연방제'란 기실 남한의 '연합제'와 같으며, '수령결사옹위'도 실은 허울이요, 거짓 선전에 불과하다. 그러나 북한은 엄연한 국가인 이상, 김일성·김정일에 대한 모독은 가능하다해도 북한과 그 인민을 모독하는 것은 적절치 않다. 사회주의국가에서 당 엘리트가 국가권력을 지배하는 것은 보편적인 현상이다. 따라서 당 엘리트라 불러 무방하다.

북한사회 엘리트의 출발점은 당원이 되는 것이다. 본인의 출신성분이 좋아야 하지만 그가 속한 단체의 품평이 좋아야한다. 단체라면 군대를 포함해서 '김일성사회주의청년동맹'같은 단체의 추천, 즉 입당보증서를 받아야 한다(이정수, 1991: 56-59). 대개 북한의 권력엘리트는

'3합'구조라 일컬어진다. 항일빨치산세대의 노년층, 3대혁명소조 지도세대의 장년층, 3대혁명소조 참가학생세대의 청년층을 말한다. 즉, 청·장·노의 3층 구조를 의미하는 것으로 이 가운데 하나라도 속하지 않으면 권력엘리트로서의 품격이 미달하는 것이다.

'3대혁명소조'란 전술한 사상·기술·문화의 '붉은기3대혁명'과 관련된 것으로 이를 추진하기 위한 혁명지도방법이다. 6·25전쟁 후 북한은 국가재건활동을 활발히 벌였다. 공업 분야에 상당한 실적이 있었다. 그러나 당 간부들은 현대적인 교육을 받지 못해 효과적인 인민지도를 하지 못했다. 이를 극복하고 간부들의 실무수준을 높이고자 이 운동이 실시되었다. 처음 경공업분야에 시범적으로 소조원을 파견했고 점차 교육, 과학 부문으로 늘려갔다. 지금은 거의 전 영역에 걸쳐 이 운동이 전개되고 있다.

3대혁명소조의 구성은 과학자·기술자·지식층 등을 위시해서 당성이 뛰어난 당원으로 이루어진다. 정치사상적으로 당의 정책과 노선을 대중에게 관철시킬 수 있도록 대중에 대한 정치지도를 행하며, 경제적으로는 근로자들에게 현대적인 과학기술을 가르쳐 각 생산단위에서 생산성을 높이는 것을 주요한 임무로 한다. 이 운동이 중요한 이유는 그것이 사회 전반에 걸친 세대교체를 촉진시키면서 전개된다는 사실이다.

또 다른 세대교체의 현장은 최고인민회의 대의원 선거다. 각 시·군, 직장 등의 단위로 선거하므로 지역의 대표성과 함께 직업의 대표성도 지닌다. 최고인민회의를 구성하는 대의원 선거는 "일반적·평등적·직접적 선거원칙에 의한 비밀투표"를 통해서 선출된다. 대의원의 임기는 5년이며 인구 3만 명 당 1명꼴로 뽑는다. 현 대의원은 2003년 8월 3일의 제11기 최고인민대회에서 선출됐다. 대의원 수는 김정일을 포함해 687명으로 이는 1990년의 제9기와 1998년의 제10기와 동일하다.

참고로 1948년 6월에 열린 제2차 '남북제정당사회단체지도자협의회'에서 최고인민회의 대의원 선거를 실시하기로 결의했고, 8월에 인민대표자대회를 열어 360명의 최고인민회의 대의원을 선출하여 구성되었다.

최고인민회의는 헌법 및 법령의 채택, 수정하며 국가의 대내외 정책의 기본원칙을 수립하는 동시, 전년도의 예산을 결산하고 새해의 예산을 심의·의결한다. 최고인민회의 상임위원회는 1992년 헌법에서 최고인민회의 휴회 중의 업무를 대행하는 상설기관에 불과했으나, 1998년 개정헌법에서는 최고인민회의 상임위원회가 사실상 대외업무를 총괄하는 주요 권력기관으로 부상했다. 특히 국가수반이 행사하는 외교권을 관장하여 조약의 비준·폐지, 외교대표의 임명·소환 등을 결정한다. 지방인민회의는 도(직할시)·시(구역)·군 단위에 구성되는 지방주권기관으로 임기는 4년이다.

최고인민회의가 북한의 최고주권기관이며 입법권을 행사하는 유일한 기관이라 하나, 실제로는 김정일의 지시나 당의 결정을 추인하는 역할을 해왔다. 그럼에도 불구하고 최고인민회의를 구성하는 대의원은 곧 북한사회의 기득권층, 엘리트층을 대변하는 명실 공히 인민대표이다. 그런 비근한 예로 김정일도 대의원 중의 1명이다. 이 대의원의 교체비율이 갈수록 넓어지고 있는데, 이것은 북한사회가 '우리식 사회주의'로 요지부동한 것은 아니고, 그 나름의 직업분화가 밋밋하지만 일고 있다는 증좌다.

예컨대 1998년 7월 26일에 실시한 최고인민회의 10기 대의원선거는 대의원 687명 중 무려 64%에 해당하는 449명이 교체되었다. 과반수의 사뭇 큰 폭의 물갈이다. 9기 대의원선거 때의 교체비율이 31.4%에 214명이었음을 비춰 2배가 넘는다. 특이한 것은 10기 대의원에는 공장·기업소의 직장장·기사장, 협동농장 관리위원장, 경제기관 실무 간부 등이 대거 대의원에 발탁된 것이다. 또 군부출신이 107명으로, 제9기의 62명에 비해 무려 2배 가까이 증가했다.

일견, 북한이 실용성 중시의 엘리트 충원방식을 띠고 있음을 살펴볼 수 있다. 즉, 중앙간부들도 큰 폭으로 교체되었다. 주로 50~60대 신진 전문 관료들이 많이 포함되었는데, 이들은 만경대혁명학원과 김일성종합대학을 나온 '혁명 2세대'들로 김정일이 1970년대에 주도한 '3대혁명붉은기쟁취운동'에서 두각을 나타냈었다. 해외유학 경험이 거의 없으며 1960년대에 김정일과 같이 대학을 다녔거나 당 조직부에서 인연을 함께했다. 무엇보다도 이들은 1980년대 김정일 등장 이후, 그로부터서 일정 부분 전문성을 인정받아온 것이다.

그러나 권력변화의 와중에는 군부의 약진이 있다. 1998년 김정일의 국방위원장 취임과 더불어 국방위원회는 "국가주권의 최고군사지도기관이며 전반적 국방관리기관"으로 그 권한이 크게 격상되었다. 군부 실력자들이 속속 권력핵심에 포진함은 물론이다. 국방위원회 위원들은 종전 5명에서 10명으로 늘어났는데 이들의 국가적 권력서열은 김정일 다음의 2위에서 15위 안에 들 정도다(이태건, 2003.) 권력서열을 나타내는 척도의 하나로 왕왕 인용되는 1994년 7월 '김일성장의위원회'서열의 경우, 거기에는 조명록을 비롯한 군부는 모두 30위권 밖이었다(최성, 2002: 306-360). 그랬던 군부가 불과 몇 년 사이 이처럼 급상승한 것이다. 군부의 약진은 당 간부의 부진을 뜻하기도 한다.

김정일체제의 출범은 구세대인 혁명세대가 퇴장하고, 신세대가 역사 전면에 부상함을 의미한다. 당·내각·군의 주요 권력기구에서는 60~70대의 원로계층이 물러나고, 그 자리를 50~60대의 김정일 측근들이 메운 것이다. 경제부문에 있어서는 40~50대의 새로운 테크노크라트들이 핵심역할을 맡고 있다. 이에 따라 전통적으로 권력의 핵심이던 노동당 정치국이 약화되고 대신, 김정일이 1980년대부터 직접 장악해온 비서국의 권한이 대폭 강화됐다. 과거 상층조직들이 상호 연계되던 것과는 달리 김정일시대에는 이들 간의 횡적연계가 매우 낮다(류길재, 1998: 71). 이것은 1980년 이후 김일성·김정일이 실질적으로 국가권력을 양분했던 것과 무관할 수 없다. 김정일시대에는 하등의 '양분'이란 있을 수 없는 것이다. 모든 권력은 김정일 한 사람에게로 쏠리게 돼 있다.

북한사회의 인민생활은 이처럼 철저히 통제돼 있다. 김정일의 유일지배는 대를 이어 계속되고 있다. 이 체제의 존속을 위해 '사회주의 인간형'을 필요로 하고, 이를 교육을 통해 확대재생산하고자 한다. 아울러 그렇게 형성되는 사회문화 역시 당이 지배하고자 한다. 그렇다면 거기에는 어떤 기제가 있지 않을까 한다.

2. 교육사회론

1) 기능·갈등이론

북한이 당의 영향이 강한 당성사회인 까닭에 교육사상은 정치사상이 되고 학교교육과 사회교육은 기실 경계가 없을 것이다. 이런 관점에서 사회문화 역시 학교문화와 대동소이하다고 본다. 다시 말해 사회문화의 속성이 무얼까 하는 것은 학교에서 어떤 사회문화를 의식적으로 길러내고 있느냐와 상당부분 겹칠 것이다. 이를 알기 위한 노력으로써 사회학의 오랜 이론인 소위 기능이론과 갈등이론을 교육현상에 불러들여 그 의미를 파악하고자 한다. 즉, 사회문화에 대한 교육사회학적 접근이며, 평가이다.

흔히 교육은 인간을 '사회화'하기 위한 문화적 과정이라고 한다. 말하자면 국가나 사회가 필요로 하는 어떤 이념과 목적에 맞도록 인간을 변형시켜 나가고자 한다. 이 점에서 교육은 생래적으로 권력을 가진 지배계층과 밀접한 관련을 맺지 않을 수밖에 없다는 논리가 성립된다. 그래서 국가주의 교육이라 할 수 있는데, 이런 교육현상이야말로 북한 실정에 딱 들어맞는다.

북한이 1977년 9월 5일 '사회주의 교육에 관한 테제'를 채택하여 교육의 기본원리를 삼아왔음은 잘 알려진 바다. 즉 "사람들을 혁명화, 노동계급화, 공산주의화"하자고 주장한 것이다. 이 '혁명화'속에는 끊임없이 사회주의혁명을 해야지, 그렇게 하지 않음으로써 과거 중국의 문화대혁명 같은 전철을 밟아서는 안 된다고 하는 뜻이 배어있다. 동시에 한반도에 아직 남은 부분에도 '혁명'의 세례를 안겨, '공산주의화'해야 한다는 것도 당연히 들어있다.

북한의 교육이념이 정치이념이라 할 수 있듯, 이 '교육이념'은 정치이념으로서의 통일이념을 띤 것이라 여겨 무방할 것이다. 즉, 1977년의 '사회주의 교육에 관한 테제'는 통일교육에 관한 테제로도 얼마든지 인용이 가능한 것이다. 확실히 북한의 통일교육은 남한과는 비교가 되지 않을 정도로 일사불란하며 총체적이다. 일사불란하다고 하는 것은 통일교육의 목표설정이 엄숙, 정밀, 간략하며, 총체적이라고 하는 것은 통일교육이 단순히 학교교육에 머무는 것이 아니라, 사회와 국가에까지 그 영역이 넓게 퍼져있다는 뜻이다.

일찍이 교육과 사회와의 관계를 설정하고 이해하는 데 기능주의이론과 갈등이론이 있어왔다. 기능주의이론은 일단 사회의 구조나 이데올로기 자체를 문제 삼지는 않는다. 교육은 곧 인간이 선천적으로 타고난 본질을 환경에 잘 적응시켜나가는, 소위 '사회화'과정이라고 이해한다. 이를테면 학생으로 하여금 기존 사회의 문화와 생활양식에 합당한 순기능적인 사회인으로 양성해가고, 이 과정이 바로 교육과정이라는 것이다. 그런데 젊은이 특유의 현실개혁적인 학생을 이렇듯 현실순응의 '인격자'로 키워낸다는 점에서 이 기능주의이론은 비판을 받기도 한다. 그런 사회는 멀지 않아 발전이 정체된다는 이유에서다.

이에 대해 갈등이론은 사회의 본질을 경쟁과 갈등으로 본다. 사회란 바로 갈등의 온상이며 끊임없이 반목과 상충이 일어나기 마련이라는 것이다. 고로 갈등은 병리적인 사회현상이 아니라 오히려 정상적이라고 한다. 마치 기능이론이 인간본성을 논하는 성선설에 근본을 두고 있다면 갈등이론은 성악설에 근원을 두고 있다. 갈등이론가들은 사회의 불평등이 학교교육을 통해서 어떻게 확대 재생산되는지를 예의주시해왔다. 이들에 의하면 학교는 단지 지배계층의 권익을 정당화하고, 영속화할 뿐이다. 지배층과 피지배층은 각각 부와 가난을 대물림하는 것이다. 학교가 이렇듯 특정집단의 문화적 재생산에 기여하는 것이 바로 교육과정이라고 한다.

인문계 학교가 자유·분방·창의 등의 문화를 재생산한다면 실업계 학교는 취업을 앞둔 특성상, 복종·성실·안정 등의 문화를 재생산한다. 이러니 학교교육은 바로 사회의 불평등 구조를 그대로 옮겨와 이를 공인하는 셈이다. 인문계로 진학하는 상류층의 학생은 더욱더 우월감을 지니고, 주로 취업계로 가는 하류층의 학생은 열등감에 둘러싸임을 면치 못한다. 학교교육은 이처럼 학생의 인지능력을 가르치기보다는 일찌감치 계급의식에 눈뜨게 해준다.

갈등이론은 사회를 개인 간, 집단 간의 모순으로 보는 마르크스, 베버 등에 근원을 두고 있다. 마르크스는 교육이 사회개혁의 핵심적 수단이라며 교육의 그런 기능을 적극 이용할 것을 주장한 바 있다. 이것은 바로 교육의 가치중립성을 부인한 것이다. 실제, 공산주의 사회에서 교육은 정치활동과 동일시된다. 북한의 교육목적 역시 "사회주의적

인간형성에 있다"고 하는데, 이는 곧 교육이 사회주의 인간의 확대재생산에 기여하는 수단임을 부인하지 않는 것이다.

갈등이론에 의하면 기능주의이론이 말하는 '사회화'란 기실 기존질서를 정당화하기 위한 구실이라는 것이다. 예컨대 자본주의 사회의 교육은 자본주의적 이데올로기가 학교교육을 통해 재생산되는 것이다. 그러나 기능주의 교육이 그 나름의 '사회화'과정을 통해 공동체의식 제고에 기여한 점을 갈등이론이 과소평가한다. 기능이론은 사회질서가 모든 계층에게 보편·타당하다고 보는 반면, 갈등이론은 사회질서가 지배계급에만 유리하다고 본다.

북한의 사회주의 교육관도 갈등이론에 속한다. 북한은 자본주의 학교가 기존질서를 공고히 하며 특권층의 이익을 대변한다고 비판한다. 학교가 지배층이 선호하는 가치관, 규범, 태도 등을 학생에 주입시키는 도구라는 것이다. 문제는 북한이 그런 병폐를 안다면 이를 고치고자 무엇을 했나하는 점이다. 노동당의 일당독재는 다름 아닌 사회의 불평등 구조를 토양으로 하여 자라났기 때문이다. 북한의 사회주의 교육관은 북한의 교육현실을 개선하고자 존재하는 것이 아니라 결국 자본주의 교육관을 비판하고자 존재하는 것이다.

게다가 기능이론 자체만 놓고 보면 북한에서 통하는 것은 기능이론이지, 갈등이론이 아니라는 점을 주목할 부분이다. 기실, 북한이 말하는 '사회주의 인간화'란 남한의 자본주의적 기능이론이 말하는 '사회화'와 조금도 다르지 않다. 말하자면 사회주의 사상인 갈등이론이 사회주의 국가인 북한에서 통하지 않는다. 뒤집어 말하면 북한이 사회주의 국가가 아니라고 하는 것과 다르지 않을 것이다. 자본주의 사상인 기능이론이 북한에 통하는 것은 북한 나름의 특수성에 기인한 것이다. 기능이론이 교육의 순기능성에 지나치게 의지해 교육에 의한 기존사회 질서의 유지를 낙관해온 것은 사실이다. 기능이론이 교육의 규격화·획일화에 기여한다는 지적은 그래서 제기되었다. 바로 이 규격화·획일화가 북한에게 먹혀드는 것이다. 기능이론에 의하면 사회의 가치관은 이미 사회적 합의가 이뤄졌다고 함을 전제로 한다.

북한이 기능이론으로 교육현실을 호도한다면 남한은 갈등이론을 빌려 교육의 불평등문제를 개선하고자 한다. 북한에서 아무런 주의를 끌지 못한 갈등이론이 오히려 남한에서는 주의를 끄는 것이다. 갈등이론이 말하는 교육 불평등이란 사회 불평등의 연속이자, 반영이다. 교육평등은 사회평등이 전제가 되어야하고, 따라서 사회 불평등이 그대로 존속하는 한 교육평등은 미봉책에 불과하다. 이 같은 불평등문제를 근본적으로 다루고자 일어난 것이 혁명이며, 개혁이다. 북한에는 없지만 남한의 4·19, 1987년 6월 항쟁승리 등이 그런 변혁운동의 중심에 있었다. 또 선거에 의한 정권교체도 합법적 변혁운동이 된다.

그런데 기능이론이나 갈등이론은 모두 교육을 정치와 경제의 틀 안에 종속시킴은 같다. 정치와 경제를 포함한 광의의 사회구조가 인간의 삶을 지배한다고 보기 때문이다. 이렇다면, 기능과 갈등의 두 이론은 사회학의 기본전제인 인간의 상호작용에 대한 분석을 소홀히 한다고 볼 수 있다. 인간은 때로는 상호작용에 의해 신분의 벽을 뛰어넘는 것이다. 결혼 등이다. 따라서 상류층과 하류층 사이에는 언제나 지배와 피지배의 관계만이 있지 않았다.

기능주의 교육이론에 의하면 교육은 능력에 따라 선발이 이뤄진다. 사회적 불평등이 능력에 기인한 것이라고 당연시한다. 선발과 경쟁이 공정하려면 능력개발의 기회가 균등해야 하는데, 그렇지 않은 학교에 책임이 있을 것이다. 하지만 학교는 평소 최대다수에게 최대의 이익이 돌아가는 공리주의에 입각한다. 학생들도 자신의 목적이 성취되자면 다른 사람의 양보나 희생이 불가피하다고 받아들인다. 사회정의란 사회전체의 평균적 복지향상에 있지 않고, 가장 불리한 사람을 위한 복지향상인 것을 모두 간과하고 있다. 학교가 그런 사회정의를 실현하는 장이 돼야하나, 실상은 그렇지가 못한 것이다.

그렇다고 갈등이론의 교육평등처럼 학생들의 능력이 무시되고 교육이 획일화하는 것도 문제다. 학생의 재능과 흥미가 제각각이면 교육 또한 달라져야한다. 교육결과가 똑같아야할 이유가 없는 것이다. 이러기에 복합·다중의 지능소유를 인정한 이론가인 가드너는 "교육이 해줄 수 있는 유일하고도 가장 중요한 공헌은 아이로 하여금 자기의 재능에 가장 잘 어울리고 능력을 충분히 발휘할 수 있게 도와주는 것"이라고 한다. 학생 개개인의 차별성을 인정하는 것이다. 가드너에 의하면 개인마다 독특한 지능을 타고났다. 고로 인간이 법적·시민적·정치적 능력에서는 평등하나, 각자의 천부적 능력을 발휘하는 데는 평등하지 않다고 했다. 가장 큰 불평등이란 동등하지도 않은데 동등하게 취급한다는 것이다.

그런데 평등문제가 가장 잘 원만한 것은 성차별을 극복한 양성평등관이다. 가령, 남녀 공학인 학교에서는 남학생에게 가정교과를 가르치고, 여학생에게는 기술이나 산업을 가르친다. 또 여성의 성을 상품화한다며 미스코리아 선발대회도 폐지됐다. 특히 호주제 폐지도 수년 전에 단행됐다. 북한은 1955년에 이미 호주제를 폐지했었다.

남한의 헌법 제11조는 인간으로서의 존엄과 가치를 존중하며 누구든지 성별, 종교, 또는 사회적 신분에 의하여 정치적, 경제적, 문화적 생활의 모든 영역에 있어서 차별을 받지 아니한다고 명시하고 있다. 제31조는 교육의 기회균등을 보장한다. 이밖에 선거권과 투표권에 있어서도 평등권은 보장된다. 이렇듯 평등에 대한 헌법적 보장이 마련돼 있다. 따라서 사회적 특수계급이란 존재하지 않는다. 그러나 북한에서는 사회적 특수계급이 존재한다고 볼 수 있다. 곧 당과 군에는 배타적 권한이 인정되는 것이다.

역사적으로 교육평등은 몇 단계의 변천을 거쳐 왔음도 돌아볼 부분이다. 첫째는 산업화이전 단계로, 이때 교육의 책임은 가정에 있었다. 학교는 가정 밖의 관심사였기에 평등문제가 있을 수 없었다. 둘째는 산업혁명 후 초기 산업화 시대로, 이때는 초등교육이 발전하던 단계였다. 즉, 초등교육의 의무화로 누구에게나 취학의 길이 열렸다. 교육의 책임은 가정에 있지 않고, 국가에 있었다. '국민'이란 국가로부터 그런 교육적 세례를 받았음을 의미한다. 환언하면 국가로부터 교육의 권리를 받지 못하면 국민으로서의 의무도 없다. 그러나 대다수는 초등교육으로 끝나고, 중등 이상의 교육은 상류층의 몫이 되어, 넘겨볼 대상이 못 되었다. 셋째는 미국과 사회주의 국가에서는 일찍 등장한 평등관으로 교육의 기회가 모든 사람에게 고루 허용되는 것이다. 가난이라고 하는 사회경제적 제약 때문에 교육을 받지 못하는 일이 있어서는 안 되고, 능력과 의사에 따라 고등교육까지도 무상교육이 가능했다. 장학금지급, 학비면제 같은 각종 교육지원제도가 마련됐던 것이다. 이에 이르러 양적인 평등보다는 질적인 평등을 중시하게 된다.

1970년대부터 실시된 남한의 고교 평준화는 교육에서의 자유경쟁보다는 기회의 균등을 더 강조한 것이다. 그러나 '추첨'을 통해 학교를 배정받는 것이 과연 평등할까. '추첨'에 의한 것은 순전히 '운'에 의한 것이므로, 완전한 기회의 평등이 될 수는 없다. 자신이 노력한 만큼의 대가를 정당하게 받아야 평등한 것이다. 열심히 공부했는데도 불구하고 자신이 원하는 학교에 갈 수 없다면 이 또한 평등이 아니다. 같은 맥락에서 공부를 열심히 않았지만, 운이 좋아 원하는 학교를 배정받았다면 이 역시 평등이 아닌 것이다. '무차별적 동등'이 곧 교육평등을 대신할 수는 없다. 교육평등은 학생들의 잠재력이 차별 없이 발휘될 수 있도록 보장해 주는 것이다.

남한의 전교조 등 일부 진보진영에서는 컴퓨터학교, 조리학교 등의 다양한 특성화 고교는 권장할 만하다고 한다. 그러나 꼭 같은 특성화 고교인 '특수목적고'와 자립형 사립고에 대해서는 고교평준화를 저해한다는 이유로 설립을 반대한다. 고교까지는 기회균등을 위한 보편교육에 중점을 둬야 한다는 것이다. 그러면서 무료의무교육을 중학교까지가 아니라 대학까지 확장해서 가난의 대물림을 없애야 한다고 주장한다.

학생의 학교 선택권 부여도 학교를 서열화한다며 반대한다. 그렇게 되면 학생들은 저마다 좋은 학교에 가고자 무작정 입시공부에 매달릴 것이며, 그 결과 창의적인 생각은 하지 못해 지식정보화시대에 맞는 정신을 구현해내지 못한다고 비판한다. 더욱이 전교조 등은 학생들의 교육기회가 부모의 사회경제적 지위에서 정해진다고 해, 완전히 갈등이론을 답습하는 것이다. 즉, 부모의 직업에 따라 자녀의 진학률에 많은 차이가 있으므로 가난의 대물림을 차단하기 위해서도, 또 교육기회를 제대로 보장하기 위해서도, 유치원에서 고등학교까지는 무상교육이 돼야 한다고 강조한다.

하류층 출신의 자녀 학생에게 교육자원을 보다 많이 투입하여 그들의 대학진학률을 중·상류층의 출신자녀만큼 끌어올려야 교육평등이 될까. 그러나 국가의 발전을 위해서는 성적 우수의 학생을 미리 선발해서, 집중 지원할 필요도 있다. 소위 수월성 교육, 엘리트 교육이 그것이다.

2) 수재교육론

현대의 지식정보화사회에서는 한 사람의 천재가 몇 십만, 몇 백만 명을 먹여 살릴 수 있다고 한다. 지금 시대에 지식이 없음은 과거 산업시대에 자본이 없음과 같다. 사실 자본이란, 시간과 노력을 필요로 하나, 지식은 꼭 그렇지는 않다. 번뜩이는 아이디어 하나로 금세 돈방석에 올라앉는 것도 그 때문이다. 이런 시대를 맞아 각국은 저마다 인재 육성에 팔을 걷어붙이고 있고, 북한 역시 그 예외가 아니다.

북한이 2000년 교육계 목표로 "우리의 교육수준을 세계의 선진교육 수준으로 끌어 올리자."며 수재반의 편성과 컴퓨터교육 등의 강화를 주장했다. 2005년 1월 27일자 노동신문은 '당의 지능교육 방침을 철저히 관철하자'는 제목의 사설에서. "우리 교육을 세계의 선진교육 수준으로 끌어 올리자"면서 지금의 시대를 "최첨단 과학기술이 급속히 발전하고 인민경제의 정보화가 실현되는 과학기술의 시대, 정보산업 시대"라고 규정했다.

교육신문도 김정일의 지능교육 강화지시를 인용, "지능교육을 떠나 창조적인 혁명 인재 육성이나 사회주의 교육의 성과를 기대할 수 없다"며, 교과과정을 지능교육 위주로 편성할 것을 지시했다. 또 "교원들은 정보산업시대에 맞게 첨단 과학기술로 무장해야 하며 깨우쳐주는 교육방법을 실시하고 현대적 교육수단을 능숙하게 다룰 줄 아는 능력을 갖춰야 한다."고 강조했다. 북한도 남한처럼 이 시대를 '정보산업시대'로 규정하는 것이다. 교육방법의 개선과 관련해서는 "깨우쳐주라"며, 종래의 주입식이 아닌, 학생 스스로의 터득이 중요함을 강조하고 있다. 또한 "현대적 교육수단을 능수하게 다루라"고 해, 지능교육, 컴퓨터교육의 중요성을 강조하고 있다.

북한의 수재교육 강화는 1980년대 이후부터다. 그 이전만 해도 수재교육이 반동적 교육이론으로 간주됐었다. 그러다 1982년 5월 김정일의 '수재 속성교육방침' 지시가 내려지면서 수재교육추진이 본격화했다. 각 도·직할시에서 수학과 과학 분야에 재능이 뛰어난 학생들을 평성리과대학 등에 편입시키는 한편, 외국어·체육·미술·서예 등의 각 분야에서 재능 있는 학생들을 전문교육기관에 특기자로 선발해서 집중

양성토록 한 것이다.

1984년 7월 22일, 김정일의 '교육사업을 더욱 발전시킬 데 대하여'라는 지시에 힘입어, 수재교육의 법적근거도 확보됐다. 이리하여 1984년 9월 평양제1중학교가 설립되었고, 이를 시작으로 이듬해인 1985년부터는 각 도·직할시 11곳에도 제1중학교가 세워져 수재교육이 전국적으로 확산되었다. 근래는 일반 시에도 수재학교가 늘어나는 등, 보편화되고 있다. 수재를 위한 특수교육기관은 현재 200여 곳이나 된다. 참고로 북한은 '영재'라는 용어를 김일성·김정일부자에게만 사용, 수재와 구분함을 들어둔다. 남한에서는 그렇게 엄격하게 가르지 않으나 개념상 영재는 수재보다도 더 우수하다.

북한은 수재학교에 투자를 아끼지 않는다. 이에 따라 제1중학교의 시설은 얼추 대학과 맞먹을 정도다. 평양제1중학교는 학생 수가 약 1천명이며, 각 도·직할시 제1중학교의 학생 수도 400명에서 600명 정도이다. 이들 학교입학은 수학과 과학에 재능이 우수한 학생들로 학교장의 추천을 받아 시험에 합격해야 한다. 입학하면 '농촌일손 돕기'에도 동원되지 않으며, 특히 졸업 후 군에 가지 않고 외국에도 유학갈 수 있다. 대부분은 김일성종합대학 등에 진학한다. 평등을 지향하는 북한에 이 같이 수재교육이 장려됨은 이채다.

북한 수재교육의 중점은 과학과 외국어이다. 1990년 들어 전국 외국어경연대회가 인기리에 개최되는 등 영어교육이 강화되었다. 각 대학은 1991년 9월부터 영어만을 제1외국어로 지정했다. 1993년 2월부터는 중앙TV를 통해 매주 2회씩 영어교육방송을 실시하고 있다. 어학전문교육기관으로 평양외국어대학을 비롯해 지방에 외국어학원 등이 있다. 북한의 대학은 크게 종합대학, 단과대학, 교원대학, 사범대학으로 나뉜다. 종합대학은 '김일성종합대학', '김책공업종합대학', '고려성균관대학' 등이다. 이 중 개성에 있는 고려성균관대학은 경공업분야가 활발해 남북경협에 많은 시사점을 준다.

단과대학 중에는 7년 과정의 평성리과대학이 단연 눈길을 끈다. 남한으로 치면 한국과학기술원(KAIST)이다. 북한에서는 중학교 졸업 후 바로 대학에 진학하는 이를 가리켜 '직통생'이라고 한다. 그런데 이들을 유학 보낼 경우, 쉽게 자본주의에 물들 염려가 있다하여 꺼린다. 북한은 대학에 진학하려면 실력에 못지않게 출신성분이 좋아야 하나 리과대학은 철저하게 실력위주로 선발한다. 북한의 모든 대학은 제대군인과 사회인을 20~30% 받아들인다. 하지만 리과대학만은 예외다. 리과대학은 또 '직통생'만 갈 수 있다. 사상보다 실력을 중시하는 단면을 볼 수 있다. 이런 리과대학에서는 나이에 상관없이 천재성을 인정받은 수재들이 많다.

북한은 평등교육을 기본으로 하지만 특수교육을 결코 소홀히 하지 않는다. 특수교육에는 수재학교를 위시해서 혁명유가족과 특권층자녀를 위한 '만경대혁명학원', 김일성 생모의 이름을 딴 '강반석혁명학원' 등이 있다. 또 무용·음악 등의 특기자를 위한 예체능전문학교도 있다. 1947년에 설립된 '만경대혁명학원'은 소학교 졸업 후 입학하며 전원 기숙사에 집단 수용돼 사관학교식 교육을 받는다.

그러나 북한의 수재교육은 개인의 풍부한 잠재의식을 고양해주고 인성을 길러주기보다는 정치사상을 주입시켜 김일성·김정일체제에 예속시키는데 용이하고자 한다. 자유와 진리를 위한 보편적 교육과는 거리가 상당히 멀다. 세계가 필요로 하는 인재의 양성이라기보다는 북한이 필요로 하는 인재양성을 중시한다. 정치사상에 종속되어 창의력을 잃고 있음은 그 때문이다. 즉, 교과목인 '김일성혁명역사', '주체사상'에 대한 지식획득은 북한만이 필요로 한다. 체제존속을 위한 엘리트 양성인 것이다. 유학생 파견만 해도 사상무장이 잘돼 있어야 하고, 주로 군 제대 후 대학에 진학한 자를 선발한다. 수재교육의 성패가 지식정보화시대에 알맞은 창의성 개발에 있다면 북한은 이미 실패한 것이다. 그럼에도 불구하고 북한의 수재교육은 남한보다 앞섰던 것이다.

남한의 수재교육은 1987년 대통령자문기구인 '교육개혁심의회'에서 처음 거론되었다. 즉, "중등학교 평준화 정책으로 교육현장에서는 개인차가 심한 이질집단 속에서 평균 수준의 학생을 중심으로 한 획일적인 교육을 실시함으로써 그들의 능력을 충분히 발휘할 기회를 주지 못하고 있다"면서 "우수학생을 조기에 발굴하여 개인의 능력에 적합한 교육을 실시하기 위해 월반제를 도입해야 한다."고 강조했다.

수재교육은 이처럼 고교평준화를 보완하는 차원에서 제기되었다. 이후 이를 규모 있는 발전전략으로 키워낸 것이 교육부가 2004년 12월에 발표한 '수월성교육 종합대책'의 핵심내용이다. 이에 따르면 2010년까지 연차적으로 전체 초중고교생의 5%인 40만 명에게 엘리트 교육을 뜻하는 수월성교육을 실시하고 그 중의 상위 1%인 8만 명에게는 '영재교육'을 실시한다는 것이다. 이를 위해 초등 3학년 이상과 중·고교 전 학년에서 우수 학생 5%가 수월성 교육대상자로 선발된다. 수월성 교육 대상자를 조기 진급·졸업시키는 제도가 2005년엔 고교, 2006년엔 중학교, 2007년엔 초등학교까지 도입된다. 이와 함께 우수 고교생이 고교나 대학에서 대학 교과목을 미리 이수하고 이를 대학 학점으로 인정받는 '대학과목 선이수제'(AP) 과정도 2006년 일부 시·도에 도입되었다. 교육부는 서울, 부산 등 8개 시·도에서 시범 운영해 온 '대학과목 선이수제'를 2007학년도부터 도입할 수 있도록 고등교육법 개정안을 마련키로 입법예고했다(연합뉴스, 2006. 6. 20). 부산대의 경우, 여름방학을 이용해 화학·생물·영어·철학 등 6개 강좌에 대하여 학업성적이 우수한 고교생을 대상으로 AP신청을 받고 있다(내일신문, 2006. 6. 28). 이 앞서 서울대는 2003년, 과학고, 영재고, 일반고 우수 학생 100여명을 대상으로 미적분, 물리학 등 대학 1학년 1학기 과정을 시범 운영한 바도 있다.

영재교육을 위해서는 각 학교가 상위 1% 내에서 영재를 선발, 대학
·교육청 등 외부기관에 설치된 영재교육원이나 교내 영재학급 등에서
가르치게 된다. 현재 전일제 정규 고교과정인 영재학교는 2003년에 문
을 연 부산과학영재학교 한 곳이나 2007년에는 예술영재학교를, 2009
년에는 정보영재학교가 각각 신설된다. 또 교육청이나 대학에서 방과
후, 주말, 방학 중에 운영하는 영재교육원을 현재 192개에서 1만6천
500명이 참여하고 있는데, 2010년까지 250개로 확대된다. 각급 학교에
설치된 253개의 영재학급 역시 현재 8천200명이 참여하나, 350개로
늘며, 영재교육을 담당할 전문교사 또한 2010년까지 1만 1000명으로
는다. 전국 17개 교인 과학고는 2008년까지 20개로 늘려 과학전문교육
을 집중 강화한다. 학생 수준에 맞는 맞춤식 교육을 위해 2007년까지
전체 중·고교의 절반이 수학·영어 과목에 한해 '수준별 이동수업'을
실시한다는 것이다(연합뉴스, 2004. 12. 22 13 : 55).

그런데 영재교육은 각 시·도교육청이 우수인력의 조기확보를 위해
경쟁적으로 뛰어들고 있고, 따라서 당초의 목표치를 훨씬 넘기고 있
다. 일례를 들면 경기도의 경우, 2007년부터 일선 시·군교육청과 각급
학교 등 모두 139개 기관에 353개 학급을 편성해서 영재교육을 실시
키로 했다. 이것은 기존의 110개 기관 286학급에 비해 기관수는 29개,
학급수는 67학급 늘어난 것이다(조선일보, 2006. 11. 23 03 : 03). 교육
은 1년간 무료라고 했다.

이에 따라 1974년에 도입된 고교평준화가 사실상 실패했다는 분석
까지 제기된다. 사실 고교평준화는 학생의 학습 선택권만 제한했지
교육격차는 그대로 남아 있었다. 평등교육은 학생들이 당장 경쟁의 시
대를 살아가는 만큼, 그 의의가 제대로 인식될 리가 없다. '하향평준
화'라며 숱한 논쟁을 불러일으켰고 소위 '3불'이라 하여 평등교육의

상징처럼 여겨지던 '본고사부활 금지', '기부입학 금지', '고교등급제 금지'정책이 끊임없이 여론의 도마 위에 올랐었다.

당초 수월성 교육은 '3불'의 정신을 훼손하지 않는 차원에서 강조됐었다. 하지만 실상은 각 시·도 자치단체가 앞 다투어 영재교육에 적극 나서는 것이어서 날로 그 범위가 확대되는 경향이다. 또한 각 시·도는 교육의 선발권에 대해 이를 중앙정부가 쥘 것이 아니라 학교로 넘겨야한다는 요구도 가중시키고 있다. 즉, 교육의 선진화를 위해 자립형 사립고나 영재학교를 포함한 모든 특목고의 설립권한을 각 시·도로 이관하라는 것이다.

수월성교육의 강조와 맥을 같이 하는 것이 '교원평가제'도입이다. 둘 다 신자유주의의 시장경제원리에 바탕을 둔, 무한경쟁논리를 받아들이는 점이 같다. 정부는 '3불'폐지에 대해서는 거듭 반대하지만 교원의 경쟁시대를 여는 교원평가제 도입에는 적극적이다. 2006년 11월 1일, 교육인적자원부는 교원평가제를 2008학년도부터 전국 초중고교에서 실시하는 내용의 초중등교육법 개정안을 입법예고했다(연합뉴스, 2006. 11. 1 11 : 29). 교육부가 예정대로 교원평가제의 법제정에 착수한 것이다. 교육부는 이미 발표한 '교원평가정책추진방향'에 따라 2006년 전국 67곳에서 교원평가제를 시범 실시해왔다. 이를 2007년에는 전국 500곳으로 늘리고, 2008년부터 모든 초중고교 교원을 대상으로 평가제를 실시한다는 것이다. 평가결과는 교원능력을 개발하는데 활용하고 인사 등에는 직접적으로 연계되지 않는다고 하지만 이를 믿는 사람은 거의 없다. 불이익이 없다면 평가는 왜 하느냐는 이유에서다. 교장·교감은 학교운영에 대해 평가를 받고 교사는 수업에 대해 평가를 받는데, 교사평가에는 학교장, 교감, 동료교사, 학생·학부모가 참여한다(연합뉴스, 2006. 11. 1 11 : 29). 교사가 학생을 지도·평가하는데서 학생이 교사를 평가하게 되는 것이다. 전교조는 즉각 격렬한 시위를 벌이며 반대하나,

국민여론은 대체로 수긍하는 편이어서 개정 법안이 국회를 통과할 가능성이 높다.

'수월성교육'은 '평준화'의 틀을 유지하는 면에서 영재교육이나 엘리트 교육과는 다르다. 학생들의 잠재적 능력인 수월성을 강화한다는 목적에서 제기되었다. 이 수월성교육은 2002년에 시작된 제7차 교육과정에서 일부 나타났다. 즉, 학생들의 적성, 흥미, 능력 등의 개인차를 인정해서 수준별 교육과정을 도입한 것이다. 학습 격차가 비교적 큰, 영어·수학에 적용되었는데 교과별로 실시된 점이 특징이다. 과거에는 종합성적에 따라 우열반을 편성했는데, 이에 반해 교과별로 상위 20%만 수월성교육 대상자로 인정하는 것이다.

일반학교의 수월성교육의 핵심인 수준별 이동수업은 전체 중·고교의 29.1%에서만 시행되고 있다. 아울러 조기진급 및 조기졸업 제도가 법제화돼 있으나 과학고 등에서 극히 미미하게 실시돼 2000년 237명, 2001년 285명, 2002년 381명, 2003년 223명, 2004년 908명 등 5년간 2천명이 조금 넘는 학생만 혜택을 봤고 특히 초등생은 5년간 25명, 중학생은 30명만이 월반이나 조기졸업을 했다. 일반 학교는 수준별 이동수업을 2007년까지 전체 중·고교의 50%로 확대할 방침이다.

수재교육은 북한이 남한보다 훨씬 더 조직적이고 그것도 조기에 시작된다는 점에서 큰 차이가 있다. '만경대혁명학원'에서 '평성리과대학'까지, 즉 유치원에서 대학까지가 특수교육으로 이어지는, 다시 말해 평생을 특수하게 살 수 있는 길이 있는 것이다. 이 길에 들어선 사람들은 물론 희소하다. 따라서 특권이 보장된다. 이것은 북한에 일반적으로 인권이란 개념이 없는 데 비춰 시사해주는 바가 많다. '평양제1중학교' 같은 특목고에 당·군 간부의 자제만이 아니라 일반인민의 자제들도 갈 수 있는 것이다.

다만 수재교육의 목적에 대해 북한은 획일적이고 남한은 다양하다.

수재의 지적재산이 남한에서는 개인소유로 인정되나, 북한은 국가로 귀속될 뿐이다. 따라서 천재 한 사람이 수만 명을 먹여 살린다는 가설은 북한에서는 적용받기 어렵다. 남한에서는 대학생조차 특출한 지적 분야를 창업을 통해 막대한 부가가치를 올리고 있다.

탈북자의 증언에 따르면 평성리과대학이 인기가 치솟는 것은 8년 이상이나 되는 북한의 군복무를 피할 방책에서라고 한다. 또 "입학생의 30% 정도는 고위간부의 아들"이라고 한다. 평성리과대학은 군복무가 면제된다. 조선노동당 국가보위부에 근무했다는 또 다른 탈북자의 증언에 의하면 "북한은 김책공업대학, 평성리과대학 등 주요 과학기술 대학에 '무력성(武力省) 위탁생'이라는 명칭의 현역 군인들을 집중 배치하고 있다"면서 "북한의 과학기술교육은 현역군인 위주로 이뤄지고, 이들은 졸업 후 군에 복귀해 무기개발 등에 전념하게 된다"는 것이다. 즉, "타지에서 IT교육을 받으러 나오는 인력 역시 민간인 복장을 걸치고 나온 군인들"이라는 것이다(독립신문, 2006. 7. 18 11 : 41).

북한전문가인 남주홍은 이에 대해 "선군정치라는 국정목표에서 볼 수 있듯 북한은 일종의 병영국가이며, IT기술개발 역시 군사과학기술 개발을 의미"하고 따라서 "한국이 북한의 IT기술개발을 지원하는 것은 결국 북한의 군사과학기술을 지원하는 것"이라고 지적한다(독립신문, 2006. 7. 18 11 : 41).

북한의 사회문화는 일반적인 인권은 보장하지 못하나 특권을 인정하는 셈이다. 학교와 교육은 바로 그 메커니즘이다. 아쉬운 것은 수재의 지적재산이 막대한 부가가치창출로 연결되지 못하는 점이다. 북한의 이런 사회문화를 양산하는 교육과정에 대해 좀더 살피기로 한다.

3) 교육과정사회론

대개 학교의 교육과정은 사회적으로 합의가 됐거나 경험적으로도 증명이 된 보편적 지식을 갖다 쓴다. 사회문화가 경직됐다면 학교문화 역시 경직성을 면키 어려운 것이다. 1970년대 이후 이런 보편성에 문제가 제기되었다. 교육과정지식은 학교와 사회의 권력구조를 확립시키고 유지하는 핵심이라는 것이다. 이렇게 보아 영(M. Young), 번스타인(B. Bernstein) 등은 학교가 정작 가르치는 내용 그 자체에 의심을 품고 연구를 시작했다. 이 같은 새 경향의 연구를 '신교육사회학', '교육과정사회학'이라고 부른다(박준영, 2004).

영은 지식도 탐구대상으로 삼아야 한다는 '지식사회학'자이다. 지식사회학이란 지식이 객관적으로 존재한다고 믿고 그것을 확보하기 위한 일련의 학문 활동을 말한다. 지식사회학은 곧 객관적 지식의 확보를 위해 주관적 신념의 본질과 기능이 무엇인지를 밝혀내고자 하며, 해석학이란 이때 지식을 어떻게 해석하느냐는 의미로 통한다. 그런 그에 의하면 학교의 교육과정은 그러한 지식확보의 과정을 거치지 않은 채 학교 밖의 권력구조와 곧바로 연계돼 있는 것이다. 즉 어떤 지식을 가르쳐야 바람직한 학교교육인가 하는 충분한 검토도 없이 학교 바깥의 권력의지대로 미리 교육과정지식이 정해져 있다는 것이다. 이리하여 그는 종전의 교육사회학이 사람 중심이던 데서 벗어나 지식 자체를 문제 삼고자 했다.

잘 알려진 대로 마르크스는 사회과학의 과제를 과학과 이데올로기를 구분하는 일로 업을 삼았다. 그는 순수 이성의 결과인 진리가 물질적 상황과 조건에 결부되어 있다고 믿었다. '진리'를 추상화시킴을 거부했다. 진리는 곧 사회적·역사적 경험에 기반을 두고 있다고 보았다. 모든 지식이 사회적·역사적으로 결정된다는 지식사회학의 기본전제가 다져진 것이다. 이런 상호작용의 역할에 대해서 '해석학'으로 풀이할 수는 있다.

베버는 '사회과학의 방법론'에서 "사회학은 사회적 행위를 해석적으로 이해함으로써 그 과정과 결과를 인과적으로 설명하는 과학"이라고 설명했다. 사회과학이란 본래 어떤 의미를 부여하느냐에 따라 그 성격이 현저히 달라지는 것이다. 이 때문에 어떤 의미부여, 즉 어떤 해석을 하느냐가 중요하게 인식돼왔다. 이런 해석학과 지식사회학은 학교에서 가르치는 지식의 이데올로기적 성격에 대해 관심을 갖게 해준다.

문제는 북한에 그 같은 지식사회학, 해석학이 존재할 토양이 아니라는 점이다. 사회적, 역사적 경험이 다양하다면, 그 해석 또한 다양할 것이다. 그러나 북한은 김일성주의 하나로써 간단히 논란을 차단시켜 왔다. 마르크스의 지식사회학이 여물 입지가 못된다. 김일성주의, 혹은 주체사상은 곧 다음에서 말하는 '잠재적 교육과정'으로 영글어진다.

보울즈와 긴티스(Bowles & Gintis, 1976) 두 사람은 학교의 비공식적인 교육과정을 잠재적 교육과정으로 보고, 그것을 사회의 경제구조와 관련지어 보다 세밀히 분석했다. 이들은 '교육과정사회학'적 관점에서 정치사회적 조건들이 학교의 잠재적 교육과정에 어떻게 똬리를 틀고 있는지를 살폈다. 학교는 곧 자본주의적 사회의 유지에 필요한 가치관 및 관련특성을 주입시키는 곳이었다. '잠재적 교육과정'은 바로 그 사회를 움직이는 지배세력의 의도가 그대로 학생들의 뇌리에 박히는 것이었다(김천기, 2003).

잠재적 교육과정은 마치 자본의 확대재생산 같이 지배세력의 문화를 확대재생산한다. 번스타인의 '문화전수이론'(1975)이 그 실례이다. 그에 의하면 "교육과정은 무엇이 타당한 지식인지를 규정하고 교수법은 어떻게 하는 것이 지식의 타당한 전달인지를 규정하고, 그리고 평가는 학습자가 지식을 습득한다는 것이 무엇인지를 규정한다."는 것이다. 이에 맞게 북한의 교육을 도식화시킨다면, 교육과정상의 타당성은 사회주의이며, 이를 전달하고 습득하는 과정과 방법은 두말할 나위 없이 일상적으로 반복하는 학습인 것이다. 남한사회에 가난과 부의 대물림이 있다면 북한사회는 그 같은 문화전수, 즉 사회주의 사상이 대물림되고 있다.

부르디외의 '문화자본이론' 역시 그런 범주에 든다. 그는 문화를 경제적 자본처럼 '자본'으로 보았다. 경제자본이 그러하듯 문화적 자본 역시 사람마다 고르지 않는 특성이 있었다. 학교는 그런 특성을 걸러내기 보다는 그대로 통과시켰다. 이에 따라 사회의 불평등 구조가 그대로 학교로 옮아왔다. 가령, 교사가 아이 혼자서는 할 수 없는 숙제를 내주면서 해오라고 할 경우, 학교와 비슷한 문화자본을 가진 중·상류층 부모는 쉽게 아동을 돕겠지만 그렇지 못한 중·하류층 부모는 손을 놓아야만 한다. 이 결과, 아이는 학업실패자가 되는데 이는 곧 사회 불평등의 산물이란 것이다. 즉 지배세력의 문화구조가 학교교육을 통해 그대로 전수되고 매개되었다(김천기, 2003).

'문화자본'이란 특정한 사회의 장, 또는 그런 관계에서 정통성을 획득한 재산이다. 누가 그것을 많이 소유하느냐 하는 것은 학교생활, 나아가 사회생활까지도 그 전도를 밝게 할 수 있다. 물론 이 문화는 사회, 경제, 정치 체제를 통제하는 지배집단의 문화이다. 부르디외는 이 과정에서 발생하는 특정한 의미체계를 '아비투수(habitus)'라 불렀다. 아비투스는 곧 지배구조에 대한 개인의 인식과 참여를 보장하는 연결고리인 셈이다. 이런 의식적 자각은 초기 사회화과정, 즉 초등학교단계에서부터 습득되어 세대간에 전수한다. 그리하여 마침내는 그 성원들을 묶어주는 동시, 그렇지 못한 다른 '아비투스'의 신봉자들과는 철저한 차별화를 시도한다. '아비투스'는 곧 특정집단만의 독특한 생활방식이자, 지각활동인 것이다.

애플(1979)의 학교지식 이론 역시 그러하다. 그는 교육과정상의 지식의 이데올로기를 강조하는데, 즉 학교가 사회지배세력의 이데올로기를 어떻게 지식으로 포장하여 가르치는가, 학교가 보편적 진리인 것처럼 가르치는 지식은 기실 지배계급의 이데올로기를 반영한 것이 아닌가 하고 지적한다. 예컨대 학교규칙, 교과내용, 교육자의 의식과 행위에는 알게 모르게 그런 이데올로기가 배여 있다고 한다. 학교는 곧 지식교육을 통해 학생들로 하여금 기존의 제도와 문화가 왜 정당한가를 가르치고, 학생들은 또 이로 해서 스스로의 이데올로기를 습득해간다는 것이다(박부권 등, 2001).

이를 위해 애플은 그람시(Gramsci)의 '문화적 헤게모니'개념을 분석도구로 활용했다. 헤게모니란 대중에게 '도덕적·지적 리더십'을 발휘하게 하는 것인데, 이때 대중이 적극 찬동하고 따를 수 있는 보편적 이념이나, 가치를 표방하고 주입시켜야 한다. 이 점에서 북한사회의 지배적 이데올로기가 그저 북한 주민에게 강요되고 있을까 하는 것은 중요한 문제제기이다. 즉 적극적 찬동까지는 아니더라도 김일성주의든, 주체사상이든 이것에 대체할만한 것은 없다는 인식은 결국 이것을 보편적인 이데올로기로 받아들이는 결과가 된다. 이 보편성이란 지배세력의 질서를 유지하기 위한 방편임은 물론이다. 하지만 동시에 민중자신의 삶을 유지하는데 필요한 북한 나름의 일반적 규범이라는데 민중 역시 동감하는 부분이다. 이것은 전술한 커밍스의 '내재적 순응성'과 연계되는 것이다.

애플은 헤게모니 개념을 적용하여 교육과정상의 갈등이 어떻게 다뤄지고 있는가를 분석하였다. 이에 따르면 사회와 역사 교과는 사회적 갈등을 부정적으로 다루고, 과학 교과에서는 토론의 본질을 생략한 채 과학적 활동만을 중시하는 것이었다. 애플의 이 같은 지적은 오늘의 남한사회에는 맞지 않으나, 북한사회에는 그대로 적중된다. 북한의 역사책은 다름 아닌 김일성혁명역사라 보아 지나치지 않다. 따라서 비판

자체가 성립되지 않는다. 토론의 대상도 물론 아니다. 다만 과학의 경우, 최근 과학기술의 장려책에 힘입어 되도록이면 출신성분 같은 것을 과학에 개입시키려고 하지 않는다.

앞서 기능이론이 남한이 아니라 북한 사회에 들어맞듯이 교육과정 사회학 또한 남한이 아닌 북한의 교육현실에 그대로 들어맞는 것이다. 북한 사회의 획일성 때문이다. 북한의 학교는 곧 '이데올로기의 선전장'화 하여 학교를 사회주의 선전의 장, 그 학습의 장으로 해왔다. 남한도 한때 그런 시기가 있었다. 제5공화국의 사회교과서를 분석한 바에 따르면 "교육내용에 정치경제적 지배집단의 체제 유지 및 재생산을 위한 이데올로기가 다분"하다고 지적된다(홍우조, 1986). 그러나 정반대의 견해도 있다. 사회과의 교과내용을 분석했더니, 거기에는 대의제·삼권분립·선거 등의 의미가 잘 묘사돼 있어 학교가 민주시민교육 양성에 기여했다고 함(이해성, 1994)을 참고할 수 있다.

그런데 이들 교육과정사회학자들은 학교와 사회가 일직선상에 있음을 주목한 것이다. 학교가 사회의 보편적 가치, 문화를 그대로 받아 그대로 낼 줄 뿐이라면 교육은 왜 필요한가 하는 의문이 제기된다. 교육은 분명, 가르치는 자와 가르침을 받는 자가 있고, 이때 매개는 꼭 교육과정상의 지식만이 아니라 교사의 인격도 포함되는 것이다. 교사와 학생 간의 상호작용이 있고, 이에 따른 사회이동도 생기는 것이다.

4) 사회이동론

인간의 행위는 자연현상처럼 객관적인 설명이 어렵다. 때로는 입장을 바꿔 생각하는 역지사지의 상호작용이 그래서 필요하다. 상호작용은 어떤 의미를 전달하고자, 혹은 은폐하고자 하는 상징요소들이 들어

있다. 예컨대 학생에 대한 교사나 부모의 기대가 크면 클수록 학생의 학습동기를 유발하는 효과가 크다. 그런 관심과 기대가 긍정적 상호작용이라면 '낙인'은 그 반대의 부정적 상호작용이다. 낙인이란 어떤 권위를 빌려 특정인을 비난하는 것이다. 이때 특정인이 적극적으로 저항하지 않으면 그 낙인은 그대로 굳어진다. 이로써 특정인에게 열등한 지위가 부여될 뿐 아니라, 장차 그 운명까지도 영향을 받게 된다. '주홍글씨'는 대표적인 낙인이고, 이런 까닭에 낙인은 '사회통제의 한 형태'라고도 한다.

'격리'는 낙인보다 더한 통제의 수단이다. 인간관계는 단절되니, 사회적 환경으로부터 차단되고 폐쇄되는 것이다. 감옥·정신병동 등이며, 병영도 그렇게 볼 수 있다. 학교도 격리에 포함될까. 사실 학교도 등교에서 하교 때까지 격리의 공간에 놓인다. 학생은 출입의 통제를 받고, 규격화한 복장과 두발을 해야 함이 격리의 표지라 할 수 있다. 그런 통제를 위반하면 정학, 퇴학 등의 처벌을 받게 된다. 게다가 학교는 건축구조상 감시와 통제가 쉽도록 돼 있다. 운동장에서는 무슨 일이 일어나는가를 마치 군대의 연병장 같이 소상히 알 수 있다. 그러나 학교가 설령 중세의 성곽처럼 폐쇄적이라 하더라도 사회가 개방적이면 학교의 폐쇄적 문화도 많이 순화된다. 사회가 학교에 끼치는 영향이 작지 않기 때문이다.

2004년 서울의 한 고교에서는 학교 측의 강제적인 종교교육에 반발하여 1인 피켓시위를 벌이고, 이도 모자라 단식항의까지 벌인 학생이 있었다. 사실, 고교평준화로 많은 학생들이 자신의 신념이나 의지에 상관없이 종교를 건립이념으로 삼는 학교에 배정되기도 한다. 그런데 학교는 종교가 없거나 다른 종교를 믿는 학생에 대해서는 거의 배려를 하지 않는다. 현재 서울 시내 289개 고교 가운데 종교재단 소속 학교는 총 52개소라고 하는데, 이들 대부분의 학교가 예배 등의 종교수업

을 강요하는 것이다. 이런 상황에서 그는 종교의 자유를 외친 최초의 고
등학생이 됐다(연합뉴스, 2004. 12. 16). 이 사건은 법정으로까지 비화했
고, 재판부는 "학교선택권이 보장되지 않는 상황에서 학생 의사에 반해
종교를 강요할 수는 없다"고 판결해 학생의 손을 들어줬다.

사회인의 신분은 고정되지 않는다. 계층 간의 이동을 '사회이동'이
라 하는데, 도시의 발달에 힘입어 근대 이후 활발해졌다. 산업혁명 이
전에는 주로 교회가 '사회이동'의 통로역할을 했다. 근대산업사회 이
후, 그런 교회의 역할을 학교가 대신한 것이다. '이동'에는 '수직이동'
처럼 낮은 단계에서 높은 단계로 상층이동을 한다. 그런 수직이동이
잦을수록 사회는 개방적이라고 한다. 소로킨(P. Sorokin)[24]은 최초로
사회이동을 포괄적·체계적으로 분석했는데, 그에 의하면 이동이 사회
의 최상층부에서는 가장 적고, 중간부분에서 활발했다.

교육은 개인의 사회이동에 얼마나 많은 영향을 미칠까. 사회이동을
지지하는 이들에 의하면 학교교육은 수직이동을 결정하는 주요한 기제이
다. 가정의 환경적 요인보다도 본인의 교육환경이 훗날 직업선택과 사회

---

24) 소로킨(Pitirim Alexandrovich Sorokin: 1889~1968)은 러시아 출신의 미국 사회학자
다. 주요저서가 1927년에 출판한 『사회이동 Social Mobility』. 그는 사회계급과 구분
하기 위해 '사회계층(social stratification)'이란 용어를 사용해 유명하다. 개인이나 집
단은 재산이 많고 적음에 의해, 또 직업과 교육정도가 좋고 나쁨에 의해 서열이 생
긴다는 것이다. 이 서열을 그는 사회적 지위라고 하는데, 지위의 변동을 '계층분화'
라고 했다. '계층'이란 비슷한 사회적 자원을 소유함으로써 생활기회를 공유하는 집
단을 일컫는다. 사회경제적 생활조건의 차이에 의해 서로 구별되는 사회적 카테고리
인 것이다. 한편 서구에서는 이를 '계급'이라고 부르는데 이는 주로 마르크스주의적
인 입장에서 사용한다. 마르크스는 다양한 불평등 가운데 생산수단을 누가 소유했느
냐에 따라 자본가계급과 노동자계급을 구분했다. 그러나 마르크스는 사람의 계층적
지위는 일생동안 고정된 것으로 생각했다. 이를 소로킨이 비판해 유명한데, 그는 사
람의 계층적 지위는 계속적으로 변한다면서 이것이 바로 산업사회가 갖고 있는 특징
이라고 했다. 실제 고도성장이 가져온 가장 큰 변화는 기초적 평등화를 가져온 것이
다. 소로킨은 사람의 직업이 초직에서 현직에 이르는 동안, 생애 내내 경험하는 직업
적 지위의 변화를 '세대내 이동'이라고 한다. 사회이동의 기회가 많을수록 개방된 사
회이며, 각 계층카테고리간의 경계는 엷어지는 것이다.

적 지위획득에 큰 영향을 미치는데 학교교육이 바로 그 같은 역할을 한다는 것이다.

사람들은 대개 자신을 타인으로부터 구별해 특정의 범주로 집단화하고자 한다. 유니폼을 입는 것도 그런 심리이다. 그런 '범주'에 대해 "인간의 정신적 구성물로서 인간의 이해에 도움이 되도록 세계를 질서 있게 만드는 경계"라고 풀이하기도 한다. 즉, '범주'의 안과 밖을 나누는 선을 경계로 삼아, 그 안의 사람들끼리는 서로 동일성을 확대하나, 반대로 '범주' 밖의 사람들과는 차이점을 부각시켜, 특정의 '준거집단'을 형성한다는 것이다(박준영, 2004).

'범주'든, '준거집단'이든, 모두 자신과 사회를 비교하는 기준이 되는데 이러한 형성에 중요한 근거가 되는 것이 남한의 경우 '연줄'이라면, 북한의 그것은 '출신성분'이라 할 수 있다. 다만 북한은 개방사회가 아닌 만큼 '출신성분'이 엮어내는 사회적 상호작용이 그리 활발하지가 않다. '출신성분'이 곧 본인의 신분 획득 및 상승에 결정적 영향을 미치는 것이다.

'준거집단'은 개인이 행동과 가치판단을 함에 있어서 어떤 기준, 즉 '범주'를 삼는 것이다. 이때 '원천지위'가 지금의 가족지위라면, '종착지위'는 장차 자기가 속하고 싶은 집단의 지위가 된다. 또 서로 다른 두 집단에 모두 속해 있어 자신의 정체성이 뚜렷하지 않는 '주변적 인간'도 있다. 이는 '종착지위'에 이르고 싶으나 아직 거기에는 능력이 부족해 일시 주변적 위치에 머무는 것이다. 또한 '범주'란 동류의식을 갖는 사람들의 무리이고 '사회집단'이라고 함은 그러한 의식적 결속력이 보다 강한 것이다. 그런 집단에서 좀더 공식적인 조직체로 발전한 것이 '결사체'이다. 이에 이르러서 구성원들은 공동목적을 성취하고자 일사불란하게 움직이며, 여기에는 일련의 명령체계도 있다. 베버가 말하는 '관료제'사회가 그런 '결사체'의 일종이다.

북한은 당이 중심이 되어 주체사상을 일상화하는 당적 결사체 수준의 집단사회라 할 수 있다. 이에 대해 남한사회는 결코 어떤 결사체수준에 이를 만큼 획일적이지 않다. 이런 탓에 남한의 사회는 '연줄'과 개인 간의 연을 중시하는 연고주의에 의해 보다 잘 이끌어지는지 모른다(김문조, 1987). 물론 '연줄'로 해서 어떤 지위가 획득되고 교환되므로 그 자체가 '사회적 자본'일 수 있다. 그러나 '연줄'은 다른 구성원의 '연줄'을 배척하는 관계로 '파당적 연결망'(이재혁, 1998: 331)이라는 지적도 받는다.

남한사회에 '연줄'이 미치는 영향이 아무리 크다고 해도 그것이 본질적으로 개인의 능력을 초월하지는 않는다. 학생이 능력이 있으면 비록 가난해도 신분의 상승이동이 가능하고, 그 반대로 능력이 없으면 아무리 부자여도 하강이동을 면치 못하는 것이다. 특히 지식정보화시대에 있어서 지적능력의 여부야말로 인생을 좌우하는 것이다. 전문지식이 있을 때, '평생직업'이란 말을 쓸 수 있으나 전문지식 없이 한 직장에 오래 머물고자 할 때는 '평생직장'만을 고집함이 된다. 21세기의 직업관은 '평생직장'이 아니라 '평생직업'이어야한다.

'사회적 자본'으로까지 통하는 '연줄'은 학생의 사회경제적 배경이 되는데, 이 원뿌리는 부모의 문화적 자본이다. 부모의 교육수준이 높을수록 자녀에 대한 교육과 직업에 포부가 강하다고 한다. 북한은 평등사회를 고취하는 점에서 능력에 맞는 신분의 상승을 기대하기가 어렵다. 당 중심의 당성사회에서 엘리트는 출발부터 다르니, 곧 당원이 돼야 한다.

일반적으로 학업성취는 학생의 잠재적 능력인 '지능지수(IQ)'가 중요하게 작용한다. 그러나 학습의 동기나 의지 또한 중요하다. 동기가 없는 데도 성취가 있었다면 그것은 우연이라고 한다. 대개 중류층 이상의 가정일수록 성적향상과 목적성취에 대해 가치관이 뚜렷하다. 그러나 북한의 경우, 특권층을 제하고는 성취동기가 강할 수 없다. 개인의 발전이 국가로 귀속되기 때문이다.

개인도 사회공동체의 일원인 점에서 개인의 사회적 적응능력이라 할 '사회지수(Social Quotient: SQ)'도 중요하다. SQ는 곧 사회에 대한 개인의 적응지수이니 이것이 높으면 '사회화'는 양호한 것이다. 그렇다고 학교 1등이 사회 1등이 된다는 공식은 없다. 그렇게 되면 학교는 사회의 축소판이라는 얘기를 듣게 되고, 그것은 곧 교육의 의의가 무색해진다. 학교는 사회보다 언제나 앞서가고 더 나아야하는 것이다. 그러나 북한의 경우, 학교는 늘 사회가 필요로 하는 인재만을 양성해야하므로 100퍼센트 '사회화'가 교육목적이며, 교육과정일 수 있다. 따라서 IQ보다 SQ가 보다 중시됨은 당연하다. 개인은 곧 전체를 위한데 그 존재가치가 있다.

잘 알려진 대로 남북은 분단 이후 상이한 사회문화의 틀에 갇혀 살아왔다. 북한은 사회주의라는 특성상, 소유와 자원은 모두 국가에 집중되었다. 개인의 의미는 늘 전체 앞에 작을 뿐이다. 때문에 북한의 사회문화는 인민의 다양한 욕구를 받아들일 수 없고, 애당초 인민의 사회문화가 다양하지도 않다. 따라서 북한의 교육은 단조로움을 면치 못하고, 통일교육은 더욱 그러하다. 북한에는 사회의 문화에도, 학교의 문화에도 국가의 의지만이 덩그렇게 떠있는 것이다.

그렇다고 북한의 문화를 송두리째 무시함은 바람직하지 않다. 1970년대까지만 해도 성공한 것으로 평가되는 북한 '계획경제'의 '계획'처럼 그 사회 또한 일련의 '계획'을 갖고 그 나름의 근대화과정을 거쳐왔음을 인정해야 한다(조한범, 2002). 중국이 사회주의 체제 안에 '시장경제'라는 자본주의적 내실을 다져온 것에는 미치지 못하지만 북한 또한 그런 개연성이 높아가는 것이다. 참고로 중국의 자본주의적 내실이란 중국이 현재 강력히 추진 중인 '현대화'를 일컫는 것이다. '현대화'든, '근대화'든 중국은 이로 해서 과거 한국사회가 겪었던 사회경제 적 불균형을 답습하고 있는 것도 사실이다. 즉, 고도성장과 도시의 발 달, 핵가족화, 소비생활의 비약적 발전 등이다. 중국은 곧 한국의 발전 모델을 밟아가고 있는 것이다.

북한에는 그런 시장경제를 이끌어갈 시민문화의식이 턱없이 얇다. 형성조차 돼있지 않다고 보아 무방할 것이다. 사실상 당의 사상통제에 충실한 사회주의 문화만을 지켜내는 것이다. 남한이 시장경제, 개인주 의, 진취성, 경쟁성, 자율성 등을 사회문화의 속성으로 할 때, 북한은 사회주의, 집단주의, 수동성, 협동성, 단결성 등의 사회문화를 고취하 는 것이다. 이렇게 서로 어긋난 사회문화를 어떻게 절충하고 조화시켜 새로운 사회문화를 가꿔낼 지는 장차 통일정책의 중요한 논의가 돼야 한다.

일단 남한의 사회문화 역시 현 서구의 양상처럼 포스트모더니즘의 성격을 보이고 있다고 할 수 있다. 그것은 집중보다는 분산, 다수보다 는 소수, 중앙보다는 주변, 주체보다는 개체 등의 속성을 지니는데, 전 체적으로 다양성이 그 특징이다. 역설적으로 이 다양성은 북한의 사회 문화까지 아우를 수 있는 속성을 지닌 것이라고 말할 수 있다. 장차 통일논의에서 북한의 '주체'형 사회문화에 대해 남한이 그저 수정을 요구하기 보다는 남북 상호간에 사회문화의 차이를 인정하고 그 바탕 에서 새로운 결합을 모색, 추구해야 할 것이다(이장호, 1997: 11).

이상에서 북한의 사회 문화적 특성을 당과 교육의 현장을 중심으로 살폈다. 북한의 당성사회를 버텨온 당 엘리트가 최근 분화현상을 보이 는 것은 북한사회에 대한 희망을 갖게 해준다. 즉 경제·기술 관료의 등장이 그것이다. 북한 사회의 경직성을 대변하던 당 엘리트가 2선으 로 후퇴하는 조짐은 현 북한사회의 인기직종이 기존 당 간부로부터 외교와 무역, 유통 쪽에 쏠리는 것만 봐도 알 수 있다. 문제는 그런 변화가 아직은 사회적 신분변동을 야기할 만큼 큰 폭이 아니라는 것이고, 따라서 당성사회의 위력은 계속되고 있다.

그러나 미구에 북한에도 사회학에서 말하는 상호작용과 사회이동이 거세게 일 전망이다. 아이러니컬하게도 그 변화는 이미 '식량난'에서 시작됐다고 볼 수 있다. 즉, 먹을거리를 찾아 나선 행렬은 어쨌든 사회적 이동을 유발시킨 것이다. 이렇다면 북한사회문화의 질적인 변화는 경제생활의 변화에서 찾을 수 있다. 그러나 소위 작용과 반작용이 있다. 사회가 그렇게 이완현상을 보이는데도 팔짱만 끼고 있을 북한 당국이 아니다. 이때의 기제가 곧 주체사상이다.

Ⅴ. 주체사상론

남북이 각기 본연의 사회문화를 조금씩 뒤로 물리면서 새로운 정반합적인 통일문화를 성취해야 하는데, 이마저 반대하는 사람들이 많다. 우선 북한이 그러는 것은 그렇다고 치자. 남한에서도 의외로 그 같은 주장이 강한 것이다. 남한과 북한의 관계를 비유하자면 남한은 늘 상수이고, 북한은 늘 변수라는 기준부터 허물어야 한다. 그렇게 완고·완강해서는 정반합적인 통일사고, 통일문화가 나올 수 없다. 또 북한도 남한이 현재 세계 11대 무역국가라는 사실을 인정해야 하는 등, 남한을 새롭게 봐야 한다. 언제나 '주체'의 덫에 갇혀 세계와 전혀 동떨어진 사고에 결박되어서는 안 된다. 남북이 서로 자신을 뒤돌아보기 위해서는 무엇보다도 '주체'에 대한 인식이 바꿔야 한다. 남한은 주체에 대해 몰랐던 것은 새로 알아야 하고, 북한은 잘못 알아온 주체를 시정할 수 있어야 한다.

1. 주체인식론

주체사상이 통일문화교육론과 무슨 상관이 있을까. 통일문화에 대한 긍정적인 의미부여가 가능할까. 설령 그렇지 않더라도 이를 발전적으로 끌어가야 한다. '주체'를 버려두고서는 통일은 물론, 그 무엇도 얘기가 되지 않는 것이다. 바람직한 통일문화교육론이 되기 위해서도 주체사상에 대한 의의가 새로워야 한다.

북한의 모든 역사는 '주체'로 통하며 북한식의 삶 자체가 주체이다. 주체사상은 협의와 광의로 나눌 수 있다. 광의의 주체사상은 바로 김일성주의이다(이종석, 2001). 그것의 좁은 의미는 주체사상의 '철학적 원리', '사회역사 원리', '지도적 원칙'으로, 각각 세분화한 것이다. 이 같은 의미 분석은 1982년 김정일의 『주체사상에 대하여』에서 체계화되었다.

김정일은 주체사상에 대해 '사람 중심의 철학사상'이라며 "사람이 모든 것의 주인이며 모든 것을 결정한다."고 정의했다. 세계를 개조하고 자기운명을 개척하는데 결정적 역할은 다름 아닌 '사람'의 몫이란 것이다. '사람'은 "자주성과 창조성, 의식성을 가진 사회적 존재"이며 그러기에 육신의 생명 외에 '사회정치적 생명'을 따로 가졌다. 이 '사회정치적 생명'으로 해서 '사람'은 '인민대중'으로 나아갈 수 있는 역사적 동력이란 발판을 마련한다. 즉 '사람' 중심의 철학적 원리가 '인민대중' 중심의 사회역사적 원리로 거듭나는 것이다.[25]

사회역사란 사회가 역사적으로 어떻게 발전해 왔는가를 다룬다. 이렇게 보아 북한은 사회역사의 운동법칙으로서 인민대중의 역할을 높게 평가한다. 즉 "인민대중은 사회역사의 주체"라는 것이다. 참고로 '인민대중'이 최초로 쓰인 문헌적 기록은 김일성의 대표적 항일무장항쟁인 1937년 6월 4일의 보천보전투 때에 나돈 격문일 것이다. 당시 김일성 부대는 시내 각처에 '조선 인민대중에 격함'이란 격문을 살포했었다.

이 '인민대중'에 김정일은 "혁명과 건설의 주인이며 자연을 개조하고 사회를 발전시키는 결정적 요인"이라고 규정했다. '인민대중'은 곧 '사회정치적 생명'을 가진 '사람'들의 집단인 셈이다. 그런데 '사람'이 '인민대중'으로 나아가지 않으면 안 되듯이, '인민대중' 또한 '수령'의 영도를 필요로 한다. 수령의 영도가 없으면 오합지졸이고, 수령의 영도가 있을 때에만 인민대중은 역사적 동력이 된다. 이러면 '사람 중심'의 주체사상은 결국 '수령' 중심이게 되고, 여기서 주체사상은 본질적인 한계를 안게 된다.

김정일은 1989년 '조선민족제일주의정신을 높이 발양시키자'는 제목의 글에서도 "탁월한 수령을 모시고 수령의 령도를 받을 때에만 인민

---

25) 사람과 인민대중과의 관계에 대해 김정일은 1992년 다음과 같이 설명했다. "사회를 물질적 조건을 위주로 하여 볼 것이 아니라, 사람을 중심으로 하여 보아야 하며 사회의 발전과정을 자연사적 과정으로 볼 것이 아니라 사회적 운동의 주체인 인민대중의 자주적이며 창조적인 활동과정으로 보아야"한다(로동신문, 1992. 2. 4).

대중은 력사의 자주적인 주체로 될 수 있으며 자기운명을 자주적으로 창조적으로 개척해나가는 위대한 민족으로 될 수 있다.”고 말했다. 인민대중과 민족과의 관계를 그렇게 정의한 것이다. 인민대중은 곧 사회역사의 주체이지만 반드시 ‘수령’의 옳은 지도와 결합되어야만 사회역사의 발전적 동력으로 거듭날 수 있는 것이다.

이런 ‘수령’에게도 일정한 제한이 있었다. 그것이 바로 ‘지도적 원칙’이다. 수령은 곧 “자주적 입장과 창조적 방법을 구현하는 동시에 인민대중과 함께”해야 하는 것이다. 이 셋 중 어느 하나를 충족하지 못하면 수령이 아니라는 얘기다. 동시에 ‘창조적 방법’이란 다음의 사상적 역량과 관련이 깊다. 즉, 수령은 “혁명과 건설에서 사상적 요인에 결정적 의의를 부여하고 사상의식의 역할을 높여 모든 것을 풀어나가는 혁명의 지도적 원칙”을 고수할 수 있어야 한다.

다시 말해 수령은 사상적으로도 영도력을 발휘해서 인민에게 그것을 전이할 수 있어야 한다. 수령자신의 사상적·혁명적 확신을 인민대중에게 심어줄 수 있어야 하는 것이다. 이렇듯 수령에게 사상적 역량이 필요함은 인민으로 하여금 “참다운 공산주의적 인간으로 개조”할 수 있어야 하기 때문이다. 아울러 이 ‘지도적 원칙’의 실체는 수령인 점에서 이는 곧 수령의 정신덕목과도 관련이 깊다.

이 같은 좁은 의미의 주체사상은 결국 넓은 의미로는 김일성주의와 만난다. 김일성의 사상, 이론, 방법 등을 포괄한 것이 주체사상이란 얘기다. 주체사상의 ‘철학적 원리’, ‘사회역사 원리’, ‘지도적 원칙’은 각각 김일성의 주체사상, 혁명이론, 영도방법을 뜻하는 것이다. 다만 ‘영도방법’은 ‘영도체계’와 ‘영도예술’로 나뉘고, ‘영도체계’란 ‘수령의 유일적 영도체계’, ‘영도예술’은 ‘인민대중을 움직이는 방법’임을 들어둔다. 주체사상이 처음부터 김일성주의로 나아간 것은 아니었으나, 이렇게 된 데에는 주체사상의 변질이 있었다. 즉, 애당초 ‘사람 중심’의 철학인 주체사상이 김일성 개인의 유일숭배사상으로 변질해 더 이상 '사람 중심'의 철학이 아니게 되었다.

마치 사회주의를, 이것을 낳은 마르크스의 이름을 따서 마르크스주의라고 하듯, 주체사상도 이것을 낳은 김일성의 이름을 따서 김일성주의라고 부르게 된 것이다. 이 과정에서 '사람 중심'의 주체사상이 떨어져나갔고, 이 점에서 주체사상의 변질이 불가피했다. 그러나 변질이 있긴 해서도 주체사상은 '창조적 방법'을 통해 새로운 김일성주의로 거듭날 수 있었다.

무슨 말인가 하면, 주체사상이 마르크스주의의 관점에서는 변질, 이탈일지나, 새로운 김일성주의로 거듭난 관점에서 보면 '자주적 입장'과 '창조적 방법'을 구현한 것이다. 주체사상은 김일성주의가 됨으로써 더 이상 마르크스와 레닌을 숭배하는 마르크스·레닌주의의 하위개념에 속할 수도 없었다. 즉, 김일성주의로서의 주체사상은 마르크스·레닌주의를 대체하는 독창적 개념으로서 거듭난 것이다.

이런 독창적 개념이 있었기에 북한은 1990년대 사회주의권이 몰락하자, 이와 차별한 전략으로 '우리식 사회주의'를 들고 나올 수 있었다. 그러나 북한은 김일성주의가 광의의 주체사상이라는 것을 굳이 공식적으로 표방하지는 않는다. 국제사회주의와의 연관을 고려해서 별스럽다는 인상을 주지 않기 위함이다.

2. 주체역사론

이상의 함의를 갖춘 주체사상에 대해 그 논리적 구조를 살펴보았다.

그러면 그런 주체사상이 어떻게 역사의 현장에 구현되었는가 하는, 사상적 변천을 다뤄보기로 한다. 김정일은 『주체사상에 대하여』에서 주체사상의 형성시기를 항일무장투쟁으로 소급해서 본다. 이른바 1930년 대가 주체사상의 기원이란 설인데, 보천보전투가 그 발단이다. 김일성은 이 전투에서 유격대를 이끌고 함경북도 갑산군 보천보 일대를 습격했었다. 당시 동아일보는 이를 크게 보도해 김일성이라는 이름이 국내에 널리 알려지는 계기가 되었다. 한때 남한의 학계에서는 김일성이 실제로 보천보전투를 이끌었는지에 대해 논란을 빚었다. 하지만 지금은 이 전투가 김일성이 이끈 대표적 항일유격대로 인정하는 추세다(연합뉴스, 2006. 6. 4 18 : 26).

이와 더불어 1920년대의 'ㅌ·ㄷ'(타도제국주의동맹)정신도 주체사상의 중요한 사상적 근원이 된다. 북한은 노동당의 창당기념일을 1926년 10년 17일의 'ㅌ·ㄷ'결성에서 잡고 있다(노동신문, 1987. 10. 17). 그리고 '주체사상'이란 용어가 노동신문의 기사제목을 처음 쓰인 것은 1965년 9월 30일 김철희가 쓴 「당 창건 20주년을 맞으며: 조선혁명과 우리당의 주체사상」이다. 다만 '주체사상'이란 용어가 처음 쓰인 것은 이보다 앞인 1962년 12월 19일의 노동신문 논설에서다.

북한이 주체사상의 형성기를 1930년대로 보는데 반해 남한은 1950년대로 본다.[26] 일찍이 해방공간에서 북한은 마르크스·레닌주의를 강조하지 않았다. 통일전선을 구축할 필요에서 지주계급까지를 우호세력으로 아울러야 할 필요가 있었기 때문이다. 그러다 한국전쟁을 거치면서 마르크스·레닌주의를 공개적으로 천명한다. 1951년 11월 노동당

---

[26] 요컨대 주체사상의 기원과 관련해서는 기본적으로 '1930년대 형성론'과 '1950년대 형성론'이 대립된다. 1930년대는 김일성의 항일유격투쟁을 중시하는 것이다. 1950년 대는 한국전쟁 이후 북한 사회주의가 봉착한 제반 문제와의 관련 속에서 주체사상의 형성을 파악하려는 입장이다. 전자의 논리는 1970년대 이후 북한의 공식입장이다. 후자의 논리는 초기 북한의 입장이었으며 국내의 비판적 북한 연구자들에 의해 제기되었다(정성장, 2003).

중앙위원회 제4차 전원회의에서 김일성은 '마르크스 레닌주의적 당'이라고 표현하는 것이다. 나아가 노동당이 당 규약으로 "마르크스 레닌주의 학설을 자기활동의 지도적 지침"으로 삼는다고 밝힌 것은 1956년 4월의 3차 당 대회에서다.

이렇듯 주체사상이 큰 틀에서 마르크스·레닌주의를 내세우는 가운데 일부 자주의식이 싹트면서 주체사상화한 것이다. 1950년대의 주체사상은 소련식 사회주의에 대한 안티테제로 나타났다. 1955년 12월 28일 김일성은 「사상사업에서 교조주의와 형식주의를 퇴치하고 주체를 확립할 데 대하여」라는 연설을 통해 주체문제를 공식 제기했다. 즉, "마르크스 레닌주의를 소화하여 자기 것으로 만드는 것이 아니라, 그것을 통째로 삼키고 있다"면서 당시 그와 권력투쟁의 핵심에 있던 소위 소련파 등을 극렬히 비판했다. 곧이어 1956년 초에는 전당적인 토론을 거쳐 '주체의 확립'을 북한정권의 기본노선으로 삼았다. 아울러 이를 구실로 김일성은 기회 있을 때마다 사대주의와 교조주의를 추방하는 논리로 주체의 의의를 반복해서 설명했다. 이처럼 1950년대 '주체'의 개념이 등장한 이래 몇 차례 사상적 변천을 보이고 있었다(최대석, 2000).

잘 알려진 대로 1960년대는 중·소 분쟁기이다. 60년대의 10년 내내 사회주의 두 강국이 분쟁에 휩싸이는 동안, 북한은 이를 주체사상의 확립기로 다져나갔다. 1960년대 초반만 해도 "주체에 대한 사상은 우리 당이 자기행동에서 확고하게 견지하고 있는 근본원칙"이라고 했었다. 그러다 1965년 4월 주체사상에 대한 최초의 정식화가 이뤄졌다. 반둥회의 10주년 기념행사 참석차 인도네시아를 방문한 김일성은 '사상의 주체', '정치의 자주', '경제의 자립', '국방의 자위'라는 소위 '4대 원칙'을 선언한 것이다. 1966년 8월 로동신문은 "우리 당은 마르크스·레닌주의를 조선혁명의 현실에 창조적으로 적용하여 자기의 독자이론을 확립하였다"고 강조했다. 즉, 중국의 모택동사상과 같은 수준의 주체사상을 확립함을 선언한 것이다.

1960년 중반까지 주체사상이 고조되는 가운데 노동당은 여전히 마르크스·레닌주의를 지도사상으로 삼아 주체사상은 그 하위개념에 속했다. 그러나 1967년 이후 소위 '갑산파' 등 반발세력을 숙청한 이후 그 성격이 많이 달라졌다. 이전의 주체사상이 북한사회주의의 발전전략에서 나왔고, 그 나름의 합리성과 순수성을 갖췄다고 한다면, 이후는 김일성의 유일지도체계를 떠받드는 이론으로 굴절되기 시작한 것이다. 즉, 1967년 10월 26일 북한 최고인민회의는 '공화국 정부의 10대 정강'의 발표를 통해 주체사상이 북한정권의 지도이념임을 선포했다(안찬일, 1997). 이는 곧 주체사상이 마르크스·레닌주의를 대체한 '보편적 사상이론'이라고 함을 선언한 것이다. 이 무렵부터 김일성은 영도와 사상의 유일성을 확보하면서 '수령'으로 불리기 시작했다.

1970년 조선노동당 제5차 당 대회에서 김일성은 주체사상과 마르크스·레닌주의를 당의 공식 이데올로기로 채택한다. 그러나 1972년 12월 헌법개정에서 주체사상을 "맑스-레닌주의를 창조적으로 적용한" 것이라며 "국가 활동의 지침으로 삼는다."고 선언했다. 이후 주체사상은 완전히 김일성우상화의 도구로 전락했으며, 김정일에 의한 '김일성주의'의 이론화 작업도 진행되었다. 모범적 인간형으로 김일성의 소년시절이 제시되는가 하면, 인간에게 육체적 생명보다 더 중요한 '사회정치적 생명'을 주는 존재가 있고 그것이 바로 김일성 수령이라는 우상화 논리가 전개되었다. 1970년대 중반에 이르러서는 김일성주의를 공공연히 천명하는 일련의 논리적 사상체계를 완결한다.

1980년 10월 제6차 노동당대회에서 당 규약 전문에 "조선로동당은 오직 위대한 수령 김일성 동지의 주체사상, 혁명사상에 의해 지도된다."고 명시함으로써 주체사상을 공식적인 정치지도이념으로 격상시켜 채택했다.[27] 동시에 이 대회를 통해 공식후계자로 등장한 김정일까지도 우상화하고자 '수령'에 대한 충성심을 강조하는 도구로 삼았다. 즉, 주체의 위업은 대를 이어나가야 한다면서, 그 위업은 하루아침에 이루어질 수 없기 때문이라는 논리를 앞세운 것이다.

이런 이론적 완결성에 결정적으로 기여한 것이 김일성주의의 정수라고 일컬어지는 1982년의 『주체사상에 대하여』이며, 1986년 김정일의 『사회정치적 생명론』은 그 결정판이다. 이것은 기존의 '수령'을 보완하는 데다 충효를 강조하는 유교도덕을 결합시켜 수령-당-인민대중으로 하는 일련의 논리체계를 강화했다. 여기서 파생된 '일심단결'은 김정일의 '후계자'[28]로서의 입지를 굳혀주었다.

마침내 1992년 4월의 개정헌법에서 "사람중심의 세계관이며 인민대중의 자주성을 실현하기 위한 혁명사상인 주체사상을 자기활동의 지침으로 삼는다."면서, 마르크스·레닌주의에 대해서는 언급을 빼버렸다. 주체사상만이 "사람중심의 세계관이고 인민대중의 자주성을 실현하기 위한 혁명사상"으로, 북한은 곧 주체사상이 지배하는 유일사상이 되었다.

그러나 1980년대 말 이후 동구권과 소련이 붕괴하자, 이에 위협을 느낀 북한은 1990년대 들어 주체사상의 차별성·우월성을 부각시키고자 '우리식 사회주의'를 들고 나왔다(강성윤, 2001). 주체사상으로 표현되는 '우리식 사회주의'가 다른 사회주의권과 어떻게 다른가를 구분하고자 했던 것이다(안찬일, 1997: 181-190). 하지만 1980년대 이후 북

---

27) 즉, 1970년 11월 제5차 당 대회의 규약 전문에는 "맑스-레닌주의를 창조적으로 적용한 김일성동지의 위대한 주체사상을 자기활동의 지도적 지침으로 삼는다."고 규정했으나 1980년 10월 제6차 당 대회에서는 "맑스-레닌주의의 창조적 적용"이라는 내용을 삭제하였다.

28) 김정일은 『주체사상에 대하여』(1982)와 『사회정치적 생명체론』(1986)에 이어 『우리식 사회주의』(1991)를 발표함으로써 '후계자'로서의 사상적 전략기반을 마련했다 (이주철, 2000: 42-56). 이어 1994년 7월 김일성 사망 후 시신을 '금수산 기념궁전'에 안치하는 한편, 김일성 '영생탑'건립과 '주체'(김일성 생년인 1912년을 그 원년으로 삼는데, 예컨대 1948년은 '주체 37년'이 된다.)연호 및 '태양절'(김일성 생일, 4월 15일)을 제정(1997.7)함으로써 그의 '후계자'로서의 의무를 다한다.

한의 경제상황은 이미 내리막길로 들어서고 있었다. 게다가 1990년대 들어서도 동구권의 몰락 등 위기가 더욱 심화되었다. 따라서 '우리식 사회주의'라는 우월성이 인민들에게는 먹혀들 계제가 못되었다. '우리식 사회주의'는 북한 사회가 직면한 경제난, 세습정치의 폐단 같은 내부모순, 그리고 사회주의권의 붕괴라는 외부압력 속에서 체제를 지켜내기 위한 대응전략으로는 역부족이었다. 그렇다고 이것 말고는 별다른 도리가 없었던 것도 북한이 지닌 한계였다.

1994년 김일성 사망 후 삼년상을 치르고 그 이듬해인 1998년, 김정일은 공식적인 지도체제를 개막했다. 하지만 북한은 여전히 '김일성주석의 사상과 영도'를 국가통치의 원리로 삼으면서 이를 헌법으로까지 규정해오고 있다. 즉, 1998년 헌법을 개정한 후 오늘에까지 이어지고 있는 현행헌법은 이름자체가 '김일성헌법'으로 명명되고 있다. 이 헌법의 서문 끝부분에 "조선민주주의인민공화국 사회주의헌법은 위대한 수령 김일성동지의 주체적인 국가건설사상과 국가건설업적을 법화한 김일성헌법"이라고 못 박고 있는 것이다. 말하자면 헌법의 정식명칭은 '사회주의헌법'이나 '김일성헌법'으로 통칭되는 것이다. 때문에 오늘날의 주체사상은 마르크스·레닌주의와는 상관없고 김일성의 혁명사상과 전략 등을 포괄하는 '김일성주의'의 또 다른 이름인 것이다. 또 헌법 제3조에서도 "주체사상을 자기 활동의 지도적 지침으로 삼는다."고 거듭 명시하고 있다. 이것은 북한의 인민대중이 끊임없이 교양과 학습을 통해서 주체사상을 체득하고, 나아가 삶의 기준으로 받아들여야한다는 뜻이다. 삶 자체를 규정짓는 대전제가 곧 '주체'이다.

북한 당국은 이처럼 인민을 주체사상으로 무장시키지 못하면 제국주의의 문화적·사상적 침투를 이겨낼 수 없다고 본다. 주체사상의 진작이야말로 혁명과 건설의 근본적인 뼈대라고 생각한다. 그리하여 사회주의가 붕괴하는 것은 비정상적인 현상이라고 호도한다. 동구의 사회주의 붕괴는 북한의 '우리식 사회주의'같은 것을 하지 않았기 때문이라고 역선전한다. 고로 '우리식 사회주의'를 끝까지 고수하는 한, 승리는 인민대중의 것이라고 주장한다. 주체사상의 입장을 확고히 할 때, 어떤 복잡하고도 어려운 문제를 성공적으로 해결해 나갈 수 있다고 강조한다(우정, 2000: 38-39).

이처럼 주체사상이 인민들을 지도하는 효과적인 전술, 전략이라고 한다. 주체사상은 곧 "민족해방, 계급해방, 인간해방에 관한 이론과 사회개조, 자연개조, 인간개조에 관한 리론이 전면적으로 체계화되고 완성된 공산주의 혁명리론"이라고 거듭 강조하는 것이다. 이에 따라 주체사상의 교양교육을 더욱 강조하고 있다. 인민대중을 이념적으로 교양하고 신념화하기 위해서는 주체사상의 원리 교양, 혁명전통 교양, 계급교양, 집단주의 교양, 사회주의·애국주의 교양을 통해 온 사회가 주체사상으로 넘쳐나도록 단일화해야 한다는 것이다. 이렇듯 북한은 사회주의 사상, 즉 '주체'로 무장한 인민대중만이 사회와 역사발전의 기본 동력이라고 본다. 아울러 이런 주체사상을 창시한 '수령'또한 더할 수 없는 존귀함의 대상이다.

주체사상이 그 나름의 완결형을 갖는 사상적 체계이나 거기에도 논리적 취약성은 있다. 가장 큰 약점이 논리성 및 현실성의 결여이다. 논리적 취약성은 1950년대 당시 김일성이 '주체'의 개념을 설명할 때부터 나타났다. 김일성은 곧 주체의 개념에 대해 마르크스·레닌주의의 순결성을 고수해 나가자는 뜻이라고 풀이했다. 그러나 마르크스·레닌주의가 본래 주장하는 프롤레타리아 계급 간의 국제적 연대 강조에 대해서는 설명이 누락됐다. 더욱이 1970년대 이후 '김일성 우상화'가 전개되면서 '주체'의 논리적 취약성은 구조화되었다. 예컨대 인민대중이 혁명의 주인이므로 주체성을 갖도록 해놓고, 다른 한편으로는 '수령'론을 내세워 인민대중이 수령의 지도를 받아야만 진정한 의미에서 주인이 된다고 했다.

1980년대 들어 북한은 사회주의 역사상 유례없는 부자세습제를 추진함으로써, 주체사상의 논리적 취약성은 극에 달했다. 북한이 자랑했던 동구의 '형제나라'들은 줄줄이 무너져 북한을 실망시켰다. 반대로 북한이 총체적 부패로 말미암아 몰락할 것이라고 비난했던 자본주의 나라들은 오히려 승승장구하는 모습이었다. 1990년 이후 마이너스 성장을 지속한 경제적 상황 또한 인민에 대한 설득을 어렵게 했다. 이런 현상을 타개하고자 취한 것은 오히려 인민에 대한 사상적 압박이었다. '우리식 사회주의', '조선민족 제일주의', '붉은기 사상' 등이 그것이다. 이러자, 주체사상은 당초 북한을 혁명과 건설을 이끄는 창조적 도구이던 데서 북한을 더욱 폐쇄적으로 내몬 도구가 되었다(북한문제연구회, 1998: 52).

3. 수령론

북한은 주체사상으로 무장한 인민대중만이 사회주의를 발전시킬 기본 동력이라고 본다. 그런 북한을 한 가정으로 친다면 인민대중은 '자식', 이를 이끄는 '아버지수령'과 '어머니당'이 있다고 한다. 북한은 잘 알려진 가부장적 사회이고, 따라서 북한이 당중심사회라 하나 실은 수령의 영도 아래 놓이는 수령중심사회가 된다. 그 같은 당과 수령과의 관계는 다음의 문건을 통해서도 확인된다.

당의 성격을 나타내는 노동당 규약 전문에 의하면 당은 "로동계급과 전체 근로대중의 선봉적·조직적 부대"이고 "최고형태의 조직"이며,

"프롤레타리아 독재체계"의 "지도적 및 향도적 력량"이라고 소개된다. 또한 현행헌법 제11조에서도 "조선민주주의 인민공화국은 조선로동당의 령도 밑에 모든 활동을 진행한다."면서 당은 "근로대중의 모든 조직들 가운데서 가장 높은 형태의 혁명 조직"이라고 거듭 강조된다(로동신문, 1998. 8. 22).

바로 그 헌법 전문에 "조선민주주의 인민공화국과 조선인민은 조선로동당의 령도 밑에 위대한 수령 김일성동지의 사상과 업적을 옹호 고수하고 계승 발전시켜 주체혁명위업을 끝까지 완성하여 나갈 것"이라고 한다. 즉, "공화국"과 "인민"은 "당의 령도 밑에" 놓여 북한사회가 당국가사회임을 거듭 확인할 수 있다. 그러나 그런 당의 역할 내지 의무를 본다면, "수령 김일성동지의 사상과 업적을 옹호 고수하고 계승 발전"시키는 것이다. 곧 '수령'은 국가와 국민, 그리고 당, 모두로부터 초월한 존재임을 알 수 있다. 다시 말해 당은 "공화국"과 "인민"이 '수령 김일성의 주체혁명위업'을 계속 옹호·발전시키는지의 여부를 지도·감찰할 의무가 확실한 것이다.

당이 북한사회를 이끌지만 그 정점에는 영생불멸의 존재인 수령이 건재한 것이다. 결국 노동당이 노동자·농민 등을 위한 계급정당이라지만 실제는 수령을 옹위해 수령의 사업인 '주체혁명위업'을 완성해야 하는 것이다. 이러기에 북한의 정치사전에서도 "로동계급의 당은 수령의 혁명사상을 실현하기 위한 선진투사로서 조직되며 수령의 혁명사상을 지도지침으로 하고 수령의 유일적 령도 밑에 혁명과 건설을 진행한다."고 거듭 강조하는 것이다.

김정일의 1982년, 『주체사상에 대하여』는 수령에 대한 설명이 가장 잘돼 있는 압권으로 통한다. 그 정의는 다음과 같은 데, 이것은 북한의 속성상 최상위의 당 규약과 그 다음의 헌법보다도 더 실질적인 상위개념이라고 함을 염두에 둬야할 것이다. 또 하나는 '수령'에 대한 신격화작업이 김일성 사망 후에 진행된 것이 아니라 사실상 1982년의 문건에서 그런 신격화를 받쳐줄 유심론적인 인식이 드러나고 있는 것이다.[29] 북한의 전통적인 유물론적 인식을 일시에 덮어버릴 초강력의 유심론적 세계가 열리는 단초이기도 하다. 예컨대 "사상적 순결체"같은 표현이다. 김정일은 곧 '수령'과 '주체'는 무오류성의 결정체이니, 하등의 의심 없이 받아들일 것을 당과 인민에게 요구한다.

> "수령의 사상과 령도를 떠나서 령도적 정치조직으로서의 당에 대하여 생각할 수 없으며 대중과 결합되지 않고는 혁명과 건설을 승리로 이끌어 나갈 수 없다. 수령을 중심으로 수령·당·대중이 일심동체가 될 때 가장 공고하고 위력한 혁명의 주체를 이루게 되며 그것은 혁명과 건설의 위대한 추동력으로 된다. 그러므로 로동계급의 당은 수령의 당으로, 수령의 사상과 령도를 실현하는 정치조직으로 건설되어야 하며 인민대중과 혼연일체를 이루어야 한다. ……당의 유일사상체계는 수령의 사상체계이며 수령의 령도체계이다. ……유일사상체계를 세우는 것은 당을 수령의 당으로 건설하기 위한 기본방도이다. ……로동계급의 당은 전당이 수령의 사상으로 일색화되고 수령의 유일적 령도 밑에 하나와 같이 움직이는 사상적 순결체로, 조직적 전일체로 되어야 한다."

즉, "수령을 중심으로 수령·당·대중이 일심동체가 될 때 가장 공고하고 위력한 혁명의 주체"가 된다면서 "당은 전당이 수령의 사상으로 일색화되고 수령의 유일적 령도 밑에 하나와 같이 움직이는 사상적 순결체로, 조직적 전일체"로 거듭나야 한다고 강조하는 것이다. '수령'의 사상을 의심할 여지없이, 무결점의 '순결체'로서 받아들이며, 동시에 '수령'의 영도를 전당·전민이 한결같은 '전일체'로써 받아들여야한다는 것이다.

---

29) 그런 유심론적 세계관이 일목요원하게 드러나는 것이 김정일의 1987년 소위 'ㅌ·ㄷ' 문건으로 즉, 수령에 대한 "사회정치적 생명체의 최고 뇌수"라는 표현을 주목할 수 있다. 1982년의 '사상적 순결체'가 1987년 '최고 뇌수'에 이어짐으로써 수령의 유심론적 사유체계가 정리된다고 볼 수 있다.

이는 곧 북한의 모든 정치조직과 기구, 인민들이 수령의 통일적 지휘 아래 하나같이 움직이며, 수령의 교시와 명령·지시를 무조건 받아들이고 관철해야 함을 뜻한다.

김정일은 또 1986년과 1987년에 각각 「사회정치적 생명체론」과 「조선로동당은 영광스러운 'ㅌ·ㄷ'의 전통을 계승한 주체형의 혁명적 당이다」(노동신문, 1987년 10월 17일)는 글을 잇달아 발표했다. 특히 'ㅌ·ㄷ'에서 '인민대중'은 당과 수령의 영도 아래서만 "영생하는 생명력을 지닌 생명체"라면서, 수령은 곧 "사회정치적 생명체의 생명활동을 통일적으로 조직하고 지휘하는 령도의 유일중심"이자 '사회정치적 생명체의 최고 뇌수'라 했다.

'사회정치적 생명체'란 "인민대중이 혁명의 자주적 주체로 되기 위해 당의 영도 밑에 수령을 중심으로 하여 조직사상적으로 결속됨으로써 영생의 생명력을 지닌 생명체"라 한다. 다시 말해 수령은 '전 당의 조직적 의사의 체현자'이자, '당의 최고 령도자'로서 "사회정치적 생명체의 생명활동을 통일적으로 조직하고 지휘하는 령도의 유일 중심"이라고 한다.

그런데 '수령'이 '사회정치적 생명체의 최고뇌수'인 점에서 이는 유심론적 존재가 된다. 이 같은 유심론적 존재인 까닭에 생멸의 여하에 구속을 받지 않고, 이 때문에 김일성은 죽어서도 '영원한 주석'이 되고 현실적으로도 '주석'자리는 비어있다. 그리고 '인민대중'은 '수령'의 영도 아래서만 '영생'을 얻는 '생명체'가 된다. 고로 인민대중은 저마다의 육신이 갖는 생명의 한계를 벗어나 '사회정치적 생명체'로서 거듭나야하는데 이때 생명의 '뇌수'를 불어넣어주는 것은 다름 아닌 '수령'이다. 수령은 곧 '사회정치적 생명체의 최고뇌수'인 것이다.

이러면 북한의 '수령'론은 기독교의 이른바 성부·성자·성신(聖神)을 하나로 하는 '삼위일체설'을 방불케 한다. 성부는 하나님, 성자는 예수, 성신은 '성령(聖靈)'인데 예수는 곧 '하나님'의 능력을 빌려 성신을 '역사'(役事)한다고 바이블은 제시한다. 김정일 역시 아버지 김일성의 영적 존재인 '수령'을 빌려 강한 통치력을 발휘한다고 볼 수 있다. '유훈통치'가 그 증좌이다. 말하자면 주체사상의 김일성은 '성부'가 되고 김정일은 '성자'가 되며, 이때 '성신'은 '수령'인 셈이다.

한편으로 북한에서 곧잘 쓰는 '어버이 수령 동지'와 기독교의 '하나님 아버지'로 보면 오히려 '수령'은 '하나님'에 가까운 것이다. 김일성이 살았을 때는 수령이 '하나님'이나 '성신'이 될 수 없지만, 그가 죽은 후에 '수령'은 영적인 존재로 거듭날 수 있는 것이다. 마치 예수가 죽은 뒤 부활하여 '성신'을 역사하듯, 김일성도 죽은 뒤 '영생'을 얻어 '수령'으로 거듭나는 것이다. 이렇게 본다면 하나님은 수령, 예수는 김일성, 성신은 수령, 또는 주체가 되어 흡사 삼위일체설을 방불케 한다.

게다가 김일성의 생부 김형직과, 생모 강반석은 모두 독실한 기독교 집안출신이다. 이 점에서 김일성 자신이 기독교적 영향을 받고 자랐을 가능성은 매우 높다. 특히 '강반석'의 '반석'은 기독교에서 자주 쓰는 말이다. 예컨대 '반석교회'등이다. 그런 용어가 19세기말에 사람의 이름으로 등장했다는 것은 놀라운 사실이 아닐 수 없다. 특별한 기독교적 영향이 아니고선 있기 어려운 대목이다. 이렇게 보더라도 주체사상이 기독교적 유일사상을 빌려와 썼을 가능성을 배제 못한다.

'주체'는 흡사 종교적 결합체이다. 기독교가 '아버지'를 떠나서는 사람이란 한갓 '미물'이고 '영생'을 얻지 못한다고 하듯, '주체'에서도 '수령'을 떠나서는 '영생의 생명력'을 얻지 못한다. '인민대중'은 곧 '수령'을 만나서만이 '사회정치적 생명체'로 거듭날 뿐이다. 그렇지 못한 생명체는 동물적인 자연생명일 뿐이다. 이런 점에서 주체사상이 '정치적 종교'(신일철, 1993)라고 평하는 것도 무리가 아니다.

북한은 1998년 헌법개정에서 김정일을 국방위원장으로 하여 최고 권력자로 삼지만 국가주석은 빈칸으로 남겨 김일성을 '영원한 주석'으로 신격화하고 있다. 김일성은 죽어서도 '수령'으로 남아, 마치 기독교의 '성령'처럼, 또 한말의 '국혼'처럼, 북한을 이끄는 영험한 존재가 되고 있다.

개혁과 개방에 의심이 많고 저항이 강한 북한사회는 그저 주체사상에 맹종할 뿐이다. '주체'는 정치사회적으로 북한을 획일화하는데 그치지 않고, 그 정신세계까지를 지배하는 영적인 실체가 돼있다. 이 같은 유심론적 지배는 유물론을 떠받드는 사회주의 국가에서는 전례가 없는 일이다. 김일성을 '수령'으로 하여, 그의 사후에도 북한을 지배하는 소위 '유훈통치'는 김정일의 시대가 개막된 지금에도 존속한다. 헌법을 '김일성헌법'이라고 명문화한 것도 그 한 실례이다. 북한의 곳곳에 나붙은 김일성·김정일 부자의 초상화 또한 그러하다. 주체사상은 이제 유심론도 되고 유물론도 되는 괴기스런 모습을 하고 있다.

다만 이렇게 된 데는 목적이 있다. 그것은 어떻게 하면 북한 인민을 잘 통치할 수 있을까에 모아졌을 것이다. 곧 유일적 영도체계의 확립을 위해서다. 이 영도체계의 확립에 대해 황장엽[30]은 '수령절대주의'라고 표현한다. 황장엽은 곧 그의 회고록에서 "전체주의와 봉건주의를 결합시킨 수령절대주의가 주체사상의 진수"라면서, "수령절대주의는 전체주의와 봉건주의의 결합"(황장엽, 1999: 371-372)이라고 지적했다.

---

30) '사람중심'의 주체사상을 설계한 것으로 일컬어지는 황장엽은 노동당 비서를 지냈고, 1997년 4월에 귀순했다. 그는 주체사상이 김일성유일사상으로 변질된데 대해 더 이상 자신의 할 일을 찾지 못해 망명했다고 한다.

4. 국가유기체론

　김정일의 1982년 문건, "사상적 순결체, 조직적 전일체"중에서 "사상적 순결체"는 1987년 '최고 뇌수'로 이어져 유심론의 정점을 드러냄을 살폈다. 이제 "조직적 전일체"가 바로 주체사상의 국가유기체설에 해당함을 살피고자 한다.

　이에 앞서서 주체사상 안에는 보통의 혈육관계로 구성되는 소가정과, '수령'으로 하는 정신적 혈육관계로 구성되는 '대가정'이 있어 서로 유기적인 관계를 이루는데, 그 최종·최고의 유기체적 규모가 바로 국가이고, 따라서 국가유기체설의 성립근거가 됨도 미리 밝혀둔다.

　황장엽은 주체사상을 '전체주의와 봉건주의'로 설명했는데, 그렇다면 주체의 '대가정'역시 전체주의와 봉건주의로 설명될 것이다. 실제로 많은 북한전문가들이 그 같은 견해를 갖고 있다. 전술한 북한연구법에서도 보았듯이, 북한의 성격에 대해 브루스 커밍스는 '사회주의적 조합주의론'을, 와다 하루키는 '유격대국가론'을, G.맥코맥은 '신전체주의론'을 각각 제시한바 있다.

　커밍스은 북한이 스탈린식 사회주의와 전통의 '충효', 즉 봉건주의와 만나서 하나의 독특한 '조합'으로서의 '유기체'를 조성한다고 했다. 그러한 유기체적 조합사회는 G. 매코맥에 의하면 '신전체주의'로 표현된다. 또 와다의 '유격대국가론'에는 '가족국가관'과 '전통적 국가관'이 합치돼있다. 특히 와다에 의하면 북한사회가 '수령은 아버지', '당은 어머니', '대중은 자식'으로 거대한 가족적 국가를 이루는 것이다. 따라서 그 사회는 '김일성＝할아버지', '김정일＝아버지'로 확대되는 '대가정'이라고 한다. 이처럼 이들의 '대가정'론에는 봉건주의·전체주의와 같은 사회역사적 배경이 깔려 있다. 와다의 '대가정'론 역시 1930년대 김일성의 항일유격대에서 그 논거를 잡은 것이다.

그러나 '수령'자체가 이미 신격화한 만큼 더 이상 영수로서의 의미가 없다면 '수령'이 이끄는 '대가정'에 대한 해석도 좀더 정신적일 필요가 있다. 이렇게 볼 때 가장 유력한 것이 커밍스와 와다를 합친 '유기체적 대가정'이 아닐까 한다. 그리고 이것을 국가유기체설로 파악해도 무리가 없을 것이다.

주지하듯, 북한이 말하는 '사회주의 대가정'으로서의 '대가정'은 '사회정치적 생명체'를 기본으로 하는 '사회정치적 인민'들로써 이뤄진다. 고대 그리스의 철학자 아리스토텔레스는 "사람은 사회적 동물이다."고 말했는데, 이때의 '사회적'이란 사람과 사람과의 수평적인 만남, 상대방의 주장을 존중할 줄 아는 협동사회의 건설을 지향해서 그렇게 말한 것이다. 그러므로 '사회정치적 생명체'를 거느리는 '최고뇌수'로서의 '수령'을 정점으로 한 '대가정'사회와는 근본적으로 다른 것이다.

일찍이 유기체에 관한 지식과 정보가 처음 전해지면서 역사운동의 한 동력으로 쓰였다. 1905년에서 1910년, 한말 '애국계몽운동'사상이 그러했다. 이 운동을 이끈 박은식·장지연·신채호 등은 국가와 민족, 국민의 3자 관계는 떼래야 뗄 수 없는 관계라 인식했다. 3자는 마치 생명체 안의 각 기관과 조직들이 서로 유기적인 연관을 이룸으로써 생명을 유지해가는 '유기체'적 결합이라고 본 것이다. 이렇게 해서 나온 것이 '국가유기체설', 또는 '사회유기체설'이다.

이 '국가유기체설'을 전해준 이가 바로 양계초로 그는 당시 이름난 중국근대계몽사상가였다. 그의 문집은 한문으로 되었기에 많은 한말 지식인이 앞 다투어 사보았다. 신채호의 '오호라'며 피 끓듯이 써내려가는 항일애국문체는 실은 양계초 특유의 '붓끝에 감정을 실어 나르는' 문장기법을 많이 차용한 것이다. '국가유기체설'은 양계초의 고유학설은 아니고, 그렇게 주장하는 서양학자의 학설을 양계초가 그의 호를 딴 『음빙실문집』을 통해 소개한 것이다.

양계초는 청일전쟁 후의 중국현실을 개탄하며 새로운 변화만이 중국을 구해낼 것이라며 변법운동을 전개했다. 변법운동은 나중 입헌운동을 이어졌으나 끝내 혁명으로는 나아가지 않았다. 그는 열강의 중국침탈을 마치 이리떼가, 늙고 병들어 누운 호랑이를 에워싸고 덮치려는 것으로 묘사했다. 손문은 그런 청조가 없어지지 않고서는 혁명이 성공할 수 없다고 보았고, 이에 대해 양계초는 청조가 개혁의 대상이나 혁명의 대상은 아니라며 끝까지 국가보호의 '보국'운동을 펼쳤다.

역사의 방향은 혁명이었고, 실제 혁명은 성공했다. 그러나 혁명 후 상황은 양계초가 우려했던 대로 연출되었다. 혁명의 과실을 혁명파가 챙기지도 못한 사이 태어난 중화민국은 오히려 청조보다도 더한 민심도탄을 야기했고, 군벌은 할거했다. 열강은 노골적으로 이권침탈에 나서 중국을 유린했다. 양계초의 보국운동은 이런 상황을 염두에 둔 것이었다. 따라서 그의 정치사상은 국가주의·국민주의·민족주의 셋을 다 아우르나, 특히 국가주의로 경도되었고, 이가 곧 국가유기체설로 표현됐던 것이다(허도학, 2000).

좀 장황해졌으나 양계초사상은 오늘날의 남북한 인식에 시사하는 바가 많다. 양계초가 벌인 변법·입헌운동과 보국운동은 각각 북한과 남한에게 시사하는 바가 많은 것이다. '변법'이란 제도를 포함한 법을 바꾸는 것인데, 그런 '변법의 시기'를 만나서는 변화를 두려워하면 안 된다는 것이다. 북한이 정권수립 후 최초의 변화시도인 '7·1조치'를 발표한 것은 그 나름의 '변법의 시기'를 인정한 것이다. 그럼에도 불구하고 변화를 두려워하는 것은, 그렇게 하다가 결국 왕조를 잃고만, 청조의 신세가 될 뿐이다.

양계초의 정치이론에 따르면 지금의 북한은 군주전제국이다. 양계초는 청조를 그렇게 보아 군주입헌국으로의 전환을 요구했었다. 그러나

'입헌'을 미루다 결국 손문을 중심으로 한, 민주입헌국 지향의 혁명파에 의해 청조 자체가 와해되고 말았다. 김정일은 지금 '변법'으로 개혁·개방의 방향을 확실히 잡고, '입헌'의 길을 모색해야 한다. 참신한 세력을 등용해 정치를 맡기고, 자신은 군주입헌국의 '군주'로 남는, 일대 용단이 필요한 것이다. 그러면 김정일도 살고, 북한이 살며, 통일한국의 미래가 열릴 것이다.

양계초의 국가주의운동인 보국운동은 오늘의 북한을 바라보는 남한의 일부 보수세력, 즉 수구세력에게 인식전환을 요구하는 선례가 된다. 김정일정권이 내려앉거나 바뀌지 않는 한, 대화는 없다고 하는 것은 비단 부시만이 아니다. 놀랍게도 남한의 일부 세력이 그렇게 가세하는 것이다. "새가 울지 않으면 울 때까지 기다려라"는 말이 있다. 북한이 변하지 않으면 변할 때까지 기다릴 수밖에 없다. 왜 변하지 않느냐며 선제공격도 불사하겠다, 전쟁도 마다하지 않겠다, 하는 것은 북한을 개혁의 대상이 아니라 혁명의 대상으로 간주하는 위험천만한 발상이다. 김일성·김정일을 '전쟁광'이라고 욕하더니, 어느새 전쟁광으로 변한 자신을 알아차리지 못하는 게 오늘의 남한 수구세력이며, 여기에는 일부 야당인사와 일부 언론이 포함됨을 부정할 수 없다.

양계초는 손문보다 더 청조를 미워했으면 미워했지 결코 청조를 옹호한 것은 아니었다. 다만 청조가 무너지면 일본을 포함한 열강들이 벌떼같이 달려들어 나라를 거덜 내리라고 보아, 비록 부패·무능의 청조라 할망정 그거라도 있어야 열강끼리의 견제와 균형을 이용할 수가 있다고 보았다. 그렇다면, 손문은 그런 열강의 의도를 모르고서 혁명을 했다는 말인가, 할 수 있다. 물론 손문은 혁명파를 청조를 대신할 세력으로 믿어 혁명을 추진했을 것이다. 그러나 대안세력이 되지 못한데 혁명의 한계가 있었고, 중국의 비극적 상황은 꽤나 오래 지속됐던 것이다.

남한의 수구세력은 진보세력을 향해 친북파라고 윽박지르나, 아마 김정일을 지지하는 이는 극히 드물 것이다. 양계초가 청조에 대해 그러했듯, 많은 진보세력은 김정일을 혐오할 것이다. 그럼에도 불구하고 그 체제의 존속을 일단 인정하는 것은, 그 반대의 상황에서 북한 인민이 겪어야할 고초를 생각해서다. 부시의 이라크 침략이 잘못된 것은 후세인의 대안세력을 키워놓지 않은 채 쳐들어가 나라를 온통 쑥밭으로 만들어버렸다는 사실이다. 김정일의 대안세력이 없는 마당에 그 체제가 전복된다면, 과거 열강의 밥이 된 청조이거나 오늘의 이라크같이 되고 말 것이다.

이상은 양계초를 중심으로 국가유기체설이 안고 있는 현재적 의의를 짚어본 것이다. 전술한 대로 '수령'이 '최고뇌수'인 점에서 한말애국계몽운동시기의 '국혼'과 '뇌수'를 연상케 한다. 애국계몽사상가 박은식은 국가·국민·민족의 3자 관계를 하나로 집약시켜줄 정신적 실체로서 '국혼'을 제기해 유명하다. 박은식은 을사늑약으로 국권이 피탈된 상황에서, 국가·국민·민족의 정신인 '국혼'을 잃지 않으면 국권을 되찾을 수 있다고 믿었던 것이다. 그는 곧 현실에서 잃은 국권의 자리를 정신적 '국혼'으로 되돌리고자 했다. 현재 북한이 한말의 그런 '국혼'을 내세워 미국에 대항하고 있는 셈이다. 그것이 무엇일까 하면, 곧 인민대중의 '정치생명체'인 '뇌수'를 움직이는 '최고뇌수'로서의 '수령'인 것이다. 즉, 사회에 만연된 '수령결사옹위정신'의 구호이다.

좌우간 주체사상은 김일성에 의해 창시되어 정치적 종교화했음을 부인 못한다. 북한은 주체사상이 무오류성의 절대불변의 진리라 믿는데, 바로 그런 종교성을 스스로 인정한 것이나 같다. 따라서 이런 '주체'가 북한을 지배하는 한, 북한에 변화가 있을 수 없다는 황장엽의 지적은 정곡을 찌른 것이다(황장엽, 1999: 355-359).

사실, '봉건타도'를 외치던 북한이 유교의 대가족제와 충효사상을 빌려와

'대가정'론의 이론적 배경을 일부 삼았음은 한마디로 이율배반적이다. 사회주의가 본래 갖는 유물론적 사유체계에 유심론적 사유가 가미됐다는 점은 주체사상이 더 이상 사회주의가 아니라는 것을 확인시켜볼 뿐이다.

다만 주체사상의 국가유기체설에 해당되는 말을 몇 개를 더 고르라면 '조직적 전일체'외에도, 북한이 '전시사업세칙'이라 하여 2005년에 발표한 대목에서도 드러나듯이 '전국토의 요새화, 전인민의 간부화'등의 오래된 구호가 있다. 특히 현행 '김일성헌법'제63조에 의하면 "조선민주주의인민공화국에서 공민의 권리와 의무는 '하나는 전체를 위하여, 전체는 하나를 위하여'라는 집단주의원칙에 기초한다."고 규정하고 있다.

유기체란 한 방울의 피, 한 점의 살에도 생명존속의 의의가 있다. "하나는 전체"이고, "전체는 하나"인 것이 바로 유기체의 특성이다. 그런 유기체로서 가장 큰 규모가 바로 국가로, 그래서 국가유기체설이 대두되었다. 물론 북한은 드러내놓고 국가유기체설을 강조하지는 않는다. 그러나 주체사상에는 기독교적 삼위일체설과 함께 20세기 초엽 한말의 위기상황에서 나온 국가유기체설이 상당부분 원용돼있는 북한의 현실을 목도하기란 그리 어렵지 않다.

Ⅵ. 통일교육철학론

통일문화와 통일교육은 불가분의 관계를 이룬다. 통일에 바람직하거나 많은 영향을 줄 수 있는 일련의 가치성향을 통일문화라고 표현할 때, 이를 교육을 통해 상승 또는 억제할 수 있어야 할 것이다. 이때의 교육은 학교교육이든 사회교육이든 구분할 필요가 없을 것이다. 교육이 그렇게 통일에 기여할 때를 통일교육이라고 한다면, 여기에도 일정한 가치관의 흐름의 있어야 할 것이다. 이 일정한 가치체계를 통일교육철학이라고 불러보는 것이다.

1. 통일교육론

　통일교육철학이란 통일을 위한 일련의 체계적 활동이 반복되는 문화적 현상이다. 아직 이 같은 이름의 통일연구 분야는 없다. 그럼에도 불구하고 굳이 이를 쓰고자 하는 것은 과거 남북한에 어떤 가치관이 통일교육에 지배적인 영향을 미쳤고, 현재는 어떠한지를 살펴보고자 하는 뜻에서다. 아울러 가능하다면 바람직한 방향까지도 모색해보고자 한다.

　남한의 통일교육철학이라 할 것은 1988년 제4차 교육과정까지만 해도 실은 멸공·반공·승공 등으로 표현되었다. '반공'의식에 투철했고, 북한을 비롯한 세계 공산국가가 부정되었다. 냉전시대의 첨병노릇을 했던 것이다. 제5차 교육과정에서 '통일안보교육'이라는, 즉 '통일'이라는 중립적 가치가 표출되더니, 김영삼정부(1992~1997) 때인 제6차 교육과정에 이르러서야 '민족공동체 지향'의 '통일교육'이 비로소 명명되기에 이르렀다. 그러니까 '통일교육'이라는 이름이 쓰이기 시작한 것은 1990년대 초·중반이후다.

'반공'과 안보를 위주로 하던 통일교육관계는 이로부터 주춤해졌으나 '반공'을 담당하던 윤리 교과목은 그대로 두었다. 이 바람에 과거와 같은 반공일변도는 아닐지라도 딱히 새로운 비전을 주는 통일교육은 나오지 못했다. 의의라면, 반공교육과 안보교육이 통일교육의 하위개념으로 들어갔다는 사실이다. 이를 반영하듯 1994년에는 일부 대학에 북한학과가 신설되기도 했다. 또 학교 교과서에는 북한에 대한 편견과 비판이 상당 부분 감소됐다.

교육과정은 통일교육에도 지표가 되는데, 2002년부터 시행된 제7차 교육과정에서는 그동안 통일교육을 전담하다시피 하던 윤리과가 도덕과에 흡수되고, 도덕과는 다시 사회과목에 속하게 되었다. 게다가 수업시간과 교과내용도 많이 줄었다. 한 단원도 제대로 차지 못할 정도였다. 즉 사회과목에서 남한의 사회문제를 다룰 때 부분적으로 북한사회를 언급하는 것으로 그치는 것이었다. 이전에 남한을 중심으로 한, 체제 우위·옹호론적인 반공·안보교육이 줄긴 했어도 그 자리를 새로운 통일교육이 차고 들어와 공간을 메우지 못하는 것이다. 이런 미비점을 보충하고자 교육부는 학교의 재량시간을 활용해 통일교육을 하도록 권장했지만 입시교육에 바쁜 학교가 그렇게 짬을 낼 리는 만무하다. 교육부는 통일교육에 관한 지침만 주고, 그 교육과정은 학교가 알아서하라고 했던 것이다.

사실 '반공'은 북한의 '주체'를 반박하기 나왔다. 이 말을 뒤집으면 '주체'가 없으면 '반공'도 없다는 뜻이다. '반공'이 스스로 사상적 체계를 갖추기란 논리적으로는 어려운 대목이다. 이 때문에 남한은 북한에 대해 사상적 논쟁을 꺼리고 대신, 체제 우위론적인 발상에서 정책논쟁을 적극 전개해오지 않았나한다. 현재 남한의 통일철학이라 할 것은 기실 '안보'다. '반공'이 북한체제에 대한 무조건적인 거부라면 '안보'

는 남한체제에 대한 무조건적인 보장을 전제로 한 것이다. 이렇게 볼
때, 둘 다 남한체제의 영속적 우월성을 강조한 데 지나지 않는다.

이 같은 통일교육의 현황을 지양하고 새로운 개념의 통일교육을 진
작하고자 나온 것이 1999년에 제정된 '통일교육지원법'이다. 이 법의
제2조 '통일교육'의 정의를 보면 "자유민주주의에 대한 신념과 민족공
동체의식 및 건전한 안보관을 바탕으로 통일을 이룩하는데 필요한 가
치관과 태도의 함양"이라고 한다. 또 제3조의 '통일교육의 기본원칙'에
의하면 "자유민주적 기본질서를 수호하고 평화적 통일을 지향하는 방
향으로 실시"될 것이라고 한다. 즉, 여전히 "건전한 안보관"을 내세우
고 있다. 그런 가운데 '민족공동체의식'도 언급함은 고무적인 현상이다.

그러나 2000년 6·15 이후 달라진 남북의 교류협력정신을 담아내기
에는 여전히 미흡하다. 통일부가 발행한 '2002 통일교육기본지침서'에
도 "통일교육은 자유민주주의에 대한 신념과 민족공동체의식 및 건전
한 안보관을 바탕으로 남북한 간에 평화정착을 실현하고 나아가 통일
을 이룩하는 데 필요한 가치관과 태도를 함양하는 것을 목적으로 하는
제반교육을 말한다."고 돼있다. 즉, '자유민주주의'와 '민족공동체의식'
의 강조를 나란히 하고 있음을 볼 수 있다. 이를 보다 세분하자면 전자
가 선진화를 위한 지향일 때, 후자는 통일을 위한 지향일 수 있다.

이 대목에서 선진화와 통일에 대한 상론이 필요하다. 노무현정부 초
기 첨예하게 대립의 각을 세웠던, 이른바 성장이 우선이냐 분배가 우
선이냐는 논쟁과도 결부되는 것이다. 마치 성장에 주력하다 보면 분배
를 소홀히 할 수 있고, 분배에 주력하다 보면 성장을 소홀히 할 수 있
는 것처럼 그렇게 양분의 각을 세웠던 것이다. 선진화와 통일은 둘 다
소중히 키워나가야 할 국가의 목표이자, 의제이다. 둘은 곧 양립의 성
질이지, 결코 양분의 성질로 차별화될 수 없는 것이다. 그럼에도 불구
하고 선후와 완급을 놓고, 시빗거리로 삼아왔음을 반성해야 한다.

애당초 성장이냐 분배냐 혹은 선진화냐 통일이냐 하는 것은, 마치 닭이 먼저냐 계란이 먼저냐 하는 것과 같은, 끝없는 논란의 대상이 될 뿐이다. 닭과 계란이 서로 충돌하는 관계가 아니듯이, 선진화와 통일 또한 서로 충돌하는 관계가 아닌 것이다. 문제는, 상황을 그렇게 대립적인 관계로 놓는 의도이다. 흔히 박정희정부(1961~1979) 때를 예로 들어 성장이 분배보다 우선했다고 하나 박정희시절에 보릿고개를 넘은 사실 하나만 보더라도 분배 없는 성장이 있었던 것은 아니다. 도대체 성장은 왜 하나. 잘 살기 위한 것이 아닌가. 잘 산다는 것은 그만큼 분배가 되었다는 뜻이 아닌가. 국민모두가 중산층이 될 수는 없다. 그렇게 되면 서민층이 왜 있겠나.

어느 정도로 잘 살아야할까 하는 국민적 의제가 선진화문제로 연결되었다. 이때 삶의 질이 대두되어 선진화와 통일을 하나로 보는 시각과, 그렇지 않은 시각이 맞서 논쟁을 벌여왔음은 주지의 사실이다. 그 동안 선진화의 잣대로 중산층의 규모를 얘기하기도 한다. 소위 피라미드같이 서민층이 국민의 대부분을 차지하고 그 위로 중산층과 부유층이 있는 삼각형구조가 후진국의 상징처럼 돼왔다. 반면에 다이아몬드같이 위아래를 부유층과 서민층이 채우고, 가운데의 넓은 부분을 중산층이 채우는 모양이 선진국의 상징처럼 돼왔다. 한국도 그런 다이아몬드형의 사회구조를 원하고 있다. 그러나 벌써 문제가 나타나고 있다. 저출산, 고령화, '3D업종'기피, 외국근로자 유입 등이다.

초기산업화시대 제국주의국가들도 국부가 팽창하자 '3D업종'을 기피하는 국민들로 몸살을 앓았다. 그 문제를 식민지 확장과 전쟁으로 풀었고, 급기야는 전과를 놓고 자기들끼리 서로 맞붙었다. 그것이 세계 1, 2차대전이며, 그 속에는 일제가 벌인 태평양전쟁도 들어있다. 오늘날 한국사회의 외국근로자 유입은 과거 제국주의국가에 있었던 식민지근로자의 대량유입과도 같을 수 있다. 최근 언론에서는 "인종이 달라진다."며 남북한 사람들의 평균키가 크게 차이가 나는 사실을 다뤘다. 그것도 심각한 문제이지만 또 다른 이유로 남북 간에 '인종'이 달라지는 것도 문제를 삼아야 한다. 일례를 들면 남한의 '농촌총각 장가가기'의 외국인과의 결혼성행이다.

물론 남한사회의 외국혼은 남북한의 평균키만큼이나 보편적인 문제는 아니다. 그러나 경계와 우려의 대상은 된다. 한국은 지금 선진국이 되기도 전에 성장에서 생긴 교만이란 병을 앓고 있다. 이때의 치유방법이란 지난날의 못살던 시절을 떠올리며 현재의 여유에 감사할 줄 알아야 한다. 하지만 되레 더 큰 부자가 되지 못해 안달하는 등, 병을 키우고 있다. 즉, 세계화바람을 타고 거의 무분별적 외국으로의 유학, 이민, 취업, 혼인 등의 행렬이 줄을 잇는 것이다. 조기유학이 문제더니 어느새 황혼이민까지도 가세됐다. 농촌 총각한테 시집가지 않는 것도 일종의 교만이 낳은 병이다. 그 문제를 국내혼으로 해결하지 않고 외국혼으로 해결하는 것은 과거 제국주의의 식민지근로자의 유입과도 다르지 않다. 농촌을 지켜왔음을 나라를 지켜온 것이나 같은데 그 농촌을 더불어 같이 지켜줄 여자가 없으니, 총각들은 외국혼을 해서라도 대를 잇고 이 땅을 계속 지켜야 한다. 농촌총각들이 장가도 못가는 농촌이 싫어 도시로 떠났다면 농촌은 누가 지켰겠나. 애국자는 바로 그들이다.

이런 현상이 남북한의 통일교육과 무슨 상관이 있느냐 하는 것인데, 많은 시사점이 있다. 잘 알려진 대로 북한은 내심 남한으로의 흡수통일을 우려하고 있다. 못사는 사람이 잘사는 사람과 결혼하면 좋은데, 따라서 북한은 남한과의 흡수통일을 반겨야 하는데, 왜 걱정일까. 그것은 바로 남한사회의 교만을 두려워하기 때문이다. '한류'반대편의 또 다른 어두운 면을 그들도 보는 것이다. 남녀 외국인들이 '3D업종'과 농촌으로 가는 현실에서 그들은 통일 후 북한이 남한의 이등국민으로 전락하지 않을까를 우려하는 것이다. 북한의 그런 우려를 씻기 위해서라도, 물론 그 앞서 인권차원에서도, 외국인근로자들을 따뜻하게 대하는 것이 남한사회의 도리다.

이렇듯 선진화와 통일은 함께 가야 한다. 일부 보수진영에서는 선진화가 '배타적'인 국가과제라고 한다. 선진화 이상의 의의를 갖는 국가적 과제는 없다는 뜻이다. 1970년 몸에 불을 지른 노동자 전태일은 "인간답게 살고 싶다"를 호소했지, "잘 사고 싶다"를 외친 것이 아니다. 잘 사는 것이 유일한 목적이라면 '농촌총각'들은 진작 농촌을 떠났어야 했다. "지금은 때가 아니다"고 한 것이 일제시대의 '준비론'이요, 해방 후 정국혼란을 틈탄 '단정론'이다. 선진화와 통일은 불가분의 관계로, 결코 선후와 완급의 차이로 갈라지는 것이 아니다. 그럼에도 불구하고 그렇게 보는 것은 이분법적 사고에 익숙한 탓이다. "동지 아니면 적"이라는 흑백논리가 그것이다. 이런 이분법적 사고경향의 뿌리에 대해 벽안의 한국학자 박노자는 '사회진화론'의 영향이 아직 강하게 남아 있기 때문이라고 지적했다(박노자, 2005).[31]

그러나 무엇보다도 가장 큰 영향은 해방공간에 있었던 좌·우익의 대결논리이고, 60년을 훌쩍 넘긴 지금에도 그런 이분법적 사고를 못 벗어나는 것이다. 이 이분법적 사고가 통일교육에 끼친 해악은 실로

---

31) 박노자는 2005년 『우승열패의 신화』에서 사회진화론과 함께 이것을 한말 지식계에 퍼뜨린 양계초를 싸잡아 비판했는데, 그것은 사회진화론적 해석에 너무 치우친 결과라 본다. 양계초가 사회진화론을 중국과 조선에 소개하고 강조한 것은 사회진화론을 확신했기 때문이 아니다. 약육강식의 논리가 지배하는 사회진화론이 다름 아닌 제국주의의 속성이니, 잘 경계하고 대비할 것을 일깨워주기 위해서다. 다만 양계초는 사회진화론을 두 가지로 해석했는데, 대내용과 대외용이 그것이다. 즉, 내부적으로는 사회진화론을 받아들여 중국사회를 개혁시키고자 했다. 그러나 외부적으로는 서양의 사회진화론에 맞서 '대동사회론'을 고취했다. 전술한 '주체사상론'에서 다뤘듯이 양계초의 '국가유기체설'은 실은 '중국혼'을 앞세운 대동사회의 건립이었다. 실제 양계초사상을 받아들인 한말의 박은식 등은 '국혼'을 앞세워 국가유기체설로 하는 '대동사회론'을 고무, 진작했던 것이다. 물론 "아는 것이 힘이다"는 사회진화론을 받아들여 근대교육의 도입 등에 활용한 것은 사실이다. 즉, 양계초처럼 대내용에 국한되었다. 그런데도 박노자는 한말 지식계가 사회진화론의 잣대를 일제의 침략에도 적용했다고 하는데, 이는 확대해석이다.

커서 헤아릴 수 없을 정도다. '반공'이 단적인 예다. 따라서 통일교육의 바람직한 철학적 방향은 무슨 정책제시에 있기보다는 그런 흑백논리에 자라나는 세대가 더 이상 물들지 않도록 하는 것만으로도 의의가 크다고 본다. 이를테면 남북한 간의 화해협력을 증진하는 건전한 통일문화의 육성이다.

다시 통일부의 '2002 통일교육기본지침서'에 의하면 북한에 대한 이중적인 개념정의도 참고할만하다. 즉, 북한을 "군사적으로 대결상태에 있는 경계대상"이라면서 "민족공동체 형성을 위해서 함께 협력해나가야 할 동반자"라고 한다. 전술한 제7차 교육과정에서 통일교육상의 또 다른 문제는 수업시간과 교과내용이 부족해 건전한 통일교육관 형성이 쉽지 않다는 데 있다. 이 때문에 학생들은 학교 바깥에서 통일에 관한 지식을 습득하고 있다. 자신들의 통일관념 형성에 주로 기여하는 것은 학교교육이 아니라 TV와 같은 언론매체라는 것이다(전교조, 2000). 이같은 실정이라 통일교육지원법을 개정하려는 움직임이 있었다. 2004년 정기국회 때 여당인 열린우리당은 '통일'을 독립 교과목으로 편성하는 것을 주된 내용으로 통일교육법개정을 시도했었다(문화일보, 2004. 8. 23). 그러나 교과목 증설이 학생에게 부담만 증가시킨다는 여론에 부닥쳐 무산됐다. 하지만 통일교육이 강화돼야한다는 것은 중론이다. 그렇게 함으로써 그간 선언적 의미에 그쳐왔던 통일교육지원법을 개선할 수 있다는 것이다. 제8차 교육과정에서 통일교육이 어떻게 바뀔지에 관심이 모아지는 것은 이 같은 이유에서다.

북한은 남한의 통일교육지원법 같은 것이 없다. '주체'가 모든 것을 관통하므로 달리 통일교육지원법을 만들지 않아도 될 것이다. 일단 '교육법'을 통해 통일교육에 관한 의의를 유추해 보기로 한다. 북한은 1999년 8월 '교육법'을 채택해서, 2000년 4월 최고인민회의의 승인을 받았다. 그 주요내용은 다음과 같다.

　　제1조 조선민주주의인민공화국 교육법은 교육사업에서 제도와 질서를 엄격히 세워 사회주의교육을 더욱 발전시키고 자주적인 사상의식과 창조적인 능력을 가진 인재를 키워내는데 이바지한다. 제3조 국가는 교육사업에서 사회주의교육학의 기본원리를 철저히 구현하도록 한다. 제5조 학교교육과 사회교육은 교육의 기본형태이다. 제6조 주체교육을 강화하는 것은 사회주의교육의 중요요구이다. 제7조 교육사업은 전국가적, 전사회적 사업이다. 제8조 온 사회를 인테리화하며 전체 인민이 일생동안 꾸준히 학습하도록 한다. 제33조 교육강령은 중앙교육지도기관이 작성한다. 제35조 교원은 교육강령에 기초하여 담당과목의 교수안을 작성하여야 한다. 제45조 국가는 현실발전의 요구에 맞게 교육사업에 대한 지도체계를 세우고 통제를 강화하도록 한다.

　　즉, 사회주의 교육의 발전을 위해 자주적 사상의식과 창조적 능력의 인재 육성을 목적으로 한다, 사회주의교육학의 기본원리를 철저히 구현하며 주체교육을 강화한다, 교육사업은 전국가적, 전사회적 사업이며 전 사회를 인테리화하여야 한다, 이를 위해 전인민의 학습생활을 강화한다, 교원은 교육강령에 기초하여 담당과목의 교수안을 작성하여야 하며 국가는 교육사업에 대한 지도체계를 세우고 통제를 강화해야 한다, 는 등의 내용이다.

　　이를 뒷받침하듯 '헌법'제43조에서도 "국가는 사회주의 교육학의 원리를 구현하여 후대들을 사회와 인민을 위하여 투쟁하는 견결한 혁명가로, 지·덕·체를 갖춘 공산주의적 새 인간으로 키운다."고 한다. 바로 이 '투쟁하는 견결한 혁명가'양성이 북한이 지향하는 교육목표이다. 따라서 교육도 그런 '혁명'의 한 수단임을 이해하게 된다. 바로 이 점에서 교육도 정치와 불가분의 관계에 놓임을 짚어볼 수 있다. 실제 '교육법'에서 "교육사업은 전국가적, 전사회적 사업"이라고 한다. 김일성·김정일의 생애를 역사화한 '혁명역사'과목이 대학 예비고사와 본고사에서 중요한 합격기준점이 되는 것도 무리가 아니다. 북한의 모든 문화가 그렇듯 교육 역시 주체사상을 정당화하고 옹호·선전하는 데 주안점을 두고 있다.

남북이 아직은 미래지향의 통일교육철학을 정비하기에 힘이 부친다. 긴장관계가 더 가팔라지지 않는 것만으로도 위안을 삼아야 할 정도다. 남북은 이미 1992년 기본합의서를 채택했고, 여기서 재확인된 '자주·평화·민족대단결'의 통일 3대원칙을 지켜야 할 의무도 있다. '민족대단결'원칙에서 보듯 남북은 민족의 화해와 협력을 위한 새 공동체의 지향을 다그칠 때다. 남한은 '반공'과 '안보'의 보자기로 '민족대단결'을 위시한 '3대원칙'을 주워 담기란 턱없이 모자란다. 북한도 '주체'를 완강히 틀어쥐어서는 '민족대단결'의 의무를 다할 수 없다. 특히 북한은 여전히 '통전', 즉 통일혁명전쟁노선을 버리지 않는 등, 그 목표가 한반도 전역을 공산혁명화하려는 점에서 방향설정이 대단히 잘못됐다. '평화'에 대한 기본적인 신뢰마저 의심받기에 족한 것이다.

당장 남·북한을 만족시킬 수 있는 새로운 통일교육철학이 나오기란 실은 무리다. '주체'에 대한 북한의 인식이 달라져야 하지만 현실의 벽은 너무 높다. 주체교육론 때문이다. 김정일정권에 변화가 일지 않는 한, 이에 대한 대폭적인 수정이 일지 않을 것이다. 이렇다면 남한이라도 먼저 새 통일교육철학의 정립에 모범을 보여야 할 것이다. 우선, 북한이 주체교육을 통해 어떤 인간상을 확보하려 하는지를 살펴보자.

2. 사회주의 교육론

북한의 주체교육이 목표로 하는 것은 사회주의 인간형의 완성이며, 그 보급이다. 다음은 사단법인 '한국통일교육 연구회' 주최로 열렸던

'2001년 남북한 서로 알기운동 글짓기 대회'에서 초등부 학생이 대상을 수상한 작품이다. 초등학생이 본 북한의 교육현장은 적나라한 모습 그대로이다. 제목 또한 '학교생활'이다. 이에 쓰인 표현 중 오늘날 달라진 것은 '인민학교'가 '소학교'로 명칭이 달라진 것 외에는 없다.

> "북한에서는 '초등학교'를 '인민학교'라고 한다.(중략)
> 우리 교장 선생님께서는 훌륭한 사람이 되라고 말씀하시는데, 북한 교장 선생님께서는 공산주의 모범 학생이 되어야 한다고 말씀하신다. 나는 아직 어려서 공산주의가 뭔지 잘 모르지만 김일성 주석과 김정일 국방 위원장의 초상화를 향해 공손히 절을 하는 북한 어린이들의 사진을 보니까 김일성과 김정일만을 위해 열심히 살아야 되는 것 같아서 북한 친구들이 참 불쌍하게 생각되었다.
> 더 불쌍한 것은 북한 교과서를 배우는 학생들이다. 우리는 말하기, 듣기, 읽기, 쓰기, 수학, 바른 생활, 즐거운 생활, 슬기로운 생활을 배우고 운동장에서 씩씩하게 뛰어 놀기도 한다. 그러나 인민 학교에서는 김일성 어린 시절, 김정일 어린 시절, 공산주의 도덕 등 김일성과 김정일에 대한 내용들만 많이 배우고 있다니 학교생활이 정말 재미없고, 아침마다 학교 가기 싫어서 우는 친구들도 있을 거라는 생각이 들었다.(중략)
> 학교 행사도 다르다. 우리 학교에서는 입학식, 운동회, 학예회를 통해 자기가 가진 재주를 마음껏 자랑한다. 인민 학교는 운동회에서 탱크 까부수기, 장애물 극복, 포탄 상자 나르기와 같은 전쟁놀이를 많이 한다니 참 무섭다. 우리의 소원인 통일이 되어 북한 친구들을 만나면 우리에게 전쟁놀이만 하자고 할까봐 겁이 난다."(http://cafe.naver.com/dongjakgl/90`).

북한의 경제가 계획경제이듯이 북한의 교육 또한 계획교육이다. 창의란 일찌감치 배제되며 자율은 곧 방종으로 여겨지기 십상이다. 루소는 교육을 마치 백지에 그림을 그려나가는 것처럼 하라고 했다. 아이들 교육에 있어서 가장 중요한 것은 자연스러움이란 것을 그렇게 강조한 것이다. 그러나 북한의 교육은 온통 인위적인 데 묻혀있다. 즉 북한의 교육은 백지에 이미 그림이 그려져 있는 것이다. 더욱 난감한 것은 그 그림을 그대로 받아들이라는 것이다. 덧칠조차도 안 된다고 한다. 그러니 상상력이 가장 왕성해야할 때, 아이들은 벌써 겉늙음부터 배우게 되는 것이다. 남한의 아이들이 그저 자유분방함 속에 백지 위에 마음껏 저마다의 상상을 그려나가는 것과는 전혀 다르다.

흔히 남·북한의 교육과정은 모두 '사회화'에 있다고 한다. 그러나 남한의 사회화교육이 사회의 다원·다양함을 배우고 장차 참여하기 위한 것이라면, 북한의 사회화교육은 오직 '김일성·김정일 따라 배우기'만을 실천할 뿐이다. 즉, 위의 예문처럼 남한의 어린이가 "말하기, 듣기, 읽기, 쓰기, 수학, 바른 생활, 즐거운 생활, 슬기로운 생활을 배우고 운동장에서 씩씩하게 뛰어 놀"때, 북한의 어린이는 "김일성 어린 시절, 김정일 어린 시절, 공산주의 도덕 등 김일성과 김정일에 대한 내용들만 많이 배우"는 것이다.

주지하는 바대로 북한의 교육이념은 사회주의를 더욱 공고히 하고 발전시키는 데 필요한 인적자원을 무한히 확보하는 것이다. 이를 위해 헌법과 교육법이 명문화하고 있다. 북한이 자랑하는 11년제 의무교육 기간은 바로 그런 인간의 양성을 위해 국가가 전면에 나서 있다.[32] 참고로 북한의 언론매체들은 2002년 9월부터 일부 인민학교를 '소학교'로, 고등중학교를 '중학교'로 명칭을 변경해 보도해오고 있음을 들어둔다. 11년제 의무교육은 유치원 높은반 1년, 소학교 4년, 중학교 6년을 일컫는 것이다. 북한의 인민은 국가와 사회를 위해 존재하지, 개인 스스로를 위해 존재하는 것은 아니다. 개인보다는 집단의 가치가 철저히 우선시되기 때문이다. 이런 집단적 가치지향은 한마디로 '김일성

---

32) 북한은 1959년부터 전면적으로 의무교육을 실시해, 수업료를 면제해오고 있다. 그러나 이것은 학생들의 노력동원 대가로 이루어지는 면도 있다. 수업료 면제와 학생의 무노동제를 동시 실시한 데서도 이 점은 드러난다. 그렇지만 북한이 이 같은 의무교육제를 남한보다 훨씬 앞서 실시했고, 따라서 한때 사회주의의 우월성이 크게 부각된 것은 사실이다.

주체사상'의 일상적 구현이라고 할 수 있다.

북한의 학교교육은 주체사상이 전 사회로 미치게 하는 사상적 전위역할을 맡는 것이다. 북한의 교과서는 곧 정치사상교육을 최우선한다.[33] 소학교 4학년[34] 국어책을 보면, 거기에는 "먼저 글을 읽을 때 경애하는 아버지 김일성 원수님과 친애하는 지도자 김정일 선생님에 대한 존경과 흠모의 정을 나타내는 문장들을 빠르지 않게 정중히 읽어야 합니다."고 되어 있다. 우상화교육의 철저한 세뇌현장인 것이다. 통일교육 역시 이런 사상교육에서 크게 벗어나지 못한다. 주체사상 하나로 간단, 명료한 것이다. 게다가 한반도의 북부에 그친 사회주의를 장차 남부로까지 확대하자는 '통일혁명론'이 아직 유효한 것도 사실이다.

이 점에서 북한의 통일교육이 통일혁명론의 연장이라고도 볼 수 있다. 예컨대 2004년 당보·군보·청년보의 '신년공동사설'은 통일교육의 주된 대상을 학생으로 삼아, 학생을 '선군사상'의 '절대적인 옹호자, 신봉자, 관철자로 준비'시켜야한다면서 학교도 '사상혁명의 거점으로 조직관리'해야 함을 강조하는 것이다. 이 같은 이념의 편향성은 북한의 헌법 제43조가 뜻하는 교육의 목표인 즉, '사회주의 교육학의 원리를 구현'하여 '공산주의적 새 인간'을 양성한다는 것에 잘 집약돼 있다. 또 1977년에 발표되어 오늘에까지 영향을 끼치고 있는 '사회주의 교육에 관한 테제'에 의하면 "모든 학생들이 개인주의·이기주의를 없애고, 집단주의 원칙에 따라 사회와 인민의 이익, 당과 혁명의 과업을

---

33) 북한의 교과서는 대략 3분야: ① 공산주의적 인간양성을 위한 교양과목, ② 생산기술적 인간육성을 위한 교과과목, ③ 예·체능과목이 그것. 각각 "인간개조를 위한 사상혁명", "자연개조를 위한 기술혁명", "사회개조를 위한 문화혁명"을 표방한다. 즉, 예술·체육과목도 '사회개조'를 위한 '문화혁명'에 든다. 그러나 실제로는 정치사상교육이 최우선적이다. 대학의 경우, 정치사상 과목으로는 김일성혁명역사, 주체사상, 김일성노작, 김정일문헌, 조선노동당투쟁사, 당정책 등이 있다.

34) 소학교 4년간의 교과목은 총 9개 과목: 『김일성 어린 시절』, 『김정일 어린 시절』, 국어, 외국어, 수학, 자연, 체육, 음악, 도화·공작이다. 이 중 외국어 과목은 4학년부터 배운다.

위하여 몸 바쳐 투쟁하도록 교양하여야 한다."고 돼있다. 물론 이때의 '교양'이 주로 김일성·김정일의 혁명 활동을 중심으로 한 사상적 교훈을 숙지하는 것이다.

이에 따라 교과과정도 크게 정치사상 부문에 치중하면서, 과학기술 부문을 보충한다. 헌법 제27조에 의하면 "기술혁명은 사회주의 경제를 발전시키기 위한 기본 고리이다. 국가는 언제나 기술발전문제를 첫 자리에 놓고 모든 경제활동을 진행하며 과학기술발전과 인민경제의 기술개조를 다그치고 대중적 기술혁신운동을 힘 있게 벌려 근로자들을 어렵고 힘든 로동에서 해방하며 육체로동과 정신로동의 차이를 줄여나간다."고 한다. 이 기술혁명이 북한이 말하는 사상혁명, 문화혁명과 더불어 사회주의 건설의 3대 혁명인 것이다. 실제 북한은 1999년, 이해를 '과학의 해'로 설정해 '과학자·기술자발전 5개년계획' 등을 발표한 바도 있다.

북한도 남한처럼 지난세기를 산업화시대라 부르며, 현재의 21세기를 정보화시대라고 부른다. 정보화시대에 가장 중요한 것이 컴퓨터산업이라고 함도 북한은 잘 안다. 북한은 1983년부터 각 대학의 전자공학부의 교육과정을 확대개편하고 1985년에는 평양과 함흥에 '전자계산기단과대학' 등을 신설하였다. 1999년에는 김일성종합대학 컴퓨터공학부를 컴퓨터과학대학으로, 2000년에는 평양·함흥전자계산기단과대학을 평양·함흥컴퓨터기술대학으로, 2001년에는 김책공업종합대학 컴퓨터공학부를 정보과학기술대학으로 각각 승격 또는 개편한 것이다. 그러나 컴퓨터산업이 북한 경공업의 획기적 발전을 위해서는 기여하지 못했다. 다만 미사일·핵과 같은 군사부문에서의 컴퓨터산업은 세계적인 수준이다.

북한 학생의 학교생활은 국어, 수학 등 기초 교과목을 비롯하여 공산주의 및 김일성·김정일 관련 과목을 중요하게 여기나, 정치사상 과목에는 흥미를 느끼지 않는다. 소학교 학생들은 김일성·김정일의 어린 시절, 국어, 수학, 혁명 활동 등을 중요한 과목으로 인식하며, 중학교에서도 김일성·김정일의 혁명 활동, 수학, 영어, 국어, 과학 등이 중요한 과목으로 인식되고 있다. 이는 북한체제가 강조하는 사상교육, 기초교육, 과학기술교육 등에 중점을 두고 있기 때문이다.

북한 학생들은 정규수업이 끝나면 담임 교원의 지도 아래 일일 또는 주간 생활'총화'시간을 가진다. '총화'란 평가이다. 이 시간에는 하루 또는 한 주일 동안의 생활을 반성하고 앞으로의 생활에 대한 결의와 각오를 다진다. 생활총화가 끝나면, 대체로 자율학습 또는 과외학습을 시작한다. 과외학습은 일종의 소조활동 혹은 단체활동으로 이뤄진다. 또 학업성적이 부진한 학생에 대해서는 집중학습도 부가된다. 학교수업 복습 후에는 시험총화가 있어서 그 총화에서 통과하지 못하면 늦게까지 교실에 남아 있어야 한다.

경공업이 낙후한데다, 소비생활이 활발하지 못하지만 그럼에도 불구하고 지역의 경제적 배경은 학교교육의 승패를 가르는 요소로 등장했다. 교원은 수입이 줄어들어 학부모로부터 그 부족분을 메우는 현상도 나타나고 있다. 평양 등 일부 대도시 지역을 제외하고는 전국적으로 학교교육은 위기에 처해있다. 점심식사를 제대로 할 수 있는 학생이 많지 않는 것이다. 배급경제가 무너진 탓에 점심비용도 가정의 몫이 됐다. 학부모는 자녀의 교육비 부담 외에도 교원에게 담배, 술 등의 기호품을 제공하거나, 학교의 유리창, 책걸상까지도 조달하는 상황에까지 와있다. 학교는 곧 지역주민의 생활형편에 내맡겨진 셈이다.

원래 교원은 '후대들을 혁명의 계승자로 교육시킬 직업적 혁명가'로 규정돼 대우도 다른 직종에 비해 나았었다. 교원을 위한 상점이 있고, 식당 안에도 교원의 좌석이 따로 마련되기도 했었다. 그러나 1990년대 이후 경제난은 교원이라 하여 피해가지 않았다. 국가재정이 어려운 상황에서 월급이 제때 나오지 않거나 생필품 배급이 끊기기 일쑤였다. 사범대학이나 교원대학에 대한 인기가 식어짐은 당연한 귀결이다. 교원을 하느니, 장사나 무역이 더 낫고, 하다못해 텃밭이라도 일구는 것이 더 낫다는 것이다. 즉, 먹고사는 생존의 문제가 다른 무엇보다도 절실해진 것이다. 학생은 더욱 열악해서 각종 근로현장에 뛰어드는 것이 예사다.

교육실정이 이러하므로, 교육정책의 내실이야 어떠하든, 적어도 외형상 북한 역시 과학기술, 정보통신, 컴퓨터 등의 교육을 강조한다. 신지식과 기술을 겸비한 과학기술인력을 양성하는 동시에 외국의 선진 과학기술도 도입하고자 한다. 또 외국어 교육도 진작하고 있다. 또한 2002년 7·1조치 이후 도입한 시장경제에 대해서도 교육을 통해 이해와 인식을 넓혀가고 있다. 그러나 마스터플랜이 없다. 개혁과 개방을 위한 총체적인 구상과 계획이 없는 것이다. 따라서 중국이나 베트남처럼 변화의 길로 들어서기가 쉽지 않다. 심지어 북한은 변화자체가 체제전복으로 이어진다고 믿는 것이다.

당초 북한의 교육은 '목적'으로서 사회주의의 교육이념을 유지하고 '수단'으로서 기술인재의 육성하고자 했다. 이 두 방향의 추구가 체제 안정에 기여한다고 보았기 때문이다. 때문에 북한에서는 사회주의를 제외하고는 여타의 다른 사상교육은 설 자리가 없다. 사회주의 혁명의 인재를 육성하기 위해서는 교육과정 전반에 주체사상과 사회주의 이념을 철저히 주입할 뿐이었다. 그러나 경기의 침체와 사회적 궁핍이 장기화되면서 생활의 무기력감은 더해져 결국 생존마저 위협받는 상황에 내몰려 있다. 이런 실정임에도 불구하고 북한은 기존의 목적 지향의 사회주의와 기술지향의 실용주의를 모두 살리려들고 있다.

게다가 '선군정치'또한 북한의 교육에 미치는 경향이 크다. 21세기 들어 세계는 저마다 지식정보화시대를 구가하지만 북한은 오히려 '선군정치'로써 퇴행하는 것이다. 2006년 7월의 미사일 발사, 10월의 핵 실험은 다름 아닌 선군정치가 낳은 결과이다. 현실이 이러므로 북한이 2001년 신년 공동사설에서 "오늘의 시대는 과학과 기술의 시대", "거 창한 전변의 세기, 창조의 세기"라면서 "모든 문제를 새로운 관점과 새로운 높이에서 보고 풀어 나가자"(노동신문, 2001년 1월 4일)고 한, 김정일의 이른바 '신사고론'이 한 번 해본 소리에 그치고 있다. 이처 럼 북한의 교육은 '주체'와 '선군'에 의해 침체를 맞고 있을 때, 남한 의 교육은 '자유'와 '실용'을 구가한다.

잘 아는 바이지만 해방 후 남한의 초기 교육관을 이끈 것은 듀이의 실용주의였다. '실용'이라 하면 '실사구시', 즉 어떤 실재적 진실이나 가치를 찾기 위한 것으로 연상하기 쉽다. 그러나 이것은 산업혁명으로 대두한 공리주의가 실은 '실용'의 뜻에 보다 가깝다. 공리주의란 삶의 목적을 쾌락과 행복의 추구에 두며, 사회는 그렇게 해서 '최대 다수의 최대 행복'이 보장된다고 믿는다. 이 '최대 다수'는 북한으로 말하면 '인민민주주의'가 되어 북한 역시 '공리주의'를 실현하는 셈이 된다. 그러나 북한은 인민 중에서 노동당원을 뽑아 당이 중심이 되는, 당성 이 강한 국가를 꾸려왔다. 근래는 군을 앞세운 '선군정치'를 펴므로 이래저래 '인민민주주의'와는 멀어진다.

일찍이 듀이는 지식의 판단기준이 '실제적 유용성'에 있다고 보았다. 남한의 어린이에 비유하자면 '읽고, 쓰기, 말하기' 등이 가장 '유용'한 것이다. 그러나 북한의 어린이는 '공산주의 모범 학생'이 되는 것이 본 래의 학습목표였다. 거기에까지 도달하기 위한 학습과정은 '김일성·김 정일 어린시절'을 따라 배우는 것이었다. 이것은 남한의 어린이가 '훌 륭한 사람이 되라'고 들으면서 자라는 것과 아주 차원이 다르다.

듀이는 사회가 계속 진보, 발전한다고 믿어 심지어 진리의 영원성까 지 부인한다. 그러나 북한의 교육은 사회주의 교육관으로 영원성을 강조하는 것이다. 남한은 사회의 변화와 새로운 지식에 따라 아동을 교육하고 이때의 방법이 경험에 의한 것이라 본다. 즉, 듀이가 말한 '경험의 재구성'이 교육의 기능인 것이다. 또 남한의 아동이 생활에서 오는 경험을 중시할 때 북한의 아동은 그저 '주체' '수령' '김일성' 등의 선험적 가치를 받아들일 뿐이다. 듀이의 실용주의 교육관은 한국의 교육보급에 적극 기여했다. 의무교육과 보통교육을 통한 교육기회의 확대는 문맹퇴치를 가져왔고 문맹퇴치는 민주주의의 발전에 거대한 족적을 남겼다. 듀이의 교육이론을 실용주의 외에 진보주의라는 말로 표현됨은 듀이가 전통적 교육관을 혁신했기 때문이다. 예컨대 전통교육이 지식위주였다면 듀이의 교육관은 실제생활의 경험중시였다.

이 진보주의 교육과정은 아동의 경험과 흥미를 토대로 하며 그 전인적 발달에 관심을 두고 특히 민주적 운영을 강조했다. 교육은 개인의 성장과 발달을 돕는 개별적인 목적을 지닐 뿐이고, 따라서 다른 궁극적인 목적의식이 없었다. 이 점은 북한의 교육목적이 남북통일에 있는 것과는 크게 대조적이다. 현재 남한의 교육계를 지배하는 것은 사실상 신자유주의 논리다. 이것은 과거 진보주의 교육철학을 받는 것인데, 이론체계도 대동소이하다. 진보주의나 신자유주의나 둘 다 현재생활중심의 교육사조이다. 이런 현실주의는 개인의 현재 삶이 사회적으로 어떤 위상을 갖느냐가 중요하다.

그러나 북한의 교육철학은 이런 현실주의라기보다는 실은 미래주의에 가깝다. 현실이 어렵더라도 참고 견뎌달라는 메시지를 줄곧 내보내는 것이다. '식량난'이후 절박해진 현실을 참고 견디면 불멸의 '수령'이 위기를 타개해 준다며, '수령'을 결사적으로 옹위하면 된다는 것이 그 실례의 하나다. '수령'인 김일성은 곧 북한의 미래를 새로 열어줄 미륵불과 같은 존재이다. 따라서 이는 기독교적인 메시아의 구원사상이 된다.

북한의 사회주의는 이처럼 전혀 예상치 않은 논리를 개발하고 있다. 북한의 통일논리 역시 현재에 중점을 둔 것이기보다는 미래에 중점을 둔 것이다. 남한이 현재의 모순점을 적시해 타결방안을 마련하고자 하는 것과는 북한은 정반대이다. 그것은 북한이 현실을 있는 그대로 드러내서 개선하고 치유하고픈 생각이 그렇게 절실하지 않기 때문이기도 하다. 사실, 북한이 그렇게 하자면 전반적으로 개혁과 개방 정책으로 나가야한다. 그러나 전면적 개혁·개방은 체제유지상 부담스러워한다. 이런 실정을 호도하기 위한 뜻에서라도 북한은 미래에 대한 복음을 남발하는지 모른다.

일례로 북한당국이 열심히 선전하는 '이밥에 기와집'도 현재 어떻게 해야만 미래에 그 같은 보상을 받을 수 있다는 것이다. 북한은 곧 현재에 대한 가치를 보상하는 것이 아니라 미래에다 가치를 설정하고 있다. 북한의 교육관에는 그러한 미래주의 외에 과거지향성도 묻어난다. 김일성에 대한 '영원한 주석' 칭호가 그 일례이다. 또 국가에 고난이 닥칠 때마다 1930년대의 항일유격대의 정신에서 그 극복의 실마리를 찾고자 한다. 또한 김일성·김정일의 어린시절 이야기야말로 과거지향성 교육의 압권일 것이다.

남한의 주된 교육철학이 듀이의 또 다른 이름인 진보주의에서 신자유주의로 흐르는 동안 북한은 사회주의 하나로 거의 변화가 없었다. 이것을 교육사상의 용어로 표현하자면 '항존주의'에 가까울 것이다. 사실, 항존주의는 진보주의에 맞서는 이론 중 하나이기도 하다. 특색은 사회의 변동에 상관 않고, 일정한 주의를 계속 추구하는 것이다. 이유는 현실세계가 부단히 바뀌므로, 그때마다 교육의 목적과 활동을 바꿀 필요가 없다는 것이다. '항존'은 곧 영원, 불변을 뜻한다. 마치 고전처럼 세월이 가도 그 의미가 퇴색하지 않는 것과 같다. 실제 북한은 헌법에서 국가주석직을 공석으로 남겨 김일성을 영원한 '국가주석'

으로 떠받든다.

항존주의를 제창한 허친스가 그런 불멸성을 고대와 중세사회에서 찾았다. 중세의 신앙처럼 진리는 늘 보편타당하며, 그런 진리가 잘 깃들어 있는 종교·철학·문학·역사 등의 고전읽기를 통해 교육의 질을 향상시켜 가야 한다고 믿었다. 이런 항존주의의 교육목적은 당연히 항구여일의 절대성을 추구하는데, 이때의 절대성은 물질이 아닌 정신이었다. 그러나 항존주의는 지나친 인문교육 강조로 과학교육의 퇴조를 불러왔다고 지적된다. 불변의 진리강조보다는 진리가 어떻게 현실에서 구현돼야 하는가를 끊임없이 되새김하는 비판정신, 그리고 새로운 가치와 진리를 찾아나서는 도전과 창의정신이 현대문명의 발달에 더 기여한다는 것이다. 비판·창의정신의 함양이야말로 민주시민의 필수라는 것이다. 불변성을 강조하는 항존주의는 바로 그 점에서 장애가 되었다.

이런 항존주의를 북한에 대입시키면 흥미롭다. ‘김일성혁명역사’는 바로 고전인 것이다. 주체사상, 김일성주의 등의 사회주의 사상은 절대불변의 가치를 지녀왔다. 물질의 풍요를 구가하기보다는 김일성사상의 학습을 강조했다. 사회주의는 원래 유물론이나 북한의 이데올로기는 이처럼 정신적 고양에 물들어있다. 다만 핵과 미사일의 군사과학만이 북한의 그런 항존주의에 의외성을 주고 있다.

그런데 원래 항존주의 교육은 현대문명의 물질주의·현실주의·상대주의·과학숭배주의에 대한 비판에서 출발했다. 교육 목적은 이성적 인격의 도야에 있었다. 정신은 인간의 본질이며 인간을 고귀하게 한다고 믿었다. 지식은 곧 정신이 낳은 것이며 다만 진리는 신앙에 의해서 얻어진다고 했다. 이런 절대성과 영원성을 중시하는 항존주의가 ‘변화의 원리’를 강조하는 진보주의와는 정면으로 대립함은 당연하다. 하지만 북한은 이런 항존주의를 일정 부분 받아들이는 셈이다.

북한교육의 문제점은 결국 현실직시의 능력이 미달한 것이다. 그 철학 역시 사상이 실질을 지배하는 주체철학이므로 북한의 현실능력은 더욱더 뒤떨어질 수밖에 없다. 이 같은 현실 능력의 부재는 자기 확신의 결여에서 온다. 기묘한 것은 주체사상이 '주체'임에도 불구하고 자기인식이 철저하지도, 주체적이지도 못하다는 점이다. 그 일례가 실존주의에 대한 북한 지식계의 혹평을 들 수 있다. 북한 인민이 자아와 현실에 대한 인식력 부재를 개선하기 위해서는 주체사상을 실존주의화하거나, 실존주의 철학을 널리 보급해야 할 것이다. 이 점에서 실존주의 인간형의 의미를 짚어본다.

3. 실존주의 교육론

북한이 현실을 경시하고 따라서 현실뿐만 아니라 자아에 대한 인식력이 현저히 뒤떨어진 결과, 실존주의철학을 약화시켰다. '실존'이야말로 현실에 대한 구체적인 자아인식인 것이다.

일찍이 자유와 이성을 믿는 서구 계동주의는 근대시민혁명의 승리를 이룩했다. 나아가 세계는 인간의 합리성에 의해 계속 지배되리라 믿었다. 적어도 인간이 스스로를 파멸시키지는 않을 것으로 믿었다. 그러나 20세기에 두 번이나 터진 1차대전(1914~1918)과 2차대전(1939~1945)은 인간의 그런 믿음을 송두리째 앗아갔다. 인간은 과연 합리적일까, 하는 회의가 일었다. 1차대전에서 인류역사상 처음으로 대량살상무기가 등장했던 것이다. 전투기, 독가스, 탱크 등이 그러했다.

2차대전에서는 핵무기까지 실전에 투입돼 가공한 살상력을 보여줬다. 무엇보다도 전쟁의 양상이 과거와는 크게 달라졌다. 전장이 따로 없었고, 전사만의 전쟁도 아니었다. 2차대전이 후방의 개념을 허문 '국민총력전'이라 불린 것도 그 때문이다. 즉, 후방도 군수물자의 조달에 나서야했고, 여성과 노약자까지도 전쟁에 참여해야했다. 국민의 사기가 중요해졌고, 그래야 승리를 담보할 수 있었다(민석홍, 2005: 520).

이에 이르러 인간은 스스로의 이성을 의심하기 시작했다. 인간이 합리적인 존재일까 하는 회의는 마침내 실존주의 철학을 탄생시켰던 것이다. 실존주의는 모든 인간의 삶의 현실이 불안정하고 위험에 둘러싸여있다고 믿는 데서 출발한다. 고통·타락·질병·죽음 등이 인간의 본래 모습이라는 것이다.

이것은 19세기 과학기술에 대한 반성이기도 했다. 인류는 산업사회를 개막, 대량생산과 대량소비체계를 구축했으나 불행하게도 '대량생산·대량소비'의 패턴은 인간에게도 적용되었다. 전쟁에서 사람이 수없이 죽어나간 것은 마치 시장에서 물건들이 대량 소비되는 거나 같았다. 늙고 병들어 후진에 의해 물러나는 것은 마치 기계의 부품교환을 방불케 했다. 공장이 거대한 생산라인을 돌려서 물건을 찍어내듯, 학교는 그렇게 인간을 규격화시켜 사회에 내보냈다. '사회화'란 기실 규격화를 의미한다.

산업사회는 도시의 상업화와 시민대중의 표준화도 가져왔다. 표준화는 인간 존재의 고유성을 침해한 것이다. 개성을 살리는 교육이란 있기 어려웠다. 곧 교육의 비인간성 심화이다. 이에 실존주의는 20세기 학교교육에 영향을 미친 비인간화를 지적하면서 '나'라는 존재의식에 눈을 떴다. 이 철학적 계보는 소크라테스의 '너 자신을 알라'는 데까지 올라갔지만 대개는 19세기 비관적 현실을 폭로한 키르케고르(1813~1855)를 그 선구자로 꼽는다. 마르크스(1818~1883)는 자본주의가 발전할수록 인간은 소외될 뿐이라고 비극적으로 전망했다. 마침내 니체(1844~1900), 카뮈(1913~1960), 사르트르(1905~1980) 등에 의해 실존주의

철학은 분류(奔流)를 이룬다.

일찍이 쇼펜하우어(1788~1860)는 허무주의 철학을 구가했다. 그에 의하면 인간은 태어난 자체가 '죄악'이었다. 내가 이 세계에 나의 의지와 무관하게 던져졌다는 것, 이보다 거대한 죄악은 없다는 것이다. 삶 자체가 하나의 실수이며, 그래서 기독교는 이를 '원죄'라 불렀다.

그러나 키르케고르는 신 앞에서의 '실존'을 외쳤다. 신 앞에 있을 때만이 진정한 자기, 즉 실존을 발견한다는 것이다. 신은 곧 좌절과 절망, 외톨이가 된 자만이 신을 알 수 있다며, 신 앞에 홀로선 단독자만이 참된 실존이라 보았다. 따라서 실존은 지극히 주관적·내면적이다. 보편자 아닌 단독자이다. 진리 역시 객관적·합리적이라기보다는 주체적·개별적이다. 주체성이란 곧 '원죄'에 허덕이는 존재로서, 부단히 자신의 존재방식에 관심을 쏟으며 어떻게 살 것인가를 진지하게 고려함을 의미한다. 인간으로서 완전하고 참된 삶은 '종교적 단계'에 와서야 비로소 실현되는 것이다. 스스로의 결심에 따라 진정으로 신을 믿고 따를 때만이 인간으로서 '원죄'의 허무감을 떨쳐내고 완성된 삶을 살 수 있다는 뜻이다.

이에 대해 "신은 죽었다."고 외친 니체에 의하면 신이란 인간이 만들어낸 터무니없는 절대자일 뿐이다. 인간은 자신이 보고자 하는 것만 보고, 믿고자 하는 것만을 믿는 '나약한 존재'이다. '신'은 곧 자신이 의지하는 일체의 대상을 일컫는다. '신이 없다'는 것은 신이 더 이상 인간세계에 주는 의미가 없다는 것이다.

그는 인간이 신에 귀의하여 신의 의지에 따라 살아감을 노예와 같다고 했다. 이런 반발에서 그는 초인의 권력의지를 빌려왔다. 기독교가 내세워온 인간본위 아닌 신 본위, 자기 존엄성이 아닌 신 앞에서의 '죄인' 등이 그가 주창하는 초인의 권력의지 앞에 떠밀려갔다.

인간의 곤경에 대한 경험을 찾아 2차 세계대전에도 참전한 사르트르는 "실존은 본질에 앞선다."면서 인간행동이 인간본성에서 나온다고 믿는 전통철학에 반기를 들었다. 인간 존재가 이성적 창조물이라는 아리스토텔레스의 주장과는 달리, 사르트르는 인간이 자신들의 의미와 본질을 창조해야 한다고 믿었다. 인간의 본질이란 미리 정해져 있는 것이 아니라 현재 자신의 처지, 즉 실재 존재하는 '실존'이 곧 자신의 '본질'이라고 봤다.

사르트르는 신이 죽은 것이 아니라 당초부터 없다고 믿었다. 신이 죽었다면 있었다고 함이 전제가 돼야하기 때문이다. 인간은 독립적인 존재로서 의지할 것은 자신밖에 없으며 그러기에 삶은 그 스스로 형성해가는 자유인 것이다. 신이나 절대자가 미리 정한 대로 이끌리는 것이 아니라 자신의 자유의사에 의해 삶을 지배하고 결정하는 것이다. 카뮈는 인생이 무의미하고 불합리한 '부조리', 그 자체라며 '부조리의 철학'을 폈다. 소설 『이방인』에서 그는 부조리에 직면한 인간의 굴욕과 좌절을 적나라하게 표현했다.

이상에서 실존주의 철학의 명제는 개인중심임을 알 수 있다. 실용주의 철학은 사람의 경험을 중시하면서도 사회성을 강조하는 점에서 참여의 철학이다. 실존주의 철학은 고독한 인간으로서 자신의 운명을 스스로가 결정하는 인간 그 자체의 철학이다. 이런 교육의 역할은 개인의 자유와 창의성을 북돋우며 그것을 실현함을 자아로 삼는다. 개인이 사회에 어떻게 적응해나갈 것인가를 문제 삼기보다는 개인이 어떠한 삶을 사회에서 독창적으로 꾸려나갈 것인가가 중시된다. 그만큼 사회적 규범은 부정되며, 그것으로부터 독립하여 자신의 창조적 삶을 일구는 자세가 긴요하다.

이전의 사회는 사람 간의 원만한 관계 유지를 중시했다. 그런 인간의 양성이 교육의 목표라 여겼다. 그 결과 인간 본래의 성질을 상실했다고 실존주의는 믿는다. 인간은 곧 군중이라는 커다란 물결에 휘말려 자신을 잃고만 것이다. 표준화에 길들여진, 기계의 부품 같은 존재가 되고만 것이다. 북한의 사회주의 교육이념이 그러하다.

실존주의는 그런 인간에 대한 구원의 손길을 뻗쳤다. 자기존재를 확신할 것과 사회의 선택에 좌우되지 말 것을 권유했다. 교육은 독특한 자아의 형성을 위해 제공되는 것이다. 예컨대 '나'는 누구이며 무엇을 위해 학교로 가는가 하는 의문을 스스로 제기하는 것이다. 이렇듯 실존주의는 전인적 교육을 강조했다.

또 인간은 자유의사에 의해 여러 가능성을 놓고 그 중 하나를 선택하므로 가치라는 게 생겨난다. 자유의사에 의한 선택인 만큼 그 책임도 자신이 져야 한다. 그런데 다른 사람이 선택하여 자신에게 부과한 것이라면 그것은 가치선택의 자유가 부정된 것이므로 진정한 가치라 할 수 없다. 교육자는 학생에게 그처럼 슬기롭고 자유로운 선택을 하도록 능력을 길러줘야 한다. 교사는 스스로가 선택한 자유나 전래의 가치를 학생에게 주입해서는 안 된다. 선택과 판단은 학생의 몫인 것이다.

자아실현, 자아인지의 과정이 실존주의 교육과정이다. 진리가 인간을 자유롭게 만드나, 지식은 인간이 자신을 발견하는데 필요한 자료일 뿐이라고 믿음이 실존주의이다. 이러한 진리의 교육과정은 자연히 역사·문학·철학·예술 등의 학과에 비중을 높이 두기 마련이다. 사실 이들 과목은 인간의 본성과 세상과의 갈등을 잘 드러낸다. 실존주의는 현대교육이 지나치게 세분화하여 학습자를 직업적인 외길로 몰아가고 있다고 비판한다. 거기서는 인간의 참된 의의를 알 수 없기 때문이다. 실존주의 교육은 바로 그런 굴레를 벗기고 자아실현의 참된 과정을 알게 한다. 즉, 실존주의 교육철학은 대중적 인간의 양성에 있지 않고, 주체적 인간의 양성에 있다. 교육을 통해 인간의 주체성을 존중, 회복함이 그 목표이다. 이것은 곧 민주주의가 개성과 주체성을 지닌 사람들로 구성되며, 그렇지 못할 때는 중우정치를 면치 못하는 것과 같다.

그러나 실존주의 철학은 인간의 현존재, 즉 '실존'을 사회과학적으로 파악하는 데는 미흡했다. 인간의 자유의사를 어떻게 쟁취할 것인지에 대해서는 구체적 방안을 제시하지 못했다. 따라서 실존주의 철학을 완벽한 사상체계라기보다는 한 경향이라고도 한다. 그 경향이란 대중적 사회에 대항하는 개인의 독립성과 자유를 강조하는 일종의 철학적 활동이라 할 수 있다. 이런 철학적 활동은 철학자마다 다르게 나타나기도 한다. 실존주의 철학자마다 다양한 특색을 지니는 것도 그 때문이다. 실제, 실존주의 철학자들에게 비슷한 질문을 던져도 돌아오는 답이 제각각인 경우가 많다. 실존주의 교육관은 곧 자아를 발견하고 창조하는 데 힘쓰는 것이다. 이를 위해 교육현장은 늘 개인의 독창성을 북돋워야한다. 학습자마다의 개성이 성취될 수 있도록 교육과정도 개별화할 필요가 있다.

이것은 어떤 문제의 해결을 위한 것도, 사회구조의 개선을 위한 것도 아니다. 바로 이 점에서 실존주의가 북한의 지식계로부터 따돌림을 받는 결정적인 단서가 된다. 더욱이 '사회정치적 생명론'을 받드는 북한에서 실존주의의 '나'는 누구인가, 무엇을 위해 사는가, 하는 의문제기는 오히려 사회에 해가 될 뿐이다. 이처럼 인간의 개성과 독창성을 강조하는 실존주의가 북한에 좋게 받아들여질 리는 없다. 실존주의 철학을 '주관적 관념론의 한 변종'이라며 "진리의 척도를 인간의 자의적인 주관에서 찾는다."고 혹평함도 그 때문이다. 또 과학과 이성을 부인하고 현실의 본질 파악을 인간 양심에 호소한다고 지적한다. 실존주의가 말하는 인간의 의식이란 객관적 현실의 반영이 아니라 기실 인간 자체의 고유한 고민·불안·절망·의식 등의 특징화라는 것이다.

그리하여 실존주의는 "미 제국주의가 유포하는 각종 부르주아 반동미학 중에서 가장 허위적이며 침략적인 미학 이론 중의 하나"라면서 예컨대 '제국주의에 복무하는 반동성', '인간비극의 찬미', '전통에 대한 허무주의' 등이라고 말한다. 또한 "인간의 미래에 대한 허무주의를 유포시키고 과거의 전통을 말살하여 서구의 데카당(퇴폐) 문학을 이식하고 모방하고자 하는 것"이라고 비난한다. 실존주의는 곧 자유주의적 사상을 가진 도시 지식인이 혼란과 개방의 전환기에 있어서 정치적·종교적 절망을 겪다 사회와 현실로부터 분열되어 현존 가치와 전통을 부정하는 니힐리즘의 한 경향이라고 지적되는 것이다. 실존주의가 니힐리즘의 불안과 동요를 극단적으로 내면화해서 파생시키는 병리적 현상이라고 한다. 실존주의는 또 개인주의자들의 고민·불안·절망 등을 철저히 옹호하고 있다고 비판된다.

특히 민족문학론을 제창하는 북한 지식인의 주류적 관점에서는 실존주의가 저항정신·정치성을 결여하고 있다고 비판한다. 또한 실존주의에 대해 그것이 마치 세계주의나 보편주의의 한 경향이라도 되는 양, 그렇게 믿는 남한의 신세대 같다고 비판한다. 북한이 보는 남한의 신세대란 주체성도 없이 세계화만 부르짖는다고 간주되는 것이다. 그러나 주체성도 개인에 관한 것인지, 아니면 체제에 관한 것인지가 구분돼야 한다. 개인의 존엄성을 말하는 주체성이라면 북한에는 없는 실정이다. 북한에서 실존주의가 자본주의만큼이나 억압받고 비판받는 이유를 알 수 있다.

북한에 과연 "신은 죽었다"고 외치는 니체와, 또 "실존은 본질에 선행한다"고 외치는 사르트르 같은 사람이 나올까. 니체에 의하면 '신'이란 인간이 만들어낸 터무니없는 절대자에 불과했다. 그 절대자란 북한의 '수령'을 연상케 하는 것이다. 북한에 언젠가는 "김일성은 죽었다"든지, "수령은 없다"든지, 하는 인식이 나올까.

니체가 자아인식에 강했다면 사르트르는 상황인식에 강했다고 할 수 있다. 사르트르는 곧 현재 자신이 어떤 상황에 놓여 있고, 거기에 어떤 의미가 있는가를 반문했다. 과연 북한에서 사르트르처럼 '인민대중'이라는 상황 속에 매몰돼 있는 자신에 대해 '나'는 누구인가를 캐물을 수 있을까. 사르트르는 현재 자신의 처지, 즉 실재 존재하는 '실존'만이 그 자신의 '본질'이라고 인식했던 것이다.

북한의 '주체'에 의하면 인간의 육신이란 의미가 없고 '사회정치적 생명체'로 거듭날 때 비로소 의미가 있다. 따라서 육신과 개인이 인간의 '실존'이라면 '사회정치적 생명체'와 인민대중은 '본질'인 셈이다. 그런 본질에 선행하여 실존의 중요성을 일깨우는 진정한 리더가 북한사회에 출현할까. 북한인민이 '강성대국'을 향해 나아가는 '본질'도 좋지만 그에 앞서 당장 허기진 배를 움켜쥐어야하는 자신의 '실존'을 돌아보며 서글픔을 느껴야 할 것이다.

실존주의가 이렇듯 북한사회에 던지는 메시지가 강하다. 그러면 남한사회에는 어떤 메시지를 주나 하는 점인데 그것은 지식에 대한 반성이다. 실존주의에 의하면 진리는 인간을 자유롭게 하지만, 지식은 인간이 자신을 발견하는데 필요한 도구일 뿐이다. 근래 남한의 지식기반사회는 지식이 자아성취의 기준인 동시에 사회적 자본으로까지 군림한다. 이런 지식자본주의사회의 도래에 실존주의는 경종을 울린다. 실존주의가 곧바로 북한의 사회주의와 남한의 신자유주의에 대한 대체는 아닐지라도 두 사조의 시정에 일정한 시사점을 주는 것은 사실이다.

4. 지식기반사회론

21세기를 특징짓는 지식정보사회는 지식이 기반인 정보사회, 혹은 정보가 기반인 지식사회란 점에서 지식기반사회라고도 불린다. 인류는 그 시대문명에 맞는 물질적·정신적 가치를 창출해왔다. 즉, 원시사회와 농업사회에서는 체력과 군사력이, 산업사회에는 경제적 부력이, 그리고 지금은 지식과 정보력이 국력의 원천이 된다.

지식기반사회를 정부 차원에서 본격 논의하기 시작한 것은 김대중 정부 때였다. 그는 취임 전부터 '지식기반사회'라는 용어사용을 즐겼고 취임 후는 이를 중심으로 국정목표로 삼을 정도였다. '교육입국', '제2건국'등이 그런 관심의 표출이었다. 지식정보사회에 있어서 정신혁명이 기술혁명에 못지않게 중요하다고 함을 역설한 것이다.[35] 이런 지식기반사회의 용례가 노무현정부에 들어와서 주춤해진 것은 의외라 할 수 있다. 즉, 그의 정부 출범 초기인 2003년 초의 '국정좌담회' 같은 데서 그는 한두 번 이 말을 썼으나, 그 뒤로 이 말을 거의 쓰지 않았던 것이다. 대신 '국가균형발전', '정부혁신·지방분권', '동북아 중심축 형성' 등을 자주 썼다.

지식기반사회도 '포스트모더니즘'의, 이른바 '탈근대'의 한 유형이다. '탈근대'란 과거 근대의 이성·소유·정적 중심이 이제는 감성·사용·동적 중심으로 변하고 이에 따라 근대사회를 지탱하던 거대한 준칙, 이를테면 이성의 합리성과 객관성이 무너지고 그 자리를 개성의 중시와 가치의 다양성이 메운다고 한다. 개인중심주의가 돋보이는 가운데 문화의 전체적 양상은 다원화로 치닫는 것이다. 당연히 전체적 획일성은 거부된다. 고로 기회의 배분은 균등화 대신에 다양화로, 가치의 지향은 집중보다는 분산과 선택이 두드러진 사회현상을 그려내고 있다. 노무현정부가 의욕적으로 추진했던 국토의 종합적 균형발전의지와 관련된 새 행정수도의 건립의지 같은 것도 '포스트모던'적 한 인식 경향이

---

35) 예컨대 정부 출범초기인 1998년 8.15 경축사에서 김대중 대통령은 '6대 국정운영과제' 중 하나로 '물질 위주의 공업국가에서 지식기반국가로의 전환'을 꼽았다. 이어 한 달 반 뒤인 10월 2일 '제2건국 추진위원회 창립총회'에서는 '창조적 지식기반국가'의 형성이 핵심적인 국정운영과제라고 거듭 주장.

다. 즉 집권·집중·중심에서 분권·분산·주변으로 권한이동이 진행되었다.

 이러한 일대 문명사적인 지식기반사회의 기점에 대하여는 각각 1960년대와 1990년대를 보는 양설이 있다. 전자는 일본의 급작스런 경제대국 부상이 그 계기이며, 후자는 컴퓨터를 중심으로 한 정보산업의 급격한 발전이 그 계기가 되었다(박준영, 2004: 523). 특히 일본의 급부상은 인류의 문명이 줄곧 서양에 의해 이끌어져온 데 대한 거대한 도전이자 성공이었다는 찬사도 받는다. 이 점에서 동북아시아가 향후 세계를 이끌 가능성도 없지 않다는 전망도 나온다. 북한이 흔히 '산업정보사회'라고 부르는 이 지식기반사회가 던지는 사회적, 미래적 충격은 향후 몇 십 년은 족히 갈 것이고 남북한의 통일도 결국 이것에 맞물려 결정될 것이다.

 이 시대의 지식은 곧 자본·노동과 더불어 강력한 생산수단의 한 핵심요소로 등장했다. 조선조 선비들이 지식을 교양과 학식으로 삼던 것과는 엄연히 다르다. 지식의 향유가 바로 자본의 향유를 뜻하는 시대이다. 하지만 지식기반사회가 온통 장밋빛으로 넘쳐나지는 않는다. 지식기반사회의 도래와 함께 '냉전시대'가 지나고 '공존시대'가 왔다지만 이 시대 사람에게 복지·자유·평화를 전적으로 안겨주지 못한다. 테러와 전쟁은 21세기에 들어와서도 계속되고 있음을 보아도 알 수 있다. '지식'과 정보는 개인의 번영과 행복을 제일로 친다지만, 실은 그 습득의 과정과 향유의 결과가 다양하다. 즉 지식기반사회는 개인화와 다양화를 그 본질로 하고 있다.

 이런 지식기반사회를 부정적으로 받아들이면 통일도 다양한 가치선택의 한 부분이 된다. 개인의 풍요로운 삶의 지향이 방해받을 수 있다. 통일이 꼭 있어야할 필수가 아니라 선택이란 얘기다. 여러 선택 중의 한 경우라는 것이다. 통일을 꼭 해야 한다는 당위론은 성립되지 않는 것이다. 이렇다면 통일이 장차 개인의 삶을 보다 윤택하게 할 수 있다는 전제가 바로 서지 않는 한, 이를 적극적으로 주장함은 무리가 따른다.

다시 말해 분단시대를 마감하기 위해서는 통일 이상의 가치가 없겠으나, 이 시대를 지식정보사회라 본다면 꼭 그렇지마는 않는 것이다. 이러면 지금의 시대를 분단시대로 볼 것이냐, 아니면 지식기반사회로 볼 것이냐는 역사논쟁이 개입할 여지도 생긴다. 이렇듯 지식기반사회가 갖는 다양성의 특징은 통일의 방향을 무디게 한다. 개인화 역시 통일로 향한 집단적인 역량결집을 약화시킴도 물론이다.

지식기반사회는 현실 중시의 미래를 지향한다.[36) 통일이 미래의 한 시점에서 이뤄지는 좌표이고, 이 점에서 통일도 당연히 미래지향적일 수 있다. '동북아 중심축 형성'도 미래지향적 의미이다. 이처럼 지식기반사회는 앞으로가 중요하지, 지금까지의 의미는 중요하지 않다. 이를테면 인류가 어떻게 살아갈 것인가 중요하지, 어떻게 살아왔느냐는 것은 크게 문제되지 않는다.

그런데 통일논의가 꼭 미래지향적이냐, 그렇지 않으냐에 따라 통일과 지식기반사회는 다른 의미를 내포할 수도 있다. 즉, 지식기반사회라 하여 과거와 함께 전통이 부정되고 별다른 주의를 끌지 못한다면 이것 또한 통일논의에 심각한 장애가 될 수 있다. 통일을 위해서는 민족의 동질성 확보가 중요하고 이 동질성은 일정 부분 전통 속에서 찾아야 하기 때문이다. 분단민족에게 과거와 전통이 자기존재의 확신이자 근원이 되는 것도 무시할 수 없다. 이렇게 볼 때 지식기반사회라 해서 무조건 미래가 숭상되고 과거가 내팽개쳐서는 안 된다.

지식기반사회에서 개인의 신념·동기·관심·가치 등은 모두 사회문화적 산물이거나 밀접한 연관이 있다. 실존주의 철학과도 관련이 깊

---

36) 이에 비해 북한의 통일논의는 현실 경시·부정의 미래지향성이라 볼 수 있다.

다. 이런 이유로 지식기반사회가 개인지상주의로 끝날 것이 아니라, 사회를 위하는 데도 관심을 기울여야한다. 학교교육만 해도 개별학생을 위한 입시위주의 교육에서 벗어나 국가를 위한 비전제시에도 충실해야 한다.

지식기반사회는 정보통신이 비약적으로 발달한 결과이기도 하다. 인터넷의 발달은 지역간·국가간의 격차를 허물어놓았다. 사이버상의 지적교류는 밤낮없이 진행되고 있다. 만약 북한사회에 인터넷이 널리 보급된다면 그 자체가 바로 북한사회의 개방을 이끌 것이다. 뒤집어 말하면 북한이 개방사회로 이행 못하는 것은 아직 지식정보사회를 맞을 준비가 덜 됐다는 뜻이다.

한국과 인도는 이런 지식정보화사회를 성공적으로 이끌어갈 동양의 대표적인 두 나라로 꼽는다. 일찍이 인도의 시성 타고르는 "긴 역사와 전통, 대가족 제도를 가졌고 효를 실천하는 조그마한 나라, 동양의 진주 코리아가 세계를 밝히는 등불이 되리라"고 예언한 바 있다. 세계 IT 최강국인 한국은 현재 세계를 밝히는 작은 등불은 되고 있다. 앨빈 토플러라는 미래학자는 "세계를 움직이는 힘은 시대에 따라 이동해왔다"며 "산업화사회 이전에는 군사력이 국력이었고, 그 이후는 경제력이 국력"이라면서 "지식정보화사회에는 지식이 바로 국력"이라고 강조한 터다.

21세기 지식과 정보는 바로 국가경쟁력의 핵심요소이며 가치창출의 원천이다. 세계는 이에 맞게 기존의 제도를 혁신하고 관습을 혁파하고 있다. 교육이 사회와 국가를 위한 사회화과정이기도 하지만 개인을 위한 내면화과정이기도 하다. 그런 내면화과정으로서의 교육이 일찍이 근대 자유주의시기에 대두되었다. 근대는 곧 개인의 자아성숙을 사회발전의 전략으로 삼았다. 당시 산업과 부가 그 중심에 있었다면 21세기에는 지식과 정보가 그 중심에 있다.

초기 자본주의 이후 20세기 초까지는 자유주의 시대가 이어졌으나 20세기 초·중반부터는 자유주의 사상이 많이 꺾였다. 세계 제1, 2차 대전과 연관이 깊다. 전후 미국과 유럽은 국가의 적극적인 경제활동 개입과 복지정책을 통해 부의 재분배를 촉진했다. 이 같은 국가의 적극적 개입과 인위적 분배정책은 경제활동을 떨어뜨리는 결과를 가져왔다. 이런 상황에서 1980년대 초반 영국의 대처 수상과 미국의 레이건 대통령이 등장했다. 이들은 경제에 대한 국가의 개입과 간섭을 줄이고 자유주의 시장논리를 적극 장려했다. 이른바 국제보호주의를 타파하고 자유주의 무역을 주장한 것이다. 이 같은 1980년대 초탄 이후의 자유주의적 움직임을 두고 신자유주의라 부른다.

신자유주의는 국가가 개입을 많이 해서 발생시킨 문제들을 해결하고자 등장했다. 국가가 평등과 복지를 앞세워 의식적으로 넓혀온 정책을 '시장'의 이름으로 축소하고자 했다. 이런 국가 개입의 축소는 교육의 경우, 공교육의 감소로 이어지고 대신 경쟁의 자유화로 사교육이 증가했다. 학부모의 부담이 커졌는데, 이것은 학부모가 원해서 생겨난 현상이기도 했다. 학부모들은 자녀들이 동질집단을 형성해 새로운 신분사회를 열어나갈 것을 바라는 것이다. 이를 그대로 지켜볼 수 없어 정부는 사교육비 절감을 위한 대책을 세워왔고, 이 결과 공교육 개념이 다시 커지는 현상도 일부 나타났다.

신자유주의론에 의하면 학교교육도 일종의 상품이 된다. 학교와 교사는 제조자이고 학생과 학부모는 그 소비자인 셈이다. 그러나 공교육까지 시장기능에 내맡길 수는 없다며 정부는 이른바 '3불'정책의 하나인 고교무시험입학제를 계속 고수하고 있다. 아울러 자립형사립고의 증설도 막아왔다. 그러나 신자유주의의 원리를 교원평가제에 적용, 적극 도입에 나서고 있다. 이처럼 미국같이 신보수주의와 신자유주의가 혼재하고 있다. 둘 다 자본주의를 같은 뿌리를 하고 있으나 신보수주의의 경우, 애국적 개념이 좀더 들어있다. 정부의 공교육 보호는 애국적 차원에서라는 얘기다.

신자유주의를 지지하는 시민들에 의하면 "교육은 기회평등이 원칙'이라는 전제가 잘못됐다고 한다. 그리하여 교육의 민영화를 주장한다. 신자유주의자의 이런 믿음은 교육이 사회발전에 순기능적이라고 믿는 '기능주의'이론에서 비롯되기도 한다. 신자유주의가 말하는 개인의 이익 극대화는 결국 사회의 발전으로 이어짐으로 이기적이 아니라는 것이다. 이런 신자유주의 교육정책이 본격 추진된 것은 김영삼정부 때다. 당시 유행한 '세계화'와 함께 추진되었다. 대학설립의 자율화 등, 신자유주의적 정책이 잇따랐던 것이다. 이어 김대중정부와 노무현정부에 들어와서도 신자유주의의 위력은 생활의 곳곳에 미치고 있다. 특히 노무현정부에 이르러 가히 신자유주의 결정판격인 한·미 자유무역협정(FTA)이 추진되고 있다.

신자유주의의 교육관을 배척하는 전교조 등은 정부가 교육재정 확보 등을 통한 공교육 정상화를 꾀하기보다는 교육을 시장에 내맡김으로써 사회가 필연적으로 상류층 중심으로 이끌려지게 했다고 비난한다. 이들에 의하면 공교육과 관련한 2001년 교육부안의 예산은 총 20조 600억원으로 전체 정부예산의 19.9%를 차지했었다. 그러나 이를 GNP 대비로 따지면 4.51%에 불과했다. 김영삼정부 때는 GNP 대비 5%대를 유지하다가, 1997년 '경제위기'를 겪은 뒤부터 4%대로 떨어졌는데, 그 이후 5%대를 회복하지 못하고 있다는 것이다.[37] 전교조 등은 신자유주의가 학교의 계급화를 초래, 학교에서도 부익부 빈익빈의

---

37) '교육재정 국내총생산(GDP) 대비 6% 확보'는 역대 대통령후보들의 한결같은 선거공약이었다. 그러나 이를 지킨 사람은 없다. 노무현 대통령도 2007년까지 지키겠다고 약속했지만 2005년 교육재정은 GDP 대비 4.2%에 불과했다. 만약 '6%'를 지키게 되면 고등학교까지는 '학교급식비'등, 일체의 돈을 내지 않고 학교에 다닐 수 있는 '무상교육'이 가능하다. 참고로 2007년도 교육예산안을 31조 2,160억원으로 이는 정부예산 중 19.74% 수준이다. (연합뉴스, 2006. 9. 28, 12 : 30) 등 참고.

양극화 조짐이 일고 있다고 한다.

잘 알려진 대로 신자유주의란 사회의 자원배분을 시장원리에 맡기자는 것이다. 그러나 시장에 완전히 맡길 경우, 시장의 '보이지 않는 손'에 의해 이끌려지게 되는데, 그러면 고전적 자유주의와 무엇이 다르냐고 한다. 실제 신자유주의의 규제완화나 시장원리 존중은 고전적 자유주의의 자유방임정책을 방불케 한다. 하지만 신·구 자유주의는 타도하려는 대상이 조금 다르다. 즉, 고전적 자유주의는 절대왕정 및 이를 떠받드는 중상주의체제를 꺾고자 했다. 그러나 현대의 신자유주의는 의외로 전후의 복지국가와 싸우는 형국이다.

과거 19세기 자유주의자는 자유의 확장이 복지와 평등을 촉진시키는 유효한 방법이라고 보았다. 국가는 이를 받아 복지와 평등의 개념을 확대했던 것이다. 그러나 20세기 자유주의자는 바로 그 복지와 평등이란 이름으로 국가가 불러들인 간섭에 대해 싸우고 있다. 신자유주의는 곧 전후 복지국가의 해체전략을 띤 것이다. 신·구 자유주의는 또 시장원리의 철저를 기한 방법이 다르다. 고전적 자유주의가 국가개입의 폐지, 즉 자유방임적 정책을 취했지만, 신자유주의는 오히려 '강한 국가'를 지지기반으로 삼아 시장경쟁의 질서를 확립하고자 권력의 힘을 빌리려한다.

일례로 일본의 신자유주의가 군사강국을 향한 대국주의로 치닫고 있다. 동북아에서 긴장을 고조시키며 미일동맹관계를 더욱 긴밀히 다져가는 것도 이와 무관치 않다. 전후 유지해온 복지국가의 개념을 지양하고자 한다. 밖으로 강한 국가의 이미지를 살리자면 안으로는 경쟁체제 확립이 불가피하다. 이런 역사는 1960년대 후반, '소니 쇼크'를 앞세운 경제부강이 틀을 잡으면서 시작되었다. 흔히 신우익이라 불리는 신보수주의가 추구해온 것으로 현재, 야스쿠니 신사참배, 역사교과서 왜곡, 독도영유권 주장, 대북경제제재조치 강화 등으로 나타나고 있다. 놀라운 것은 이들의 주장이 한국에도 전달돼 또 하나의 '남남갈등'을 낳고 있다는 점이다. 한국의 일부 보수진영에선 일본을 필요이상으로 자극해 한·미·일 3각 공조를 허무는 일이 있어서는 안 된다고 강조한다. 이 '필요 이상의 자극'에는 '독도는 우리 땅'이라는 것도 들어있다. 이렇듯 한국과 일본의 일부 우익들 간에는 같은 세계관을 공유하고 있다.

일단 글로벌리즘 하의 신자유주의적 국가개조는 세계적 모델이 된 느낌이다. 소련과 동유럽의 체제붕괴 후 남은 것은 자본주의 진영이다. 만약 문제가 불거지면 그 진영 내부의 일이다. 일본은 '총자본주의화 시대의 도래'라며 사회주의가 지향했던 평등주의가 끝나고 세계는 바야흐로 '메가컴피티션(대경쟁) 시대'에 들어있다고 한다. 자유경쟁이란 각자가 구유한 능력에 따라 경쟁함이다. 사회는 우열에 따른 결과를 보장해줘야 한다. 이런 경쟁보장 체제가 각국이 내세워온 세계화 전략이다. 그 실체의 하나가 기업으로 말하면 다름 아닌 다국적기업이다. '다국적'이란 국적이 많다는 것으로 실은 무국적이다. 세계는 이들 다국적기업을 배경으로 국제간에 일대 자본의 경쟁 및 이동 시대에 접어들어 있다. 한국의 경우 IMF사태 때부터 신자유주의의 충격을 실감해왔다.

신자유주의를 반대하는 나라도 있다. 서유럽의 복지국가들이다. 다만 영국은 대처집권 10년간 지속적인 자유시장원리에 의한 개혁을 단행한 관계로 신자유주의에 잘 적응할 수 있는 기반이 마련되었다. 그래서 미국의 신자유주의에 동조하는 입장이다. 신자유주의에 의하면 정부의 존재와 역할은 예전의 야경국가처럼 국방이나 행정 등, 최소한의 서비스 제공에 그쳐야 한다는 것이다.

이에 비해 신보수주의는 애국심에 호소하는 경향이 많다. 이들은 현재의 생활방식이 과거로부터 축적된 산물이라고 인식한다. 자신의 삶과 방식이 다른 민족이나 집단보다도 우월하다고 믿는 것이다. 이런 신보수주의는 미국의 경우 1970년대와 1980년대를 거치면서 그 영향력을 키워왔다. 레이건 대통령 때는 그 영향력이 극에 달했었다.

21세기에 들어서도 신보수주의의 위력은 계속되고 있다. 헤리티지재단, '네오콘' 등이 그런 부류이다. 이들은 레이건 시기에 견주어서 신보수주의 2세대라고 불린다. 대표적인 인물이 딕 체니 부통령과 도널드 럼즈펠트 전 국방장관 등인데 실은 부시 대통령이 바로 그 정점에 있다. 소위 '매파'로 불리는 이들은 부시의 2006년 '11·7중간선거'참패로 어깨가 많이 꺾였다. 그러긴 해도 그들을 지지하는 층이 여전히 두텁다. 미국의 많은 지식인, 정치인들이 그들을 지지하는 것이다. 그리하여 신자유주의자에 맹공을 가해 그들 신자유주의가 '반군사주의'에 물들어 있음을 개탄한다.

실제 신자유주의는 평화와 인류애 등을 내세워 과거에는 공산권, 지금은 아랍권과 북한 등에 대해서도 그런 전략을 펼 것을 부시 행정부에 주문해왔다. 신자유주의와 신보수주의는 자본주의라는 '우파'의 뿌리를 공유하면서도 이처럼 세계전략을 둘러싸고는 커다란 이견을 보이는 것이다. 신자유주의가 평화와 인류애 등으로 미국 내에 강한 지지층을 형성할 때, 그 반대편에서는 신보수주의가 미국의 국익과 애국심을 내세워 또 다른 공감대를 형성해왔던 것이다. 11·7중간선거까지는 신보수주의가 독주하다시피 했다. 그러나 미국의 이라크전쟁수행방식에 회의를 품기 시작한 대다수 미국인의 정서가 부시의 '일방주의'에 제동을 걸어 그에게 선거참패를 안기면서 양상은 사뭇 달라졌다.

주지하듯, 신보수주의자들은 미국에 조금이라도 위험이 되는 국가나 집단에 대해서는 군사적·비군사적 제재조치를 가리지 않고 행사해왔다. '9·11테러'이후, 일련의 '테러와의 전쟁'에서 더욱 그런 기조를 굳혔다. 이들에 의하면 미국은 자유세계의 맹주로서 제3세계의 반공이데올로기만을 적극 도울 필요가 있다는 것이다. 그런 미국을 이끌려면 강력한 리더십이 필요한데, 2004년 부시의 연임은 이런 배경에서 가능했던 것이다.

이들 신보수주의들은 정부, 대중매체, 대학, 연구소 등의 전문직종에 종사하며 미국이 전통적인 가족관, 도덕관, 종교관을 회복할 때에야 비로소 미국의 권위를 되찾게 된다고 믿는다. 흔히 좌파들이 미국의 위기를 지목할 때, 자본주의의 부익부빈익빈과 같은 사회경제적 모순을 거론하는 것과는 달리, 이들 신보수주의자들은 미국의 전통적 가치관의 붕괴, 도덕성의 상실에서 미국의 '위기'를 찾는 것이다. 또 일부는 종교의 쇠퇴와 대학교육의 대중화에서 그런 원인을 찾기도 한다. 이런 점에서 신보수주의자는 같은 우파의 신자유주의자들을 향해 그들의 거리낌 없는 '이혼'으로 가족의 권위가 실추됐다는 비난도 주저하지 않는다.

미국의 이 같은 신자유주의와 신보수주의로 하는 우파의 분열 내지 알력은 현재 한국에도 나타나고 있다. 최근 '뉴 라이트'까지 생겨나 그런 논란을 가중시키고 있다. '뉴 라이트'는 기존 라이트가 '수구'로 흐른 점을 반성해, 그 나름의 '보수'를 지향하는 뜻에서 붙인 이름이다. 사실 보수는 우파에서도 나올 수 있고, 좌파에서도 나올 수 있다. 흔히 중간우파, 중간좌파로 불리며 그 양끝에 극우, 극좌파가 있는 구도이다. 이런 관계로 신자유주의가 기본적으로 우파인 자본주의의 산물이긴 해도 좌파, 즉 중간좌파에서도 나올 수 있음을 덧붙여둔다.

문제는 우파라면 그것이 라이트든, 뉴 라이트든 크게 구분이 되지 않는 점이다. 우파는 곧잘 한·미·일 유대강화를 축으로 하되, 북한은 그 변수로 여기는 것이다. 남북관계의 발전이 중요하지만 만약 그것이 기존 3각 구도에 질적인 변화를 야기한다면 받아들일 수 없다는 것이다. 다시 말해 통일도 한·미·일의 소위 '전통적' 유대강화에서 추구가 가능하며 그런 국제협력 없이는 통일 자체가 어렵다고 보는 점에서는, 우파든 신우파든 구분이 없는 것이다.

신자유주의가 기본적으로 자유와 경쟁논리에 의한 것이므로 그런 신자유주의로 통일이 된다면 북한 인민들은 더욱 경쟁력을 잃게 되어 낭패를 볼 것이다. 북한이 남한으로의 흡수통일을 우려하는 것도 바로 그런 이등국민으로의 전락을 우려하기 때문이다. 그런가 하면 신보수주의는 더욱더 북한에게는 위협이 된다. 미국의 신보수주의자가 그렇듯 한국의 신보수주의자 역시 전쟁도 불사한다는 것이다. 그런 라이트들에게 '뉴 라이트'라 해서 다르지 않는 것이다.

신보수주의자들은 21세기가 평화와 공존의 세기임을 알아야 한다. 설령 현실이 그렇지 않더라도 그렇게 가꿔나가야 할 의무가 있다. 다시는 세계대전이 없어야 하는 것이다. 신자유주의자 역시 사회의 발전에 보다 유의해야 한다. 통일로써 개인의 발전을 담보할 수 없다면, 그런 통일은 하지 않아야 한다는 것은 이기적 발상임을 알아야 한다.

이상에서 바람직한 통일교육철학으로는 북한의 사회주의와 남한의 신자유주의 모두에 일정한 제약이 있음을 알았다. 정반합적인 제3의 통일교육철학의 모색이 필요한 것이다. 이를 대안교육론으로 묶어 신사회주의 교육, 포스트모더니즘 교육, 생태교육으로 정리키로 한다.

5. 대안교육론

1) 신사회주의 교육론

신자유주의가 엄습한 교육현장은 공교육에 대한 일대 자각을 불러일으켰다. 대안교육, 대안학교는 그렇게 해서 대두되었다. 대안학교란 국가교육과정의 획일화한 내용과 형식을 탈피하여 학생들의 다양한 욕구와 능력을 수용할 수 있게 했다. 학교에 대한 고정관념을 깨뜨린 것이다. 즉, 학교의 규모, 운영 방식 등에 있어서 특성화를 시도했다. 대안학교가 특성화 학교라고 불리는 것도 그런 이유에서다. 특성화를 위해서는 자연히 지역별·권역별이 중심이 되었다. 그러다보니 그 지역의 자연환경, 특산물과도 관련이 불가피해졌다. 생태의 보존과 활용을 위한 교육이 되었다.

그러나 대안학교는 당초 교육부의 구상과는 달리 학교생활을 견디지 못하는 중도탈락자를 위한 특성화학교가 돼버렸다. 대안학교가 이렇다보니, 어느 지역에서도 대안학교가 들어오는 것을 꺼리는 것이다. 지역 주민의 환영을 받지 못하는 학교란, 물 위에 떠있는 기름과도 같다. 막대한 예산의 확보도 문제이다. 교육부는 모범적인 대안학교로 일컬어지는 영산성지학교의 경우, 교사들의 자발적인 헌신이 있었기에 가능했던 점을 간과한 것이다. 정부 주도의 대안학교 설립은 예산문제 외에도 이처럼 대안학교가 어떻다고 하는 개념을 정착시키지 못한 데 실패의 원인이 있다.

그럼에도 불구하고 대안교육의 필요성은 강조된다. 신자유주의가 지배적인 현재의 교육풍토에선 공교육의 축소와 사교육의 증가는 피할 수 없는 추세이다. 소규모학교와 자유학교는 학교교육에서 소외된 학생이나, 개성이 강한 학생들을 위해 대안이 될 수 있다. 또 컴퓨터통신의 발달로 사이버학교, 사이버재택수업, 전자교과서 등도 새로운 대안이 된다. 즉, 새 학교형태의 도입, 학교 간의 경쟁강화, 우수학교에 대한 재정지원, 학부모의 학교의 선택 및 관리 권한 증대, 학군개방을 통한 학교선택의 자유 등으로 국가의 역할을 재설정하는 것이다(김천기, 2003: 311-329).

이러면 신자유주의적 대안교육이 된다. 즉 신자유주의적 교육은 국가 공교육에 대한 대안인 것이다. 이에 따라 신자유주의적 교육을 대안할 대안교육은 따로 남게 된다. 그 가능성의 하나로 주목받는 것이 신사회주의적 대안교육이다. 이 신사회주의적 대안은 북한의 사회주의 공교육에 대한 대안이 될 수도 있어 결국 남북한 공교육에 대한 대안을 절충하는 의미도 갖게 된다. 북한의 사회주의 교육관이 어떻게 자유주의 교육에 대한 대안이 될 수 있느냐 하겠는데, 이것은 사회문화 교육론에서 다룬 바 있듯이 사회주의의 갈등이론은 북한보다도 오히려 남한에서 그 중요성이 인정되는 것과 관련이 있다.

신사회주의란 후기마르크스주의, 또는 신마르크스주의라고 불리는데, 이 이론의 골자는 학교의 계급재생산교육을 타파하기 위해 경제적 민주주의의 실현과 교육의 민주화가 중요하다고 보는 것이다. 이 좌파 계열의 교육사회학 이론가로는 보울즈와 긴티스, 애플, 부르디외 등이 있음은 전술한 바와 같다. 이 중 보울즈와 긴티스 두 사람은 사회주의 국가가 사유재산제를 폐지했지만 자본주의 특징인 경제적 통제, 지배와 피지배의 관계는 그대로 본뜨고 있다고 지적한다. 즉, 생산수단의 사유화 폐지가 경제적 불평등을 해소하는 데는 기여했으나, 다른 문제 해결까지 다잡기는 역부족이란 얘기다(Bowles & Gintis, 1976).

보울즈에 의하면 자본주의와 민주주의 체제에서의 교육은 모순적이다. 자본주의는 재산권에 바탕을 둔 경제적 우위성을 강조하고 민주주의는 인권에 바탕을 둔 자유의 우위성을 강조한다. 즉, 재산권과 인권이 서로 충돌한다. 그러나 사회적 행위는 독립적이라기보다는 복합적이다. 재산권 집중에 대한 경제적 개혁도 중요하지만 동시에 인권의 향상을 위한 민주적 개혁도 중요하다. 민주적 개혁 가운데는 교육민주화를 목표로 하는 교육투쟁 또한 중요하다. 이 교육과정은 교사와 학부모가 통제함이 특이하다. 교사가 노동자로서 경제생활의 민주화운동에 참여하고 학부모는 지역사회의 일원으로서 의사결정권을 확대해가는 것이다. 이를 한국현실에 도입하면 전교조 활동과 최근 자주 거론되는 방과 후 학교 같은 것이다. 이 교육민주화 운동의 교육철학은 학생으로 하여금 시민, 가족, 노동자, 그리고 지역사회의 일원으로서 자신의 삶을 꾸려갈 수 있게 도와준다. 이를테면 지역일꾼론인 셈인데, 이런 것은 대도시로의 인구집중을 완화하여 국토의 종합적 균형발전에도 기여할 것이다.

하지만 남한의 교육환경은 엘리트의식이 강하므로 신마르크스주의의 교육개혁이 성공하자면 일부 장애를 극복해야 한다. 노동계급과 여성 등 사회적 약자를 위한 별도의 교육과정 및 수업모형 제작이 쉽지 않은 것이다. 다만 사회경제적 불평등이 확대 재생산되는 고리를 차단하고 교육기회를 균등히 하는 것만이 신마르크스주의 대안교육의 성과를 거둘 수 있다. 그런데 사회의 구조적인 불평등 고리는 신마르크스주의가 아닌 신자유주의에서도 마땅히 제거되어야 한다. 이렇게 보면 사회문제해결에 있어서 어떤 사상이 기준이 되기보다는 무엇을 어떻게 하는 것이 정의로운가, 정의롭지 못한가에 내맡겨져도 문제해결의 길은 있을 수 있다. 때로는 사상논쟁이 공허한 것이다.

2) 포스트모더니즘 교육론

신자유주의 성향의 대안이나 신마르크스주의 성향의 대안이나 모두 포스트모더니즘의 관점에서 의의를 되짚어볼 수 있다. 포스트모더니즘 교육의 특성은 한마디로 교육의 집중화 아닌 다양화, 보편성보다는 특수성을 인정하는 경향이다. 따라서 포스트모던 교육을 지지하는 사람들은 제도화한 공교육은 해체되어야 한다고 믿는다. 획일성 극복과 다양성 추구가 그들의 목표인 것이다.

주지하는 대로 근대시민사회의 등장은 국민보통교육에 힘입은 바 컸다. 포스트모던 사회에 오면 그런 국민보통교육보다는 개별교육에 더치중하는 것이다. 게다가 포스트모더니즘은 모던사회가 애용한 이성·자유·진보·보편 등의 사유체계에 대해서도 비판적으로 접근한다. 그리하여 거기다 감성의 존중이라든지, 약자의 보호라든지 하는 개념을 대입하는 것이다. 이것은 사회주의다, 자본주의다 하는 사상적 잣대를 들이대서 어떤 문제의 해결방식을 찾는 것과는 아무 상관이 없다.

다만 데리다, 푸코 등의 대표적 포스트모더니스트들은 과거 모던사회가 이성·자유·보편 등의 그럴듯한 개념을 내세워 그렇지 못한 집단을 지배하고 군림했음을 간파한 뒤, 그 반작용에서 이성의 상대어인 감성을 존중하기에 이른 것이다. 데리다, 푸코 등은 곧 모더니즘의 이념체계가 지배계급이 폭력을 동원키 위한 수단에 불과하다고 규정, 모더니즘의 '해체'를 주장한 것이다.

이렇게 해서 '해체주의자'라고 불린 이들이 현대문화에 끼친 영향은 실로 작지 않다. 아주 비근한 예로 난해한 현대시가 포스트모더니즘의 '해체'적 글 읽기에 의해 풀려나간 것이다. 근래 유행하는 비판적 글쓰기도 이 '해체주의'와 무관하지 않다. 포스트모던주의를 지지하는 교육학자들도 그 예외가 아니니, 이들 또한 데리다 등의 해체주의를 받아들여 공교육이 획일화됐다면서 '해체'를 주장하는 것이다.

이 '해체주의'가 향후 남북의 통일문화, 통일교육에 끼칠 영향이 클 것이다. 우선 남한의 통일문화가 '해체'를 받아들일 경우, 좌우극한대립의 이분법적 사고경향은 많이 줄지 않을까 한다. 사실, 해체론은 근대 인식론의 이원론적 분류를 배격함으로써 시작되었다. 모더니즘은 곧 합리와 불합리, 공적과 사적, 이성과 욕망 등의 대립적 개념들로 짝을 맞추고 있었다. 교육만 해도 공교육과 사교육, 인문계와 실업계, 교사와 학생 등, 양분론적인 개념을 즐겨 썼던 것이다.[38]

그러므로 '해체'는 바로 그런 이분법적 사고를 '해체'하는 것일 수 있다. 실제 포스트모더니스트들은 과거의 교육내용에 지배이데올로기가 다분히 담겨있어, 학습자를 체제순응적인 인간으로 사회화시켜갔다면서 그런 공교육은 해체되어야 한다고 주장한 것이다. 한국교육도 그러했다. 동일 교육과정과 동일 평가체제로서, 학생으로 하여금 국가의 발전에 순응하도록 양성해왔던 것이다.

북한의 사회주의 교육이야말로 더더욱 그러하다. 교육의 목적은 '사회주의 인간형'의 양성에 있고, 이념은 주체사상의 구현에 있는 것이다. 특히 주체사상에 대하여는 어떤 견해의 제시도 용납되지 않는다. 그런 주체사상을 '해체'할 수 있다면, 다시 말해 비판적 글 읽기와 쓰기가 허용된다면, 이는 곧 북한사회의 개벽을 알릴 것이다. 포스트모더니즘의 '해체주의'가 진정 필요한 것은 바로 북한임을 알 수 있다.

문제는 포스트모더니즘만으로는 현실을 적극적으로 타파할 수 있는 대안이 되기에 힘이 부치는 것이다. 그것은 포스트모더니즘 자체가 안고 있는 문제이기도 하다. 즉, 본래 보편성보다는 개별성에 주의를 기울여 그것에 대한 합리적 대안 발굴을 중시해온 것이다. 가령, 문맹퇴치를 위한 국민교육의 보급보다는 특수적 장애를 가진 이들을 위한 특수교육 강화에 더 많은 관심을 표해온 것이다. 그런 개별적 관점에서 제기된 것이 생태주의 교육관이다.

3) 생태주의 교육론

지역적 특성을 지닌 '생태주의'교육론이 남북을 통틀어 강력한 공교

---

38) 포스트모더니즘이 공교육의 획일주의·권위주의를 비판하는 점에 있어서는 신자유주의와 닮은 점이 많다. 이 점에서 신자유주의도 포스트모더니즘의 하나라 할 수 있다.

육의 대안으로 부상하고 있다. '생태'교육이란 환경의 보존과 활용을 통해 자연과 인간이 서로 사는 상생주의 교육관으로 통한다. 때문에 자연주의 교육관이라 할 수 있다. 이러면 21세기 정보화사회를 역행하는 과거지향의 교육관이 되기도 쉽다. 게다가 '생태'란 본래 지역적 특성화인 관계로 남북한의 보편적 통일교육철학으로는 한계가 있다.

그럼에도 불구하고 상생주의 교육관이야말로 21세기가 지향하는 또 다른 지표인 평화와 공존·번영에 많은 시사점을 준다. 사실, 이 상생주의 교육관은 근대교육이 시작한 이래 일찍이 그 유사성을 찾기 어려운 교육관이다. 물론 굳이 찾기로 한다면 단군의 '홍익인간'사상이 상생주의의 원조일 것이다. 하지만 남한사회를 중심으로 개항 이래 근대교육관의 맥락을 짚어본다면 크게 개화기 사화진화론의 교육관에서 현재의 신자유주의 교육관에 이르기까지 일정한 흐름이 있어왔음을 부인 못한다. 그 흐름이란 실은 경쟁주의에 다름이 아니다. 원래 자본주의 사회란 개인의 이익추구를 보장하며, 그럴 수 있도록 경쟁적 질서를 허용하는 것이다. 경쟁이란 승자와 패자를 갈라 그 지위를 부여하는 것인데, 그 점에서 남한사회의 교육관은 사회진화론을 받아들인 이래 지금껏 하등의 변화가 없다고 해도 과언이 아니다.

이 점에서 상생주의의 개념을 결코 가볍게 봐서는 안 된다. 남북은 현재 이데올로기의 벽을 일단 떠나, 서로의 정서에 부합하는 새 교육문화를 창출해야 한다. 이때 상생주의는 많은 기여를 할 것이다. 또 작게는 상생주의가 '남남갈등'에도 도움을 줄 것이다. 상생주의를 교육의 원리로 좁혀볼 때 학교는 곧 교사와 학생, 그리고 지역주민이 함께하는 것이다. 이 공동체에서는 이기적인 경쟁보다는 상생이 더 큰 몫을 한다. 학교는 곧 교사와 학생 간에 상호 유기적인 교류를 강화하고, 체벌과 암기 위주의 주입식 교육을 지양하는 가운데, 개별지도의 강화를 통해 교육의 수월성도 확보할 수 있다.

그렇지만 교육환경을 지배하는 것은 신자유주의이다. 정부의 지식기반사회 구축을 위한 교육개혁 역시 경제적 가치창출을 극대화하는 것이다. 특히 노무현정부에 들어와 '교육도 산업이다'는 구호가 널리 퍼져 있다. 실제로 경제부 장관 출신을 교육부 수장에 기용한 것이다. 그렇잖아도 '입시지옥'으로 경쟁심리가 치열한데 이에 경제적 가치중시까지 더해져 더욱 경쟁을 유발하는 것이다. 이처럼 교육환경을 지배하는 것은 경제우선주의요, 상생보다는 경쟁, 통합·조화적이기보다는 철저한 자기중심적이다. 이 결과 교육의 민주성과 도덕을 훼손하는 반생명적 분열이 곳곳에서 야기된다.

그렇다고 사회가 생태주의자들의 열정만으로는 건설되지는 않는다. 생태주의 교육관이 현실적 대안이 되기 위해서는 개인의 지적능력을 우선시하는 현재의 교육풍토가 바꿔야 한다. 하지만 현대의 지식기반정보사회에서 지식이 갖는 능률·업적·성과주의가 부정되는 것도 문제다. 흔히 상생이란 부족함은 메워주고 넘침은 나눠 쓰는 것이다. 이를 남북한의 국토개발현실에 비한다면 남한은 이미 넘쳤고, 북한은 아직 여유가 있다. 남한의 자본과 기술, 북한의 자원과 노동력이 서로 합친다면 상생의 시너지효과는 아주 커질 것이다.

당장 남북 간에 생태교육을 실현할 수 있는 곳이 비무장지대다. 이곳은 이미 오래 전부터 생태환경의 보고로 알려져 왔다. 다른 하나는 전교조가 환경친화의 명분을 내걸고 직접 시·도 자치단체와 연계해서 생태교육을 추진하고 있는 것이다. 교사는 물론, 그 가족들까지도 학생과 이웃이 된다. 즉, 교사가 서울 등의 대도시에서 출퇴근하지 않는 것이다. 환경친화적인 작물재배로 시장에 내다팔기도 한다. 지역특산물을 이용한 일종의 특화교육이다. 이 비슷한 사례로 제주의 동백언덕을 들 수 있다. 동백은 제주도 남쪽의 야트막한 언덕에 피워있는데, 종류와 수량은 각각 3백여 종에 1만 그루이다. 화원의 주위는 동백이

내뿜은 향기로 하늘을 뒤덮고 있으며 동백에서 기름 등을 짜서 수익을 올린다고 한다. 금강산과 원산을 잇는 자연환경도 남북의 훌륭한 생태교육장이 될 것이다.

통일교육철학은 결국 민족의 정서와 자연의 생태를 어떻게 조화하고 통합하느냐에 모아질 것이다. 이런 의미에서 남북을 가로막아온 이데올로기는 그런 정서와 생태의 하부 개념으로 들어갈 것이다. 일례를 들어 남한의 자본주의와 북한의 사회주의를 절충할 수 있는 민족의 정서가 있다면 그것은 현 단계로 볼 때, 북한이 이미 그 길로 들어섰고, 남한으로서는 아주 익숙한 시장경제라 할 것이다. 이데올로기로서의 시장경제가 아니라 생활 속의 한 정서로서 시장경제를 받아들이는 것이다. 교육은 그런 환경의 조성을 위해 남북 간의 교류를 활발히 해 나가야 할 것이다. 이때 대상의 하나로 DMZ를 생태교육장화해서 남북이 교류한다면 바람직한 대안교육이 되리라고 본다.

맺음말

이 땅의 좌우합작과 통일을 위해 자그마한 보탬이 될 수 있었으면 한다. 어려운 메시지를 전달하기 쉬운 통일정책론의 대신에 쉬운 말을 골라 쓰고자 했다. 그러다 보니 누구나 다룰 수 있는 주제들로 내용이 채워졌을 것이다. 통일은 꼭 이뤄져야 한다는 어떤 당위성을 강조하고자 통일문화교육론의 주제를 끌어오지는 않았다.

다만 "빨갱이하고는 상종도 않겠다."는 일부 보수진영의 경직된 사고에 얼마간 용해작용이 됐으면 한다. 통일이 잘살기 위해 마련된 길이 아니라 하겠지만, 실은 그럴 수도 있다는 가정이 성립될 것도 같다. 이는 고무적인 현상이 아닐 수 없다. 우선 개성공단사업, 금강산관광사업, 남북철도·도로연결사업이 그런 가정에 답을 줄 것이다.

3대 핵심경협 중, 철도·도로 부분이 답보상태나, 나머지 둘은 2006년의 핵 위기 속에서도 잘 견뎌냈다. 남북교류라는 나무가 웬만한 외풍에는 흔들리지 않는다고 함을 실감시켜 줬다. 그 나무의 뿌리가 다름 아닌 2000

년 6·15남북정상회담에서 나온 공동선언이다. '6·15'에 대해 일부 보수진영이 온갖 혹평을 가하나, 국민 대다수는 그렇게 생각하지 않는다.

소위 '퍼주기'논쟁만 해도 이를 제기하는 쪽에서 너무 지나쳤다고 함을 알아야 한다. 애당초 "통일 말라"는 생각으로 똘똘 뭉쳐져 있지 않는 한 그런 발상이 쉽지 않을 것이다. 그런 '통일방해세력'이 성장촉진세력으로 둔갑하는 것은 지극히 모순이다. '성장'이 잘살기 위한 것이라면 통일 또한 잘살 수도 있다는 전제에서 성장과 통일은 서로 같은 개념일 것이다.

문제는 그들 수구세력만 잘살면 그만이다는 지독한 이기성이다. 일제시대에도 "이대로가 좋다"고 한 그들인지라, 분단시대 또한 "이대로가 좋다"로 맞고 있다. 수구와 보수는 분경히 구분돼야 한다면 그들은 결코 남한사회의 '성장엔진'이 못된다. 그들의 '성장'과 국가의 '성장'이 일치하지 않기 때문이다. 고로, 통일논의가 그들의 성장논의에 의해 막힐 수는 없는 노릇이다.

통일은 국민 대다수에게 편안한 삶을 안겨줄 것이다. 그런 삶의 설계가 아니라면 통일은 추진할 필요가 없을 것이다. 그 가능성을 남북한의 생태농업, 생태교육, 생태산업 등에서 찾을 수 있다고 본다. 이러한 생태주의가 국가의 성장 동력과 직결될지의 여부는 속단키 어렵다. 그러나 근래 남한사회에서 불고 있는 '웰빙붐'은 건강한 삶을 살고자 함이고, 이 점에서 성장에 시사하는 바가 많을 것이다.

이러한 생각을 깔고 통일문화교육론을 전개해왔다. 거듭되지만 통일문화란 통일에 유용하거나 영향을 크게 미칠 수 있는 어떤 가치를 지닌 것이다. 그런 가치가 특정 분야에만 있지 않을 것이다. 지금까지의 논의가 문화와 역사, 정치와 경제, 사회와 교육 등을 폭넓게 다뤄온 것도 그런 이유에서다.

제1장 통일문화론의 경우, 통일의 강한 흡인력은 민족의 역사와 정

서에서 올 수밖에 없다고 함을 남북한은 서로 믿고 있었다. 단군사상
에 관해 견해가 일치된 것이다. 다만 그 건국이념인 '홍익인간'에 대
해서는 남북 간에 거리가 있었다. 최근 남한사회에 논란이 극심한 '6·
15'의 성격문제와 관련해 이것은 노태우정부의 '북방외교' 이후 일관된
대북포용정책의 하나임을 강조했다.

즉 2000년 '6·15'의 '낮은 단계의 연방제'에 관한 남북합의는 기실
1989년 '한민족공동체통일방안'의 '남북연합'과 일맥상통하는 것이다.
따라서 김대중정부의 '햇볕정책'과 노무현정부의 '평화번영정책'을 비
판하려면 먼저 노태우정부의 '북방외교'를 비판하는 것이 순서이다. 이러
면 '한반도 비핵화' 실현 여부를 되물을 것이나, 여기에는 부시 행정부가
구사한 '일국주의'에도 책임이 있다. 통일문화교류의 모범적 사례로는 윤
이상의 통일음악회를 들었다.

제2장 '개건현대화론'은 북한이 '선군정치'의 깃발 아래서만 살지
않고 그 나름 21세기의 정보화시대에 맞게 살아보려는 의욕이 강하다
고 함을 나타낸 것이다. 남북한은 현재 남북경협을 그런대로 유지하고
있고, 이 점에서 '남북경제공동체'의 실현이 멀지 않을 전망이다.

제3장의 '평화번영론'에서는 한민족의 통일이 민족내부의 축복이어
서는 안 되고 동북아의 평화와 번영을 수반한 것이어야 함을 강조했
다. 그러기 위해서 한국은 기존 한·미·일 3각축의 첨병노릇에서 벗어
나 시야를 대륙 쪽으로 넓히는 균형 감각이 필요함도 살폈다. 이 점에
서 노무현정부의 '동북아균형자론'은 그 성과에 관계없이 발상자체는
바람직했다.

제4장의 사회문화교육론은 교육사회학적 이론을 빌려 남한사회나
북한사회가, 왜 모두 기득문화를 대물림하느냐의 원인규명을 시도한
것이다. '사회화'란 실은 북한사회가 필요로 하는 교육과정이론임을
알았다. 교육이 사회의 발전에 기여한다는 소위 '기능주의 이론'은 북

한이 더 많이 필요로 하는 것이다.

제5장에서는 주체사상이 기독교의 '삼위일체설'과 적잖이 닮았음을 추적했다. 즉, '어버이 수령'이나 '하나님 아버지'가 서로 닮은 것이다. 또 북한의 '대가정'론을 봉건주의와 전체주의의 결합이라고 하지만, 실은 그보다는 한말의 지식인사회에서 유행했던 '국가유기체론'을 방불케 하는 것이다. 박은식의 '국혼'은 북한 인민대중의 '뇌수'를 관통하는 김일성수령의 '최고 뇌수'였다.

제6장의 통일교육철학론은 통일교육에 있어서 일정한 지향성을 찾기 위한 것으로 주로 남한사회에 해당되었다. 남한이 다양하고 다원화한 사회이기 때문이다. 아울러서 북한의 주체사상이 현실과 자아인식이 좀더 철저성을 기하기 위해서는 실존주의 철학의 보급이 절실함도 논급했다.

본문에서도 인용했지만 "새가 울지 않으면 올 때까지 기다려라"는 말이 있다. 북한의 개혁·개방을 기다려주는 인내가 필요하다. 북한도 사람이 사는 곳이다. 그들 또한 어떻게 하면 잘살아볼까 궁리를 내고 있는 점에서 남한과 조금도 다르지 않다.

참고문헌

강성윤. 2001. "우리식 사회주의 북한."『북한정치의 이해』. 서울: 을유문화사.

권성아. 1999.『홍익인간사상과 통일교육』. 서울: 집문당.

권성아. 1998.『홍익인간사상과 민족통일교육』. 서울: 집문당.

김귀옥. 2001. "남북 사회·문화공동체 형성의 전망과 대안."『정신문화연구』 2001 가을호』 제24권 제3호.

김도태·이경화. 1997. "통일교육 개선방향: 사회문화적 측면을 중심으로."

김동환. 2002. "대종교와 홍익인간사상: 홍암사상과 대종교 5대종지를 중심으로."『국학연구 제7집』. 서울: 국학연구소.

김연각. 1997. "주체사상". 김영수 외.『김정일시대의 북한』. 서울: 삼성경제연구소.

김연철. 2001.『북한의 산업화와 경제정책』. 서울: 지식비평사.

김영명. 2003. "한국 민족주의와 통일 문제."『민족통일학보』 창간호. 서울: 민족통일학회.

김일성. 1997.『사회주의 교육에 관한 테제』. 평양: 조선로동당출판사.

김일성. 1996. "우리 민족의 대단결을 이룩하자."『김일성 저작집43』. 평양: 조선로동당출판사.

김정일. 1989.「주체사상에 대하여」.『주체사상연구』. 서울: 태백.

김정일. 1992.『친애하는 지도자 김정일 동지의 문헌집』. 평양: 조선로동당출판사.

김정일. 1991.「주체사상에 대하여」.『북한자료집 김정일저작선』. 서울: 경남대 극동문제연구소.

김정일. 1982.『주체사상에 대하여』. 평양: 조선로동당 출판사.

김천기. 2003.『교육의 사회학적 이해』(개정판). 학지사.

김학준. 1996.『북한50년사』. 서울: 두산동아.

김형찬. 1990.『북한의 주체교육사상』. 서울: 한백.

류길재. 1998. "정치체제: 제도와 정책의 변화."『김정일 시대의 북한』. 서울: 삼성경제연구소.

민석홍. 2005. 『서양사개론·제2판』. 서울: 삼영사.

박노자. 2005. 『우승열패의 신화』. 서울: 한겨레신문사.

박부권 등 옮김. 2001. 『학교지식의 정치학: 보수주의시대의 민주적 교육』(OFFICIAL KNOWLEDGE: *Democratic Education in Conservative Age* by Michael W. Apple). 서울: 우리교육.

박성수. 2002. "홍암 나철과 홍익인간사상." 『홍익문화 통일강연 시리즈』 02-3. 서울: 홍익문화통일협회.

박준영. 2004. 『교육의 철학적 이해』(3판). 부산: 경성대학교출판부.

백산서당. 1989. "주체사상의 지도적 원칙." 서울.

북한문제연구학회편. 1998. 『북한연구』. 서울: 세종출판사.

서대숙. 1989. 『북한의 지도자 김일성』. 서울: 청계연구소.

서대숙. 2000. 『현대 북한의 지도자: 김일성과 김정일』, 서울: 을유문화사,

서진영·이내영. 2001. 『변혁기의 세계질서와 동아시아』. 서울: 오름.

선우현 역. 1998. 『하버마스-철학과 사회이론』. 서울: 거름.

신용하 엮음. 1987. 『공동체 이론』. 서울: 문학과지성사.

신은희. 2004. "주체사상은 조선식 포스트모더니즘." 『한겨레신문』 2004년 6월 26일.

신일철. 2004. 북한 주체사상의 형성과 쇠퇴. 서울: 생각의나무.

신일철. 1993. 『북한주체철학연구』. 서울: 나남.

심지연. 2001. 남북한 통일방안의 전개와 수렴. 서울: 돌베게.

스즈키 마사유키(鐸木昌之). 1992. 『北朝鮮社會主義 傳統 共鳴』. 동경대학출판회; 유영구 옮김. 1994. 『김정일과 수령제 사회주의』. 중앙일보사.

안찬일. 1997. 『북한의 통치이념에 관한 연구: 전통사상의 수용을 중심으로』. 서울: 건국대학교.

안찬일. 1997. 『주체사상의 종언』. 서울: 을유문화사.

와다 하루키. 『북조선: 유격대 국가에서 정규군 국가로』. 서울: 돌베개.

와다 하루키(和田春樹). 1993. 「遊擊隊國家の成立と展開」. 『世界』 1993-10. 東京: 岩波書店.

우 정. 2000. 『북한사회구성론』. 진솔북스.

오기성. 1999. 『남북한문화통합론』. 서울: 교육과학사.

유영옥. 1997. 『동북아론』. 서울: 학문사.

윤여근. 2001. "전환기의 남북관계와 통일대비교육." 공주대대학원 윤리학과 석사학

위논문.

이근창. 1991. 『홍익국가론: 통일조국의 지도이념 모색』. 서울: 대왕사.

이상우. 1997. 『북한정치입문: 김정일 정권의 특성과 작동원리』. 나남.

이수자. 1998. 『내 남편 윤이상』. 서울: 창작과비평사.

이서행. 2001. "통일을 대비한 남북한 가치관과 교육이념 연구." 『정신문화연구』 제 24권 제3호.

이우진·김성주. 1996. 『현대한국정치론』. 서울: 사회비평사.

이장호. 1997. "남북한 의식구조의 격차와 통일교육에의 시사점." 『제3회 통일대비 교육포럼』. 한국교육개발원.

이정수. 1991. 『북한정치체제에 관한 연구』. 서울대학교 박사학위논문.

이종석. 2000. 『새로 쓴 현대북한의 이해』. 서울: 역사비평사.

이종석. 1998. 『현대 북한의 이해: 사상·체제·지도자』. 역사비평사.

이종흔, 2004. "남북한 도덕 교육론 통합의 도덕철학적 고찰: 생태주의 윤리 활용 방안을 중심으로". 한국윤리교육학회.

이주철. 2000. 『김정일의 생각읽기』. 지식공작소.

이태건. 2003. 『21세기 북한학 특강』. 인간사랑.

왈러슈타인. 1987. 『세계자본주의체제와 주변부 사회구성체』. 인간사랑.

전교조. 2000. "통일을 생각하는 서울교사모임." 『남북화해시대 통일교육 자료집』.

전영선. 2005. 『북한의 사회와 문화』. 역락.

정정길·전창곤 등. 2000. "남·북한 농업 유통부문 협력방안." 서울: 한국농촌경제연 구원.

정성장. 2003. "주체사상 연구의 쟁점: 시론적 연구." 『민족통일학보』 창간호. 서울: 민족통일학회.

정성장. 2004. "남북한 관계의 업그레이드를 위한 과제." 『정세와 정책』 04-8. 서울: 세종연구소.

정성장. 2002. "북한의 정치변동: '선군정치와 당·군 관계를 중심으로." 서대숙 외. 『정상회담 이후의 북한』. 서울: 경남대학교 출판부.

정영훈. 1993. 『'단군민족주의'와 그 정치사상적 성격에 관한 연구』. 단국대학교 정 치학박사학위논문.

정영훈. 2003. "홍익인간 이념과 한국정치." 『민족통일학보』 창간호. 서울: 민족통일학회.

정혜정. 2004. "동학과 주체사상의 비교를 통한 탈분단시대의 교육이념 연구." 『정신문화연구』제27권 제1호.

정정길 등. 2000-12. 『남북한 농업유통부문 협력방안』. 한국농촌경제연구원.

조선로동당출판사. 1957. 『대중정치용어사전』. 평양.

조한범, 2002. 『남북한 사회문화공동체 형성 방안 연구』. 서울: 통일연구원.

최대석. 2000. 『현대북한체제론』. 서울: 을유문화사.

최문형. 2004. "단군신화의 神개념과 '홍익인간'사상." 『정신문화연구』 제27권 제1호.

최 성. 2002. 『김정일과 현대북한정치사』. 서울: 한국방송출판.

통일교육원. 1999. 『통일문제의 이해』.

통일교육원. 1996. 『북한이해 1997』.

통일부. 2002. 『주간북한동향』 572호(2002. 1. 4).

통일부. 1999. 『2000 북한개요』.

한경구. 1994. 『공동체로서의 회사, 일본기업의 인류학적 연구』. 서울대학교 출판부.

허도학. 2000. 『양계초: 중국근대화기수』. 서울: 잇방서원.

황병덕. 1994. 『통일한국의 정치이념』. 민족통일연구원 연구보고서 94-33.

황장엽. 1999. 『나는 역사의 진리를 보았다』. 서울: 한울

Bruce Cumings, *Corporatism in North Korea*, Journal of Studies, 4(1982~1983)

I. Wallerstein, *"The Eagle Has Crash Landed,"* Foreign Policy, july-aug 2002.

Bowles, S., & Gintis, H. (1976). *Schooling in capitalist America: Educational reform and contradiction of economic life*. New York: Basic Books.

찾아보기

ㅇ

허 도 학

성대 문학사, 서울대 교육학석사, 성대 문학박사
국립대만정치대학 교육연구소 연구(1986-1987)
국립대만대학 역사연구소 연구(1987-1988)
경남신문 서울주재기자, 논설위원 역임
동국대학교 교육대학원 강사
KBS 사회교육방송 작가

저 서
『양계초사상연구』(박사학위논문)
『중국근대화기수: 양계초』
『통일문화교육론』

통일문화교육론

• 초판 인쇄	2006년 12월 9일
• 초판 발행	2006년 12월 9일
• 지 은 이	허도학
• 펴 낸 이	채종준
• 펴 낸 곳	한국학술정보㈜
	경기도 파주시 교하읍 문발리 526-2
	파주출판문화정보산업단지
	전화 031) 908-3181(대표) · 팩스 031) 908-3189
	홈페이지 http://www.kstudy.com
	e-mail(출판사업팀사업부) publish@kstudy.com
• 등 록	제일산-115호(2000. 6. 19)
• 가 격	16,000원

ISBN   89-534-6114-6 93910 (Paper Book)
            89-534-6115-4 98910 (e-Book)